JINGDIAN
TIYU YOUXI
JIAOXUE JIQIAO

经典体育游戏
教学技巧

主编◎曹卫民　潘绍伟　王竹平

河海大学出版社
HOHAI UNIVERSITY PRESS
·南京·

图书在版编目(CIP)数据

经典体育游戏教学技巧 / 曹卫民,潘绍伟,王竹平主编. -- 南京：河海大学出版社,2023.4
ISBN 978-7-5630-7925-4

Ⅰ.①经… Ⅱ.①曹… ②潘… ③王… Ⅲ.①体育游戏—教学研究—中小学 Ⅳ.①G633.962

中国版本图书馆CIP数据核字(2022)第255597号

书　　名	经典体育游戏教学技巧
	JINGDIAN TIYU YOUXI JIAOXUE JIQIAO
书　　号	ISBN 978-7-5630-7925-4
责任编辑	吴　淼
特约校对	丁　甲
封面设计	徐娟娟
出版发行	河海大学出版社
地　　址	南京市西康路1号(邮编:210098)
电　　话	(025)83737852(总编室)　(025)83722833(营销部)
经　　销	江苏省新华发行集团有限公司
排　　版	南京布克文化发展有限公司
印　　刷	南京玉河印刷厂
开　　本	718毫米×1000毫米　1/16
印　　张	26
字　　数	480千字
版　　次	2023年4月第1版
印　　次	2023年4月第1次印刷
定　　价	118.00元

主　　　编 曹卫民　潘绍伟　王竹平
执 行 主 编 陈　忠
副 　主 　编 何　灿　王素芳　刘正东　朱月芳
编写组成员 袁志欢　王　东　单承湘　余　雅　黄　绢
　　　　　　　李　聪　杨　娜　黄永明　金　刚

序 言

潘绍伟

大约在30年前，我在《学校体育》(现《中国学校体育》)杂志上看到曹卫民老师撰写的一篇用废旧轮胎等自制器材进行体育游戏教学，并取得良好教学成效的文章，该文章给我留下了深刻的印象。时间已经过去了30多年，曹卫民老师在多年系统学习体育游戏理论与认真总结体育游戏教学经验的基础上，组织了几位志同道合的中小学体育教师，共同编著了《经典体育游戏教学技巧》。这一行动本身对于更好地认识与理解体育游戏，并更好地运用体育游戏创造有趣与有效的体育教学而言是非常有价值的。

作为人类的一种文化活动，"游戏人类为了获得愉悦的体验、满足身心发展需求，在特定时空范围内进行的具有一定目的性、规则性，并伴有紧张、欢快的情感的活动。""在体育游戏中不需要，不要求，也不提倡你死我活的竞争，但同时又需要、要求、提倡尽自己的努力、尽自己的能力、在竞争中取得成功或胜利。"体育游戏成百上千、丰富多彩，深受世界各国人民的喜爱与追捧，成为各民族、各国家非物质文化的有机组成部分。在中小学体育与健康课程内外教学中，一些适合学生身心发展特征、简单易行、教育效果显著的体育游戏受到广大师生的欢迎。

本书所选择的体育游戏基于人们对经典的认识。最初的经典是指"最重要的、具有权威性的著作"(《现代汉语规范词典》，2004)。既指具有典范性、权威性的，经久不衰的文学作品、音乐作品、绘画作品等，也指经过历史选择的、最有价值的、最能表现本行业精髓的、最具代表性的作品。经典体育游戏是指经过历史的大浪淘沙沉淀下来的、最有代表性的、最有游戏价值的、最能体现游戏精髓的体育游戏。

若干年前，扬州的一家新闻媒体就扬州市的一些学校开展如踢毽子、抖空竹、抽陀螺等经典体育游戏活动进行报道时，希望我谈一谈经典体育游戏与当下流行的竞技游戏、娱乐游戏等的差异。我说："所谓经典体育游戏，是由儿童参与游戏的创编、游戏器材的创造，且游戏场所几乎都是在室外的游戏。游戏重在表现与展示体能、技能和精神，是身体直接参与其中的、在一定的竞争状态下获得身心愉悦的身体性游戏。而现在很多体育游戏都是成人创造出的，在室内进行，以挑战智力反应和思维为目的，以智力参与为主的智力性游戏。"经典体育游戏最注重的是传统与经典。

《经典体育游戏教学技巧》一书给我留下了比较深刻的印象：

一是追求在"好玩"中收获。全书从成百上千的体育游戏中精选了简单易行、成效显著的56个体育游戏。这些经典体育游戏的特点是具有鲜明的互动性、运动性、简易性、趣味性、非功利性、挑战性，概言之，充满了"玩"的意味。通过这些好玩的游戏收获身体、心理、社会适应、团队协作、创新创造、坚持不懈、努力进取等方面的成长与进步。"知识本身并没有用处，知识本身也没有趣味。知识因人而有趣或无趣。如果有一种知识能够激发学生的求知兴趣，让学生自愿迷恋，那么此种知识对这个学生来说，就是有力量的；如果有一种知识长时间不能牵动学生的兴趣，那么此种知识对这个学生来说基本没有什么力量。"

体育与健康课程教学只有有趣味，才能有意思；只有有意思，才能有意义。反之，要想有意义，必须有意思；要想有意思，必须有趣味。有趣味才能让学生更想参与。《经典体育游戏教学技巧》在这一方面特点非常鲜明，给我们很好的启示。

二是追求真正的"学生为本"。有一位课程专家这样指出："不考虑孩子的年龄和能力，总想让他早学、多学、快学。其实，过早进行与他年龄和能力不符的运动，会损害孩子的身体和自信心。"《经典体育游戏教学技巧》对游戏的选择与教学都基于学生群体身心发展的可能性与需求，分别为小学一、二年级，三、四年级，五、六年级及初中三个年级编选了四个水平段的体育游戏，并对每一个经典体育游戏的学习目标、教学内容、教学要求、评价重点等一一进行了详细阐述，为体育教师进行体育游戏教学提供了直接而具体的指导。

三是追求"无用"之中的"有用"。经典体育游戏中所选编的游戏，更强调快乐、开心、忘我的"玩"的过程，充分体现体育教学本身中"玩"的内涵，而不是强调身体或技能对某一特定指标的达成，正如特级数学教师华应龙所说："让教学真正去功利化，变成一个'玩'的过程，具有欣赏价值，这不就是回到儿童身心发展规律和教育规律本身了吗？这不就是对教学的更高品质、更高境界的追求吗？"《经典体育游戏教学技巧》的游戏教学看似没有什么功用的背后，蕴含着探索、发现与冒险等许多元素与契机，而这些对学生综合能力的发展具有十分重要的意义。"他们的生活充满着发现和探索，他们会不断地延伸现有的能力以获得新的东西。当他们这么做的时候，有三个基本价值观将会伴随其一生，并且不断被强化：首次尝试的勇气；不断尝试的坚持；独立思考以及培养决策的能力。"尤其是在集体性、对抗性的体育游戏中，个人的身体得以整体性地置于群体之中。经典体育游戏特别强调通过有趣的身体活动，使学生在欢声笑语中、在不知不觉中、在乐此不疲中获得运动技能的形成、身体的锻炼、心理的成熟、文化的熏陶、人生的成长。这与当下体育与健康课程培养学生的运动能力、健康行为、体育品德核心素养的追求是相当契合的。

相信《经典体育游戏教学技巧》的出版将对我省中小学体育教师更好地认识与理解体育游戏、设计与实施体育游戏教学、提高体育游戏教学的质量与效果起到积极的作用！进而为创设有趣与有效相结合、鱼与熊掌兼得的体育与健康课程和学校体育活动这一命题交出一份非常有意义的答卷！

目录

第一部分:经典体育游戏教学技巧研究之简介 ……………………………… 001
第二部分:各水平段经典体育游戏学习目标、内容、要求与评价重点 ……… 005
第三部分:各水平段经典体育教学游戏教材简介及教法运用技巧 …………… 011
   水平一 16例经典体育教学游戏教材内容及教法运用技巧举隅 …… 012
      1. 换物赛跑 …………………………………………………………… 012
      2. 穿过小树林 ………………………………………………………… 019
      3. 大渔网 ……………………………………………………………… 027
      4. 单脚跳接力 ………………………………………………………… 033
      5. 青蛙过河 …………………………………………………………… 041
      6. 立定跳远接力 ……………………………………………………… 047
      7. 看谁投得远 ………………………………………………………… 054
      8. 看谁投得准 ………………………………………………………… 061
      9. 快快集合 …………………………………………………………… 067
      10. 老鹰捉小鸡 ………………………………………………………… 074
      11. 我们都是木头人 …………………………………………………… 081
      12. 冲过战壕 …………………………………………………………… 087
      13. 踏石过河 …………………………………………………………… 094
      14. 跳进去拍人 ………………………………………………………… 102
      15. 小球追大球 ………………………………………………………… 108
      16. 猜猜谁是领头人 …………………………………………………… 113
   水平二 14例经典体育教学游戏教材内容及教法运用技巧举隅 …… 118
      1. 看谁先跑到 ………………………………………………………… 118
      2. 两人三足跑 ………………………………………………………… 126
      3. 迎面接力跑 ………………………………………………………… 133

001

4. 青蛙过荷叶 …………………………………………………… 141
　　5. 猜拳立定跳远 ………………………………………………… 149
　　6. 投沙包 ………………………………………………………… 156
　　7. 纸球大战 ……………………………………………………… 163
　　8. 拉过线来 ……………………………………………………… 170
　　9. 钻山洞 ………………………………………………………… 177
　　10. 截住空中球 ………………………………………………… 185
　　11. 齐心协力 …………………………………………………… 193
　　12. 撒网捕鱼 …………………………………………………… 200
　　13. 掌声响起来 ………………………………………………… 206
　　14. 放鞭炮 ……………………………………………………… 213

水平三　14例经典体育教学游戏教材内容及教法运用技巧举隅 …… 220
　　1. 障碍赛跑 ……………………………………………………… 220
　　2. "8"字接力跑 ………………………………………………… 228
　　3. 长江黄河 ……………………………………………………… 234
　　4. 鲤鱼跳龙门 …………………………………………………… 241
　　5. 斗鸡 …………………………………………………………… 248
　　6. 冲过火力网 …………………………………………………… 255
　　7. 小龙大战 ……………………………………………………… 262
　　8. 改换目标 ……………………………………………………… 271
　　9. 互射 …………………………………………………………… 278
　　10. 打龙尾 ……………………………………………………… 285
　　11. 印刷机 ……………………………………………………… 292
　　12. 运球接力 …………………………………………………… 299
　　13. 拍手抓棒 …………………………………………………… 305
　　14. 打节拍 ……………………………………………………… 313

水平四　12例经典体育教学游戏教材内容及教法运用技巧举隅 …… 321
　　1. 十字接力 ……………………………………………………… 321
　　2. 趣味测向 ……………………………………………………… 328
　　3. 夹球抛远 ……………………………………………………… 335
　　4. 手忙脚乱 ……………………………………………………… 342
　　5. 投篮比赛 ……………………………………………………… 349
　　6. 实心球打靶赛 ………………………………………………… 356

7. 二龙戏珠 …………………………………… 363
8. 端线篮球 …………………………………… 369
9. 转动的时钟 ………………………………… 376
10. 简易三步球 ………………………………… 382
11. 手心手背 …………………………………… 389
12. 比巧劲 ……………………………………… 396

参考文献 ……………………………………………… 403

第一部分

经典体育游戏教学技巧
研究之简介

多年来,体育教学游戏以其独特的教育教学价值,受到体育教学专家与广大一线体育教师的高度关注,是体育教材中最受师生们喜爱的体育教学内容之一。在众多的体育教学游戏中,有一批经过长期教学实践检验的,具有简便易行、活泼有趣、锻炼价值明显、教师认可度高等特点的体育教学游戏脱颖而出,展现出其经久不衰的魅力,成为体育游戏中的经典。

随着选用经典体育游戏教学的教师人数不断增多,针对基本教法的研究不断深入,自2018年以来,江苏省学生体质健康促进研究中心集中了一批致力于体育游戏教学研究的正高级教师、特级教师与省级体育教学骨干,在国家中小学《体育与健康》课程标准研制组与修订组核心成员、扬州大学潘绍伟教授的指导下,为将现代体育教学理论与《义务教育体育与健康课程标准(2014年版)》精神转化为教师常用的教学操作行为,针对各年级段学生的身体发展规律,运用"运动技能形成规律"、"体育教学组织规律"以及"学生心理活动规律",采用"行动研究法",结合各自的教学经验,在大量的教学实践中,不断探索这批经典体育游戏的适宜教法与提高体育教学效益的适用教学技巧。其中游戏教学变化的技巧,取得了初步的研究成果。

一、"教学变化"是达到体育游戏目标重要的教学技巧之一

体育游戏教学与其他体育项目的教学一样,目的都是实现体育与健康课程所设置的目标。在目标的统领下,教师在体育教学中,都会运用自己对现代教育理念与课程标准的理解,采用适合自己风格的各种基本方法组织教学(比如"条件作业法""期待效应法""重复练习法""分层教学法""运动竞赛法"等)。经过长时间教学实践的检验,一些教学效果特别明显的方法,被广泛使用并成为具有特色的教学技巧。游戏教学的"变化"方法就是其中最重要的教学技巧之一。

二、"教学变化"是提升体育游戏教学效果之"源"

在教学研究中不难发现,不论是趣味性很高的球类体育游戏、竞争性很强的跑跳类体育游戏,还是比较枯燥的素质类体育游戏,如果在组织学生练习与比赛时,不能适时地进行体育游戏教学变化,再有趣的游戏也不能长时间地激发学生的激情或调动起他们主动参与的积极性。有经验的教师解决这一问题的高招,就是运用能提高体育游戏教学效果的多种要素,因人、因地、因时不断地适度变化体育游戏教学的方法,满足不同层次学生对游戏活动的多种期待,给学生创设各种奇特的心理与生理刺激,激发并保持他们持续参与活动的激情。研究表明:组织教学中的"变化"不仅是游戏教学有趣之"魂",实现游戏教学目标之"径",而且还是全面提升体育游戏教育教学效果不可或缺之"源"。

三、"教学变化"必须要有明确的目标指向

"目标统领之下体育教学"是教育部《义务教育体育与健康课程标准》的精神之一,也是与传统体育教学理论指导体育课区别最大之处。没有"目标"显然是教学效果低下的"罪魁祸首"之一,体育游戏教学也不例外。

纵观当前体育游戏教学现状,"体育教师为游戏而做游戏"的现象屡见不鲜,究其原因,主要是不了解体育游戏教学的价值,对体育游戏教学的意义及内涵认识不足,以致其体育游戏教学的目标出现了偏差。教师在组织游戏比赛时,忽略学生(特别是体育弱势生)情感体验与意志品质培养,而过分追求获胜和绝对成绩成为常态,使其在体育游戏教学的方法手段运用上失去方向感。为改变这一状况,在运用体育游戏教学变化技巧前,首先要树立"问题意识",及时发现教学前的预设与课程中动态生成的问题,作为"需要解决问题的目标"。其次,要将"为解决问题而变"的思路作为进行游戏教学变化的指导思想,才能找到游戏"变"的正确指向。

1. 为帮助学生熟悉游戏方法与规则,保障体育游戏教学安全而变。使游戏过程变得更安全。

2. 为帮助学生更好地学练游戏的主要动作方法,提高运动能力而变。使游戏过程变得更有锻炼价值。

3. 为激发学生参与游戏的热情,满足心理需求而变。使游戏过程变得更有趣。

4. 为帮助"体育弱势生"获得胜利,促进身心和谐发展而变。使体育游戏过程"强""弱"双方变得更努力。

四、"教学变化"的效果取决于巧妙选择适宜的方法

当具体教学变化的目标确定后,教师依据现场教学实况,巧妙选用适宜的"变"的操作方法去解决问题,才能达到预期的教学效果。适宜的教学变化方法很具技巧性,主要表现在以下几点:

1. 选准适宜的时机进行变化。比如游戏教学前期学练时,为保障安全,面对比较复杂的游戏,不必一步到位达到游戏原有的设计要求,要进行降低游戏难度的变化;在游戏教学中期学练时,大量采用"重复练习法",在不增加难度的基础上进行负荷量的变化;在游戏教学后期练习赛时,在基本清楚学生实力的基础上,抓住"变"的时机,适时选用"差异竞赛法"进行游戏变化就容易取得事半功倍的教学效果。

2. 安排适宜的内容进行变化。比如"前滚翻接力赛"游戏的目标是帮助学生学会前滚翻的动作技能,锻炼平衡能力。教师在学生基本完成原地前滚翻动

作的基础上,将动作改为"分腿前滚翻""前滚翻成直腿起""抱头前滚翻""单肩前滚翻""从高处跳下的前滚翻"等,有助于形成"前滚翻"合理动作的变化内容,增加前滚翻动作的练习量,使游戏更加适宜作为提高前滚翻技能的辅助性教学内容。

3. 制定适宜的评价方式进行变化。比如将游戏获胜标准,由"比快"改为"比犯规次数少",就能减少犯规次数,预防安全隐患;由"比绝对成绩"变为"比进步幅度",就能有效激发所有学生(特别是体育弱势生)的参与激情,使其全身心地投入到游戏活动之中;由"比个人成绩"变为"比小组总成绩"就能促进学生团结合作意识的培养与合作能力的提升等。总之,制定适宜的评价标准是促使学生主动积极参与游戏,有效提高体育游戏教学效益最重要的技巧之一。

4. 选择适宜的场地(器材)进行变化。比如奔跑类游戏,在距离变化上是"先短后长";在跑道宽度的变化上是"先宽后窄";在障碍数量设置的变化上是"先少后多";在障碍物高度的变化上是"先低后高";在跨越障碍的宽度的变化上是"先窄后宽"等,以适应学生参与游戏学练与比赛的需要,提高体育游戏教学的效益。

5. 组织适宜的游戏过程进行变化。比如发展学生灵敏素质的躲闪类游戏,将"全班一圈"变为"分组分圈"进行游戏,就可以增加学生的练习密度;将"逮到人就下场,不能参加本轮游戏"变为"逮到人就下场,但只要举手示意在场外休息20秒就可以再次参加本轮游戏",就可增加学生参与游戏的强度,培养遵守规则的意识与良好行为;将"逮人方法一样"变为"女生(或体育弱势生)逮男生(或体育强势生),碰到即被逮到;而男生(或体育强势生)逮女生(或体育弱势生)时,碰到手臂才是被逮到",就可促进双方参与游戏的激情,提高游戏的竞争性,增加体育弱势生的成就感。

体育游戏教学变化技巧,虽有一定的规律可循,但无法一一对应教学中各种层出不穷的教学状况,而其实际运用都是在动态下完成的。为此,我们以经典体育游戏的教学变化为例,给师范学校体育教育专业学生、新入职的体育教师与各级各类体育游戏教学培训班提供了一批简便实用的实操方法,以诠释我们的教育教学主张,供体育教学专家与热爱体育游戏教学的一线体育教师们研讨之用。

第二部分

各水平段经典体育游戏
学习目标、内容、要求与评价重点

水平一 （小学一、二年级）

一、学习目标
学生能积极、愉快地参与游戏活动,并且能说出 16 个体育游戏的名称与方法;做出多种形式的走、跑、跳、投、抛、接、躲闪、挥击、攀、爬、钻等动作;提高身体的灵活性与协调性;初步养成遵守规则的良好习惯,爱护和帮助同伴共同完成游戏比赛。

二、教学内容
发展走和跑能力:穿过小树林、换物赛跑、大渔网。
发展跳跃能力:单脚跳接力、青蛙过河、立定跳远接力。
发展投掷能力:看谁投得远、看谁投得准。
发展综合动作能力:快快集合、老鹰捉小鸡、我们都是木头人、冲过战壕、踏石过河、跳进去拍人、小球追大球(室内)、猜猜谁是领头人(室内)。

三、教学要求
1. 知识学习:知道所学游戏的名称与方法。
2. 技能学习:会做 16 个游戏。
3. 体能发展:发展走、跑、跳、投、躲闪、交接等基本活动的能力。
4. 情意表现:能遵守规则,爱护和帮助同伴共同完成游戏比赛。

四、评价重点
学会体育游戏方法的能力;能愉快而积极地参与体育游戏的比赛。

水平二 （小学三、四年级）

一、学习目标
学生能愉快地参加新的情景类、角色扮演类和竞赛类等类型的体育游戏,学会 14 个体育游戏的主要动作方法,逐步提高基本活动能力,发展速度和灵敏素质;在游戏过程中能主动与不同性格的同伴交流与合作,共同在规则的约束下初步养成自我规范体育行为的习惯,努力争取胜利。

二、教学内容
1. 发展奔跑能力:看谁先跑到、两人三足跑、迎面接力跑。
2. 发展跳跃能力:青蛙过荷叶、猜拳立定跳远。

3. 发展投掷能力：投沙包、纸球大战。

4. 发展综合动作能力：拉过线来、钻山洞、截住空中球、齐心协力、撒渔网（撒网捕鱼）、掌声响起来（室内）、放鞭炮（室内）。

三、教学要求

1. 知识学习：知道所学游戏的名称与方法，并能自行组织简单的游戏活动。

2. 技能学习：能熟练地完成14个游戏。

3. 体能发展：在发展基本活动能力的同时，提高速度和灵敏素质。

4. 情意表现：能与同伴在规则的约束下初步养成自我规范体育行为的习惯。

四、评价重点

掌握动作方法的能力；能与不同角色的同学合作，努力争取游戏的胜利。

水平三 （小学五、六年级）

一、学习目标

学会14个体育游戏，获得成功与失败的体验；运用已有的知识和技能改编简单的游戏，完成有一定难度的基本身体活动；提高灵敏度、力量、速度和心肺耐力，发展体能；在游戏比赛中遇到挫折时能注意控制自己的情绪，不气馁、不讽刺对方，不歧视比自己运动水平差的同学并能帮助其取得进步。

二、教学内容

1. 发展奔跑能力：障碍赛跑、"8"字接力跑、黄河长江。

2. 发展跳跃能力：鲤鱼跳龙门、斗鸡。

3. 发展投掷能力：冲过火力网、小龙大战。

4. 发展综合动作能力：改换目标、互射、打龙尾、印刷机、运球接力、打节拍（室内）、拍手抓棒（室内）。

三、教学要求

1. 知识学习：知道所学游戏的名称与方法，并能运用已有的知识改编简单的游戏。

2. 技能学习：能较好地完成14个有一定难度的游戏。

3. 体能发展：在发展基本活动能力的同时，提高灵敏、力量、速度和心肺耐力，促进体能的提升。

4. 情意表现：在游戏比赛中遇到失败时能注意控制自己的情绪，帮助比自己运动水平差的同学共同完成游戏。

四、评价重点

运用游戏中动作方法的能力；正确对待游戏的胜利与失败，做到胜利不骄傲，失败不气馁。

水平四 （初中一、二、三年级）

一、学习目标

学会12个体育游戏，并能说出参与体育游戏的意义及价值；基本掌握并能安全地运用运动技巧完成所学的游戏，改善身体姿态，提高自身的节奏感、协调性、柔韧性、表现力和健身能力，发展灵敏、速度、力量和耐力素质；在游戏中能表现出公平、诚实、友爱、礼貌、尊重等行为。

二、学习内容

1. 发展奔跑能力：十字接力、趣味测向。
2. 发展跳跃能力：夹球抛远大战、手忙脚乱。
3. 发展投掷能力：投篮比赛、实心球打靶赛。
4. 发展综合动作能力：二龙戏珠、端线篮球、转动的时钟、简易三步球、手心手背(室内)、比巧劲(室内)。

三、教学要求

1. 知识学习：能说出参与体育游戏的意义及价值，并能自行组织游戏活动。
2. 技能学习：能熟练地掌握12个游戏的主要动作方法。
3. 体能发展：利用游戏的对抗性，发展灵敏、速度、力量和耐力素质。
4. 情意表现：在游戏比赛中尊重规则与对手，养成良好的行为习惯。

四、评价重点

灵活运用动作方法的能力；在游戏中表现出公平、诚实、礼貌、尊重等行为。

说明：

上述学习目标是依据教育部颁布的《义务教育体育与健康课程标准》(2011年版)(以下简称《课程标准》)，从运动技能、运动参与、身体健康、心理健康与社会适应四个方面，针对各水平段具体课程内容的学习目标制定的。本计划所制定的中小学各水平段体育游戏的学习目标是课程目标的逐层细化和分解，在目标多元的基础上有所侧重，注重目标的达成度，力争做到可观测、可操作。

体育游戏的选择依据是《课程标准》各水平段的课程内容，同时根据江苏省的实际情况，结合历次国编、省编中小学传统体育游戏教材，并补充了部分近年

第二部分
各水平段经典体育游戏学习目标、内容、要求与评价重点

来受到广大一线体育教师欢迎的新编体育游戏的内容而定。

教学要求是依据《课程标准》各水平段的课程实施建议,从知识学习、技能学习、体能发展和情意表现四个方面,结合各年段教学内容的具体教学要求而定。

评价重点是依据《课程标准》各水平段的评价要点,围绕具体体育游戏教学内容的学习目标,为评价学生主要的学习效果而定。

第三部分

各水平段经典体育教学
游戏教材简介及教法运用技巧

水 平 一

16例经典体育教学游戏教材内容及教法运用技巧举隅

1. 换物赛跑	2. 穿过小树林	3. 大渔网	4. 单脚跳接力
5. 青蛙过河	6. 立定跳远接力	7. 看谁投得远	8. 看谁投得准
9. 快快集合	10. 老鹰捉小鸡	11. 我们都是木头人	12. 冲过战壕
13. 踏石过河	14. 跳进去拍人	15. 小球追大球(室内)	16. 猜猜谁是领头人(室内)

1. 换物赛跑

● 换物赛跑-1

游戏价值：

换物赛跑游戏不仅能发展学生快速奔跑的能力,还有利于培养学生的竞争和合作意识以及超越自我、战胜困难、团结同伴、关心集体的优秀品质。换物赛跑既是小学低年级快速跑的游戏教材,也是后续跑类教材学习的重要辅助性教学内容与教学手段。

游戏目标：

能与同伴合作,学会快速换物与往返跑的方法。

游戏准备：

在场地上画一条起跑线,线前15~20米处并排画4~8个间隔2~3米的圆圈,每个圈内放一个小皮球或小沙包、彩带等物件。

游戏方法：

将学生分成人数相等的4~8队,分别排成几路纵队站在起跑线后,各队排头手持一个小沙包(或小皮球、彩带等轻物件)。

裁判员发令后,各队排头迅速跑向本队前面的小圆圈,将手中物品放在圆圈内,拿起圈内物品跑回本队交给下一人,然后回到本队队尾。依次进行,最后一个人先回到队伍的队获胜。

第三部分
各水平段经典体育教学游戏教材简介及教法运用技巧

(a) 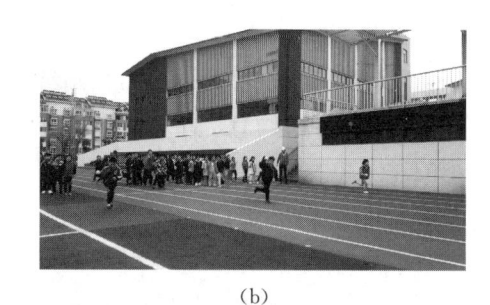 (b) 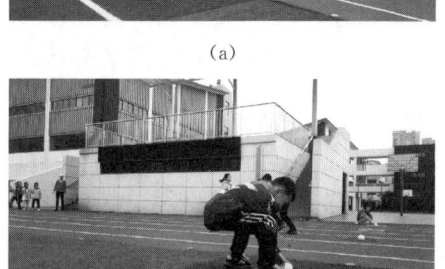 (c)  (d)

图 1.1-1　换物赛跑 1

游戏规则:

1. 队伍中等候的选手接到交换物件后才能跑出,交换物只能传递,不准抛接。

2. 交换物必须放在圈内,如滚出圈外,要捡回来放好后才能跑出。

教学建议:

1. 评价重点:能掌握快速换物的方法,并能快速地与下一个同学完成交接。

2. 每队人数不宜过多,适当调整奔跑的距离,可以增加圆圈的数量,以便更好地发展学生的速度、灵敏素质,培养合作意识,提高练习密度。

3. 清理好场地,准备好器材,教会学生用"错右肩交接"的方法交接轻物。

4. 性质类似的游戏还有"套圈赛跑"和"换旗赛跑"(又叫"插红旗赛跑")。

编者提示:

1. 此案例有视频。视频编号:换物赛跑-1。

2. 视频中教师在课堂教学中站位的策略是:在游戏开始时教师站在比赛队伍的侧前方,比赛过程中则不断变换位置来回巡视指导学生有序练习。

● 换物赛跑-2

设计思路:

为帮助学生快速熟悉游戏的方法与规则,保障游戏过程安全而变

预期目标：

通过缩短距离、增加分组、提高练习次数，帮助学生熟悉游戏方法、规则以及行进路线，掌握放得稳、取物快、跑得直的动作技能。培养学生自觉遵守游戏规则的意识和团队合作的能力。

变化方法：

游戏形式、过程不变。缩短奔跑的距离，增加学生间的交接频率；将快速跑动作变化为快走或慢跑，可以先走、慢跑，最后再快跑，强调错右肩击掌交接，减少安全隐患。

(a)　　　　　　　　　　(b)

(c)　　　　　　　　　　(d)

图 1.1-2　换物赛跑 2

评价重点：

直线来回，取放物体正确，能自觉遵守规则；错右肩击掌交接；先评价游戏动作的正确率，后在正确完成游戏的基础上以速度快慢评判胜负。

教学中曾经出现的问题：

由于每组人数过多，比赛场地变宽，在比赛时，教师对比赛结果不能做出准确的评价，影响了比赛的公平性。

解决问题的方法：

1. 比赛同时进行，但男生、女生分开评价。
2. 增加学生裁判员，协助教师评判结果。

教学建议：

1. 适合小学一年级学生游戏教学初期选用。

2. 等学生熟悉游戏的方法和规则后,再拉长到 20 米的距离进行游戏比赛。

编者提示:

1. 此案例有视频。视频编号:换物赛跑-2。

2. 视频中教师在评价环节主要采取的教学策略是:教师规定统一的游戏结束动作,要求全队同学游戏结束后,做叉腰站直的动作,同时全队一起喊"到",以完成的快慢评判胜负,直观明显,容易操作。

● 换物赛跑-3

设计思路:
为激发学生参与游戏的兴趣,提高急停、有序交接以及快速跑的能力而变。

预期目标:
通过增加取放点提高游戏难度,提升学生放得稳、取得快、跑得直和快速换物奔跑的能力,增强集体主义精神。

变化方法:
游戏方法与评价标准不变。增加一组取放点,学生完成两次换物后才能返回与下一个学生错右肩交接,下一个学生交接后出发重复第一人的方法练习。

(a)　　　　　　　　　　　　(b)

(c)　　　　　　　　　　　　(d)

图 1.1-3　换物赛跑 3

评价重点：

能自觉遵守规则；来回直线跑、放得稳、取得快、交接动作正确，以各组完成的速度评判胜负。

教学中曾经出现的问题：

学生为追求快速完成，放物时重心过高，造成接力物反弹到圈外；没有将反弹到圈外的接力物捡回放在规定位置中，就继续跑向下一个目标。

解决问题的方法：

1. 用作交换的物体尽量选择没有弹性、不容易滚动的物体。

2. 用规则限制学生换物时的行为，取放物必须放在规定位置后才能进行下一个练习。

教学建议：

1. 适合小学一年级学生游戏教学中期选用。

2. 游戏前期可以先用沙包作为交接物进行交接和放置，在学生熟练掌握取放技巧后，再用垒球取代沙包，提高放置和交接的难度。

3. 可以先开展摸圈和击掌交换接力跑，降低练习难度，帮助学生快速掌握跑得直、跑得快和正确交接的动作方法，然后再开展换物赛跑游戏比赛。

编者提示：

1. 此案例有视频。视频编号：换物赛跑-3。

2. 视频中教师在介绍游戏方法和规则时主要采取的教学策略是：只讲解不示范，因为学生已经具备了换物赛跑的游戏基础。

● 换物赛跑-4

设计思路：

为提高学生游戏时的注意力和兴趣，帮助学生达成情感目标而变。

预期目标：

通过在两组取放点间进行有序指定取放，增加练习难度和趣味性，帮助学生提高换物赛跑游戏的技能，增强团队凝聚力，培养遵守游戏规则的意识。

变化方法：

游戏过程、评价标准不变。规定学生在指定的远近两个取放点按照一定顺序取与放后返回，如两人的近远练习；三人的"近近远"或"近远近"练习。在学生熟悉方法后可以逐渐增加难度，提高学生在比赛中的注意力。

(a) (b)

(c) (d)

图 1.1-4　换物赛跑 4

评价重点：

参赛人数与取放点是否按照要求完成。

教学中曾经出现的问题：

学生思想不集中,出现取放位置错误和参赛人数不对的问题。

解决问题的方法：

1. 交接时大声报出交接位置作为对下一个比赛同伴的提示。

2. 每组比赛后教师及时宣布结果并点评,提醒失利队向胜利队学习取胜技巧。

教学建议：

1. 适合小学一年级学生游戏教学中后期选用。

2. 游戏开始前几轮,一定要每轮都宣布结果,并且按照评价要求讲评,特别是对跑得快但因没有按要求跑而未获得好名次的队,一定要反复讲解原因,强化学生的规则意识,提高学生练习时的注意力。

编者提示：

1. 此案例有视频。视频编号:换物赛跑-4。

2. 视频中教师在比赛发令时主要采取的教学策略是:发令声音先大后逐渐变小,以此训练学生听清比赛取物远近组合的变化要求,集中学生参加游戏的注意力。

017

● 换物赛跑-5

设计思路：
为提高游戏竞争性，帮助弱势队伍的学生达成情感目标而变。

预期目标：
通过变化取放形式，让弱势队伍的学生根据场上比赛的情况做出取放选择，培养学生的思维判断能力，提高比赛的不确定性，增加练习的激烈性和趣味性。

变化方法：
游戏过程、评价标准不变。变化游戏形式，各组成十字站队。各组取放物品摆成小正方形，于十字中心摆放，且到各组距离相等。游戏时，各组学生从放置点中另外三队的放置圈内取一个物品放入本组或者其他组的放置圈内，然后返回与下一个同学击掌，有序进行。直至听到结束信号停止练习。

(a) (b) (c) (d)

图 1.1-5　换物赛跑 5

评价重点：
以放置圈内物品的多少决定名次。

教学中曾经出现的问题：
有学生会在放置点发生碰撞，将物品放置到放置圈外；有学生违规，未击掌就提前跑出，或停止信号响起后仍然未停止；学生不知道如何根据场上情况智取强势队的物品来提高弱势队成绩。

解决问题的方法：

1. 学生发生碰撞时，双方都扣除一个物品；规定放置圈外的取放物品不计数。

2. 各组增加学生裁判进行相互监督，违规一次扣除一个取放物品。

3. 通过演示法，讲解如何帮助弱势队、遏制强势队，让赛场上的成绩更加均衡。

教学建议：

1. 适合小学一年级学生游戏教学后期选用。

2. 为提高弱势队的兴趣，此游戏可缩短弱势队的游戏距离。

3. 对学生遵守游戏规则、关心帮助同学等行为及时给予表扬，力求评价方式多样化。

编者提示：

1. 此案例有视频。视频编号：换物赛跑-5。

2. 视频中教师在人数不均等、能力不相同的情况下主要采取的教学策略是：优先选择此游戏练习，使游戏结果不确定，各组之间更具有对抗性；教师灵活决定游戏时间，提高游戏的趣味性，合理掌控课堂教学节奏。

2. 穿过小树林

● 穿过小树林-1

游戏价值：

穿过小树林游戏能发展学生速度、灵敏等身体素质，提高在曲线移动的状态下快速奔跑的能力；培养学生的合作意识和团队竞争意识，并逐渐形成良好的集体主义精神。

游戏目标：

能与同伴合作，学会绕物跑与往返接力的方法。

游戏准备：

在场地上画两条相距 20～25 米的平行线，在两线之间沿竖排摆放 4～8 个小标志筒，标志筒之间的间隔是 2 米。

游戏方法：

将学生分成 4～8 队，每队分甲、乙两组，分别排成一路纵队面对标志筒站在两条线后。

裁判员发令后，每队甲组第一人沿曲线绕过每一个标志筒跑向乙组，并拍乙组第一人的右手，随后自己站在乙组排尾。乙组队员按同样的方法跑向甲组，拍甲组第二人的右手，随后自己站到甲组排尾，依次进行，直到所有人都跑过一次，先跑完的队获胜。

(a)　　　　　　　　　　　　　　(b)

(c)　　　　　　　　　　　　　　(d)

图 1.2-1　穿过小树林 1

游戏规则：

1. 不得踩线和过线，在发令后和拍手后才能起跑。

2. 不能触碰标志筒，如果碰倒标志筒，必须扶起并放回原处后才能继续奔跑。

3. 交接时必须拍手。

教学建议：

1. 评价重点：跑动路线正确与动作速度快；能快速与同伴拍手交接。

2. 每队人数不宜过多，适当调整奔跑的距离、标志筒的数量，可以改变故事情节（如改为"穿过小树林送情报"或"鸡毛信"等），提醒学生在奔跑线正确的前提下，提高跑的速度和身体稳定性，以便更好地发展学生速度、灵敏等体能，提高练习密度。

3. 结合"右侧通行"和"拍右手交接后出发"的规则，指导学生选择正确的曲线跑路线，不能碰到标志筒，将学生的守则与安全意识转变为动作行为。

4. 性质类似的游戏有"曲径接力跑""穿林海"等。

编者提示：

1. 此案例有视频。视频编号：穿过小树林-1。

2. 视频中教师在5个教学程序完整的情况下，在安排比赛与指导环节，利用结果反馈引导学生在比赛时不能违反规则，投机取巧最终不会取得胜利；在讲评与小结时，教师注意及时表扬在比赛和练习中认真负责的学生：有公平公正的小裁判员，有自觉维护规则的运动员，也有在比赛中能力突出的优秀学生等。

● 穿过小树林-2

设计思路：
为帮助学生更快地熟悉游戏方法，能安全地进行绕物跑而变。

预期目标：
通过缩短距离，减少绕物标志物的数量来降低游戏难度；强化交接方式方法，提高学生完成s形绕物跑的技能；帮助学生尽快熟悉行进路线、动作方法与游戏规则，调动其参与的热情，培养规则意识。

变化方法：
游戏方法、规则不变。距离由20～25米变为10米，中间竖排放的标志物减少到2～3个，标志物间距2米不变。要求学生在不碰到标志物的情况下放慢速度，先熟悉路线和错右肩拍手的交接方法，再进行快速变向绕物跑接力。

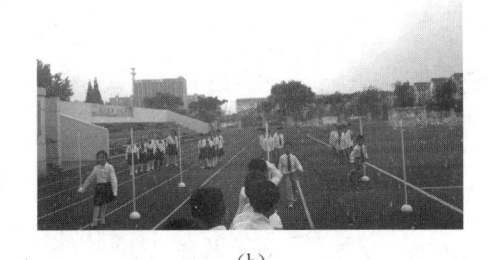

(a) (b) (c) (d)

图 1.2-2　穿过小树林 2

评价重点：

游戏路线正确，能错右肩拍手交接；先比是否遵守规则，再比速度的快慢。

教学中曾经出现的问题：

由于学生求快，在绕物时有碰到标志物的现象，影响下一个学生绕物的路线；绕完最后一个标志物时，有学生跑向对面同伴的左边，没有做到错肩右手交接的要求。

解决问题的方法：

1. 规定碰到标志物时必须将标志物放回原处才能继续练习与比赛。

2. 绕完最后一个标志物后直线跑向对面同伴的右边，同时对面同伴举起右手示意，并准备交接。

教学建议：

1. 适合小学一年级学生游戏教学初期选用。

2. 选择空旷的场地，练习场地边应有足够的缓冲区域。

编者提示：

1. 此案例有视频。视频编号：穿过小树林-2。

2. 视频中教师在组织练习与纠错时采取的教学策略是：站位在两组练习队伍的中间，用语言引导学生快走熟悉绕物路线和注意"拍右手"的交接方法，强化比赛的规则意识，习得正确动作；在学生都体验了绕物路线和正确的交接动作后，教师再组织学生进行穿过小树林迎面接力赛，保证了游戏的安全有序。

● 穿过小树林-3

设计思路：

为发展学生奔跑能力，促进快速绕物跑动作技能的提高而变。

预期目标：

通过增加标志物的数量，增加练习距离，提高运动强度和跑动中多次变向的难度，激发学生参与热情，增强团队凝聚力，培养合作能力。

变化方法：

游戏方法、规则不变。奔跑距离20～25米，中间标志物增加到4～6个，间隔距离为2米，提高绕物次数，增加游戏难度，激发学生绕物跑的积极性和主动性。

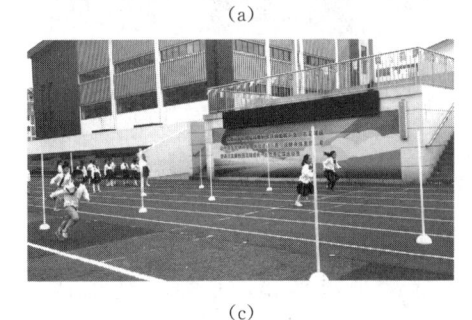

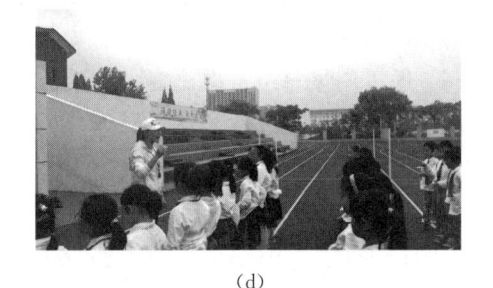

图 1.2-3 穿过小树林 3

评价重点：

先在自觉遵守游戏规则的前提下比完成接力的速度，然后在完成接力的情况下比最后结束动作的质量与速度。

教学中曾经出现的问题：

比赛中有学生为了督促前面学生快速跑接力，出现推前面学生的现象；在以结束动作的质量为标准评判胜负时，部分学生没有这个意识，仍然以速度论胜负。

解决问题的方法：

1. 在接力区位置设置两条相距半米的线，后面一条为准备线，前面一条为接力线，避免学生出现推人的问题。

2. 在改变评价标准时，先组织学生练习1~2次结束动作，再进行变化评价标准的比赛，可以反复多次，并及时点评，提示学生集中注意力。

教学建议：

1. 适合小学一年级学生游戏教学中期选用。

2. 此游戏还可以通过改变标志物的前后、左右距离以加大或减少奔跑的距离和绕物跑的幅度，以提高曲线跑的速度和身体的平衡能力。

编者提示：

1. 此案例有视频。视频编号：穿过小树林-3。

2. 视频中教师在对比赛结果评判时主要采取的教学策略是：指定所有学生

纵队站立,双手上举,又蹦又跳并齐声喊"到"作为结束信号,促使学生结束游戏时仍然保持整齐有序的队形和激动兴奋的比赛情绪。

● 穿过小树林-4

设计思路:

为提高游戏趣味性,帮助学生达成团队合作比赛的情感目标而变。

预期目标:

通过调整每组每次比赛人数的方法,增加获胜机会,满足学生情感需求,调动学生参与的积极性和竞争意识,培养与同伴合作跑的能力。

变化方法:

游戏场地、规则不变。每队比赛时,教师先报数或者出示数字后再发出跑的信号,学生根据数字规定的人数来回穿越小树林完成比赛。比如裁判员喊"4",本队两组各出 2 人来回跑,完成第一次比赛;接着教师再次报数进行第二次比赛,学生按照这种方法穿越小树林,在规定数字内依次进行比赛。

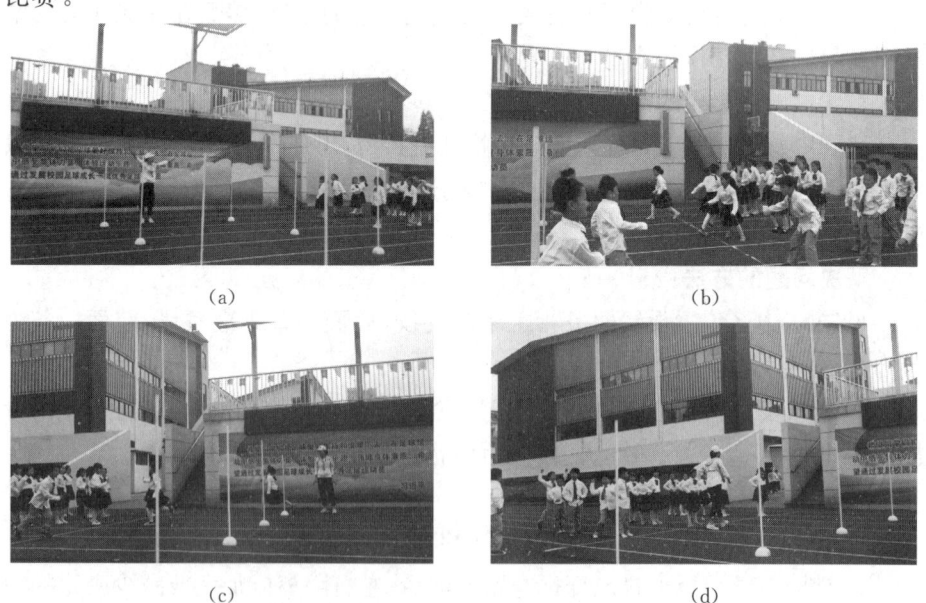

(a)   (b)

(c)   (d)

图 1.2-4 穿过小树林 4

评价重点:

参加比赛的人数要正确,结束时的动作既快又对,最后累计得分多的组获得最终胜利。

教学中曾经出现的问题：

学生由于注意力不集中，出现参赛人数不对，有多跑或少跑的现象；结束时没有按照老师要求做结束动作。

解决问题的方法：

1. 每次比赛都要宣布结果，让学生学会自我总结，如何合作才能既快又正确地完成练习，如相互间连续报数接龙跑来提高注意力和准确率。

2. 在结束时相互提醒快速做结束动作，如最后一人跑完后喊"到"，所有学生立刻叉腰或手上举向裁判示意。游戏结束后教师要及时与学生分析总结游戏中的得失，为下一次更出色的游戏做好充分准备。

教学建议：

1. 适合小学一年级学生游戏教学中后期选用。

2. 为增加弱势队获胜概率，此游戏可减少弱势队人数及障碍物的数量来比赛。

编者提示：

1. 此案例有视频。视频编号：穿过小树林-4。

2. 视频中教师在安排比赛与指导环节主要采取的教学策略是：为了让更多的学生体验成功的喜悦，教师采用了多次变换参赛人的方式，让每个学生都有获胜的机会，有效地激发了学生游戏兴趣，高度保持学生在参赛中的注意力，提高游戏对抗的激烈程度。

●穿过小树林-5

设计思路：

采用"差异竞赛法"，为帮助体育弱势生，促进他们进一步发展而变。

预期目标：

通过"差异竞赛法"进行游戏，提高强势队学生游戏练习的挑战性，增加弱势学生获胜的概率，以激发所有学生参加游戏的热情，培养顽强拼搏、敢于竞争、坚持到底的意志品质。

变化方法：

游戏方法、规则、评价标准不变。组织强弱势队距离不等的快速绕物跑差异比赛，强势队距离不变，弱势队距离缩短，缩短的距离可以教师指定，也可以让强势队学生设计。

(a) (b)
(c) (d)

图1.2-5 穿过小树林5

评价重点：

各组按要求完成游戏的快慢程度。

教学中曾经出现的问题：

强势队让距过于自信，比赛时被弱势队反超太大。

解决问题的方法：

教师及时干预，将让距控制在弱势队与强势队旗鼓相当的范围内，增加游戏比赛的激烈程度；激发学生参加游戏的兴趣，使其知道只要努力，就有可能取得成功，从而提高自信心和竞争意识。

教学建议：

适合小学一年级学生游戏教学后期选用。

编者提示：

1. 此案例有视频。视频编号：穿过小树林-5。

2. 视频中教师在差异让距跑环节主要采取的教学策略是：根据公平比赛的结果，使差异明显的女生两队商议决定让距距离，对于旗鼓相当的男生两队不调整，从而提高了游戏比赛的竞争性。

3. 大渔网

● 大渔网-1

游戏价值:

大渔网游戏练习,有利于发展速度、灵敏、协调等身体素质,培养学生的规则意识,提高团队协作能力。

游戏目标:

会与同伴配合捕鱼,能快速躲闪。

游戏准备:

在场地上画出一定的范围作"池塘"(大小可根据学生人数和场地条件确定)。

游戏方法:

从学生中选出4～6人做"捕鱼人",其余学生做"鱼",分散在"池塘"里。

裁判员发令后,"捕鱼人"进入"池塘"手拉手做成"渔网"捕鱼,被围住的学生就算被捉住了。被捉的学生立即参加捕鱼,与"捕鱼人"一起拉起手来去捕捉其他的"鱼",直到把所有的"鱼"全捕完,或剩少数"鱼"为止。

(a)　　　(b)

(c)　　　(d)

图1.3-1　大渔网1

游戏规则：

1. "鱼"不能跑出"池塘"，否则算被捉住；"鱼"被围住后，不能用力冲破"渔网"逃跑，但若"渔网"本身有空隙，可趁机从空隙中钻出去。

2. "捕鱼人"只能手拉手去围捕，不能够拉人或推人；"捕鱼人"手松开就算"网"破，"鱼"可以自由出入。

教学建议：

1. 评价重点："捕鱼人"要相互合作以捕到更多的"鱼"；"鱼"要灵活躲闪以不被捕到。

2. 根据实际情况，可以将学生分成2~4个组分场地进行游戏，以便更好地发展学生灵活躲闪的能力，提高练习密度。

3. 游戏开始时，可选体力比较好的学生做"捕鱼人"，以培养他们团结一致、协同配合的能力。同时，这个游戏的运动量较大，整个游戏的时间要控制好，以防止学生运动过量而出现运动损伤等现象。

4. 性质类似的游戏有"老鹰捉小鸡"等。

● 大渔网-2

设计思路：

为帮助学生更快地熟悉游戏方法，保障游戏过程安全而变。

预期目标：

通过分组变化和改变"鱼"的奔跑动作为快走，降低游戏的对抗程度，增加游戏练习的密度，帮助学生熟悉游戏的动作方法和游戏规则，提高学生的规则意识，安全游戏。

变化方法：

游戏过程与评价标准不变，多分组，把"池塘"变小，"鱼"变少，"捕鱼人"跑，"鱼"动作由跑改为快走，提高"捕鱼"的成功率，帮助学生快速掌握游戏方法和规则。

评价重点：

能否自觉遵守游戏规则，过程中"鱼"按要求利用快走进行游戏。

教学中曾经出现的问题：

游戏过程中，"鱼"未采用快走的形式进行游戏；有学生在躲避的过程中走到"池塘"外，仍继续加入游戏。

(a)　　　　　　　　　　　　　　(b)

(c)　　　　　　　　　　　　　　(d)

图 1.3-2　大渔网 2

解决问题的方法：

1. 练习时，教师及时提醒学生遵守游戏规则，严格采用快走的形式进行"捕鱼"或者躲闪，比谁最遵守游戏规则。

2. 教师反复明确"鱼"只能在"池塘"范围内进行游戏，一旦离开"池塘"，则等同于被捕到。

3. 规定违规 1~2 次，到"池塘"外连说三遍"我是小鱼只能走不能跑"，然后再进入"池塘"游戏。规定违规 3 次，被判罚停止游戏，担当裁判 2 次后再加入游戏。

教学建议：

1. 适合小学二年级学生在游戏教学初期选用。

2. 每次教学评价都要严格执行既定的游戏规则。

3. 选择空旷的练习场地，场地边缘外应有足够的安全间距，以免学生跑出池塘时发生碰撞或摔倒。

● 大渔网-3

设计思路：

为激发学生参与游戏的积极性，提高学生灵活躲闪和协作快跑的能力而变。

预期目标：

通过增加"渔网"的组数,提高游戏的难度,发展学生的闪躲能力;帮助学生尽快掌握"捕鱼"的方法,培养团队意识,体验合作的重要性。

变化方法：

游戏过程、规则不变。在规定的练习场地内,"渔网"人数每增加到6人时,就要自动分离成两张"网",按照这种方法,增加"鱼"躲闪的难度系数。

图1.3-3 大渔网3

评价重点：

规定时间内,评出"最灵活的鱼"和"最佳捕鱼人"称号。

教学中曾经出现的问题：

游戏过程中躲闪能力差的学生总是被捕到;由于"捕鱼人"想法不统一,"渔网"会断开;"捕鱼人"配合不默契,抓不到"鱼"。

解决问题的方法：

1. 练习时,教师及时告知"鱼"灵活闪躲的方法,组织做得好的学生示范。

2. 比赛时,教会"渔网"合理"捕鱼"的方法,认准目标,齐心协力围捕"鱼";教师现场参与示范"渔网"灵活"捕鱼"的方法。

3. 对学生加强规则意识的教育。

教学建议：

1. 适合小学二年级学生在游戏教学中期选用。

2. 及时增加练习的人数或者缩小练习的场地,提高游戏的难度和强度;男女生分组分场地练习；组织差异性比赛，激发学生参与的积极性。

3. 评价方法可以改为分组对抗，一组做"鱼"，一组做"捕鱼人"，在相同时间内，"鱼"剩余多的组获胜。

● 大渔网-4

设计思路：
通过男女对抗比赛，为促进学生之间的情感交流而变。

预期目标：
通过男女生互换"捕鱼人"去对方"池塘"里捕"鱼"提高游戏的竞争性，让学生不断挑战自我，增强团队合作能力，提高规则意识。

变化方法：
游戏形式、过程与评价标准不变。男女生互换"捕鱼人"去对方"池塘"里捕"鱼"，规定被捕到的"鱼"在指定的区域来回慢跑或快走。

(a)　　　　　　　　　　　　(b)

(c)　　　　　　　　　　　　(d)

图 1.3-4　大渔网 4

评价重点：
勇于表现自我，努力争取游戏胜利，比比哪组遵守规则好，遵守的都判赢。

教学中曾经出现的问题：
协作能力强的男生去女生队做"捕鱼人"时，很快就将"鱼"捉完了；协作能力弱的女生去男生队做"捕鱼人"时，很难抓到"鱼"。

解决问题的方法：

可以改变"捕鱼"时间的长短，让各组自我挑战游戏。

教学建议：

1. 适合小学二年级学生在游戏教学后期选用。

2. 及时进行德育引导，帮助学生树立"胜不骄、败不馁""勇于挑战自我"的良好思想品质。

● 大渔网-5

设计思路：

给弱势学生增加一次自救的机会，为帮助弱势学生体验获得成功的喜悦而变。

预期目标：

通过给运动能力差的学生三次自救的机会，延长他们的练习时间，提高练习的运动量，满足弱势学生期待获胜的情感需求，提高参与的激情。

变化方法：

游戏过程和评价标准不变。"弱势小鱼"（本组内经常被捕到的"鱼"）可以获得三次自救的机会，在游戏的过程中，当这些学生快被"渔网"抓住的时候可以原地下蹲并说"定"，此时"渔网"定住不动，在"鱼"移动三步后才能继续捕"鱼"。

(a)　　　　　　　　　(b)

(c)　　　　　　　　　(d)

图 1.3-5　大渔网 5

评价重点：

同伴间相互合作，"弱势小鱼"能减少下场的次数。

教学中曾经出现的问题：

无法很快地确定"弱势小鱼"，不能很快地开始游戏；学生都想有自救的机会。

解决问题的方法：

1. 教师明确告知"弱势小鱼"的选择标准为"被捕到次数多的人"。

2. 教师对学生进行教育，凡是遵守游戏规则，积极参与练习的学生，在下一轮游戏中可获得自救一次的机会；捕"鱼"较多的那组"捕鱼人"在下一轮游戏中扮演"鱼"时也可获得自救一次的机会。

教学建议：

1. 适合小学二年级学生在游戏教学后期选用。

2. 结合学生实际情况，及时增加或减少练习的人数，提升或降低合作难度，增强游戏的趣味性。

3. 为提高弱势学生参与游戏的热情，在"弱势小鱼"被捕后，有权从"捕鱼人"中挑选一人与自己进行角色互换再进行游戏。

4. 单脚跳接力

● 单脚跳接力-1

游戏价值：

单脚跳接力游戏能增强学生下肢力量，提高连续跳跃的能力，培养团队合作意识。既是游戏教材，也是跳跃类教材学习的重要辅助性教学内容与教学手段。

游戏目标：

能用单脚跳方法，坚持跳到终点；学会与同伴击掌交接的方法。

游戏准备：

画一条起跳线，在距离起跳线前15～20米的位置并排放4个标志物。

游戏方法：

将学生分成人数相等的4队，分别排成4路纵队站在起跳线后。

裁判员发令后，各队第一人从起点线后出发，采用连续单脚跳的方式绕过对面的标志物后，换另一只脚连续单脚跳回起点处，与下面一个人击掌，然后回到本队队尾。依次进行，按照最后一个人回到起点的顺序判断名次。

(a)　　　　　　　　　　　　　(b)

(c)　　　　　　　　　　　　　(d)

图 1.4-1　单脚跳接力 1

游戏规则：

1. 听到裁判发令信号或与同伴击掌后才能从起跳线后起跳。

2. 只有在绕过标志物后才能换脚，在连续单脚跳的过程中不得换脚，并且摆动腿不得与地面接触。

教学建议：

1. 评价重点：跳动路线正确以及动作速度快；能快速与同伴击掌交接。

2. 每队人数不宜过多，适当调整奔跑的距离、标志物的数量，可以增加故事情节（如改为"穿过小树林送情报"或"鸡毛信"等），提醒学生要在路线正确的前提下提高速度和稳定性，以便更好地发展学生速度、灵敏等体能，提高练习密度。

3. 结合"右侧通行"和"错右肩击掌交接后出发"的规则，指导学生选择正确的路线，不能撞到标志物，将学生的守则与安全意识转变为动作行为。

4. 性质类似的游戏有"曲径接力跑""穿林海"等。

编者提示：

1. 此案例有视频。视频编号：单脚跳接力-1。

2. 视频中教师在 5 个教学程序完整的情况下，在介绍游戏方法时，采用了拉近标志物，在短距离之内，边讲解边示范的方法；发现学生在完成游戏过程中有困难时，及时采用拉手帮助的方式，帮助学生完成游戏。

单脚跳接力-2

设计思路:

为帮助学生更快地熟悉游戏方法,保障游戏过程安全而变。

预期目标:

通过降低游戏难度和强化交接方式,帮助学生尽快熟悉行进路线、动作方法与游戏规则,增强团队凝聚力,培养自觉遵守游戏规则的意识。

变化方法:

游戏形式、过程不变。缩短跳跃行进的距离,增加学生间的交接次数;动作方法改为跳过去、快走回来,熟悉游戏路线;规定必须错右肩击掌交接,减少安全隐患。

(a)

(b)

(c)

(d)

图1.4-2　单脚跳接力2

评价重点:

游戏路线正确、能错右肩击掌交接。遵守规则,错右肩击掌交接人数多的组为胜,且最高排名的名次可以并列。

教学中曾经出现的问题:

未用右手击掌,不能完成错右肩交接动作;学生追求速度,不按规定的路线快走和跳;没击掌就走出起跳线。

解决问题的方法：

1. 练习时，教师及时提醒与示范跳与快走的路线和交接方法。

2. 比赛时，要突出评价重点，如前几次比赛不比速度，只比会错右肩交接的人数或只比走跳路线正确的人数，多者为胜；等绝大部分学生都基本掌握规则后，再比速度。

教学建议：

1. 适合小学一年级学生在游戏教学初期选用。

2. 每次评价都要严格执行既定的游戏标准。

3. 及时增加跳的距离、减少快走的距离，提高游戏运动强度；增加分组，提高练习负荷；组织差异性比赛，激发学生参与的积极性。

编者提示：

1. 此案例有视频。视频编号：单脚跳接力-2。

2. 视频中教师主要采取的教学策略是：在交接棒练习中，先原地排队，按顺序错右肩击掌，在行进间练习强化错右肩交接的方法；在游戏练习过程中，采用先短距离跳过去，再快走回来的方法；在个别学生全程比赛有困难时，采取教师上前及时给予帮助的措施。

● 单脚跳接力-3

设计思路：
为激发学生参与游戏的积极性，提高连续单脚跳的能力而变。

预期目标：
通过自选单脚连续跳，增加或减少交换次数的方法，增强连续单脚跳的能力；发展下肢力量，提高平衡能力，激发学生参与游戏的积极性。

变化方法：
游戏形式、过程不变。学生自主选择单脚跳的方法，规定全程换脚的次数，如首轮允许换4次，第2轮换3次，第3轮换2次。以此来平衡强势（有力）脚与弱势（无力）脚的单脚跳的能力，增加弱势脚的锻炼机会，提高游戏趣味性，激发学生练习的积极性，调节课程的节奏和活跃氛围。

评价重点：
在规定的换脚次数内，能保证全程始终是在用一只脚向前跳。

(a)　　　　　　　　　　　　　　(b)

(c)　　　　　　　　　　　　　　(d)

图1.4-3　单脚跳接力3

教学中曾经出现的问题：

学生为追求速度，没有在规定的换脚次数内完成全程，频繁出现跳跑或走跳结合的现象，无法提高连续单脚跳的能力。

解决问题的方法：

1. 练习时，及时告知学生"跳"的知识，组织"跳"的示范性表演，明确正确的动作方法。

2. 比赛时，严格执行评价重点所提的标准，比全队在规定换脚次数内全程用单脚跳的人数，多者为胜。若人数相等，再看用时，用时少的队为胜。

教学建议：

1. 适合小学一年级学生在游戏教学中期选用。

2. 及时增加跳的距离，提高游戏动作强度；增加分组，提高练习负荷；组织差异性比赛，激发学生参与的积极性。

编者提示：

1. 此案例有视频。视频编号：单脚跳接力-3。

2. 视频中教师主要采取的教学策略是：在介绍游戏方法时，采用边示范边讲解的方法，提示学生根据脚力和习惯自主选择有力脚跳；在游戏练习过程中换脚次数采用由多到少逐渐减少的方法，强化有力脚连续跳跃的能力。

● 单脚跳接力 - 4

设计思路：

为提高游戏趣味性，帮助学生达成与同伴快乐合作的情感目标而变。

预期目标：

通过改变动作方法，满足学生情感需求，强化连续单脚跳的能力，调动学生参与的积极性，增强合作意识。

变化方法：

游戏路线、过程和评价标准不变。动作方法由一人连续单脚跳，改为两人手牵手配合的连续单脚跳。

(a)

(b)

(c)

(d)

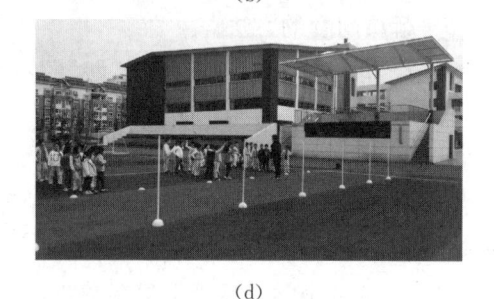

图 1.4-4　单脚跳接力 4

评价重点：

两人手不松开，能合作跳完全程。

教学中曾经出现的问题：

学生手牵手不能较长时间连续向前跳；两人绕杆时配合不协调，转身速度很慢；与后一组同学交接不畅。

解决问题的方法：

1. 鼓励学生动脑筋，通过体验学会使用各自的强势脚去跳。

2. 通过对比示范与观察，提示学生如何合作提高绕标志物速度，思考如何站位比较恰当(一般是外侧的学生速度慢一点)。

3. 规定交接时里侧学生与下一组外侧学生击掌。

教学建议：

1. 适合小学一年级学生在游戏教学后期选用。

2. 及时增加或减少跳的距离,调整到适宜的练习负荷;增加或减少各组的人数,提升或降低合作难度,增强游戏的趣味性。

3. 为了平衡强势(有力)脚与弱势(无力)脚的单脚跳的能力,增加弱势脚的锻炼机会,可以规定使用强势或弱势脚的次数。两人牵手合作连续单脚跳人员组合时,采用单脚跳能力相近的学生组合,以提高连续合作单脚跳的速度。

编者提示：

1. 此案例有视频。视频编号:单脚跳接力-4。

2. 视频中教师主要采取的教学策略是:一人连续单脚跳改为两人牵手合作连续单脚跳,以增加学生同伴间的合作能力,培养宽容、耐心、配合共同完成游戏的能力。

●单脚跳接力-5

设计思路：

采用"差异竞赛法",为帮助体育弱势生,促进他们进一步发展而变。

预期目标：

通过让弱势队选择近距离往返标志,增加获胜概率的方法,提高游戏的竞争性,调动所有学生的积极性,强化连续单脚跳的能力,发展下肢力量,让强势队与弱势队都能不断挑战自我,增强团队合作意识。

变化方法：

游戏形式、过程与评价标准不变。强势队标志物摆放的距离不变,将弱势队标志物与起跳线的距离缩小若干步,进行差异化的练习与比赛。

评价重点：

弱势队所有人都努力参与游戏,为同伴加油助威的声音响亮;强势队获胜不骄傲,失败不气馁。

教学中曾经出现的问题：

因标志物移动的距离不恰当,没能达到强势队与弱势队都努力争胜的预期目标。过近时,弱势队轻而易举地获得胜利;过远时弱势队很努力也不能取胜。

(a)　　　　　　　　　　　　　(b)

(c)　　　　　　　　　　　　　(d)

图 1.4-5　单脚跳接力 5

解决问题的方法：

1. 及时微调弱势队标志物的距离，让其感到有获胜的可能，将"我们能赢"的期待效应转变为努力争胜的动作行为。

2. 让强势队来设计弱势队标志物与起跳线的距离，进行让距挑战赛；或让弱势队从强势队里挑选一人当裁判，再比赛。

教学建议：

1. 适合小学一年级学生在游戏教学后期选用。

2. 及时进行教育引导，帮助学生树立"胜不骄、败不馁""让对方有获胜的可能，也是帮助他人的一种方式""只要努力，就有收获"等良好思想品质。

3. 人数不均等的情况下，教师可以请多出的学生担任比赛小裁判员。

4. 为提高游戏的对抗性，此游戏可调换强弱势队的人员后再比赛。

编者提示：

1. 此案例有视频。视频编号：单脚跳接力-5。

2. 视频中教师主要采取的教学策略是：在差异让距时，采用了让强势队与弱势队商量来决定距离的方法，以提高在差异设置的情况下进行比赛的激烈程度；在游戏练习过程中由于人数不均，采用教师参与游戏活动的方法。

5. 青蛙过河

● 青蛙过河-1

游戏价值：

青蛙过河游戏，有利于培养学生的规则意识，发展腿部力量和全身协调用力的能力。

游戏目标：

能用双脚连续跳的方法跳过小河，争取胜利。

游戏准备：

在场地上画一条起跳线，线前8~10米并排插4~6面小红旗，每两面小红旗间隔3米左右。起跳线到红旗之间视为小河。

游戏方法：

将学生分成人数相等的4~6个队，成纵队分别对准前面的小红旗站在起跳线后。

(a)　　　　　　　　　　　(b)

(c)　　　　　　　　　　　(d)

图 1.5-1　青蛙过河 1

裁判员发令后,各队排头双脚连续向小红旗跳去。第一个举起小红旗的得4分,第二个得3分,第三个得2分,第四个得1分。然后将小旗插回原地,自己跑回队伍并站在本队排尾。依次进行,以得分的多少判断名次。

游戏规则:

1. 必须采用双脚连续向前跳的动作。

2. 在裁判员发令后才能起跳。

教学建议:

1. 评价重点:前脚掌连续向前跳;良好的竞争行为和竞赛品质。

2. 每队人数不宜过多,可根据学生跳跃的能力,适当地调整跳跃的距离,使学生能跳得协调、连贯;发展下肢力量。

3. 结合"右侧通行""连续双脚跳"的规则,进行遵守规则和安全的教育;增加全程的距离,以进一步发展腿部力量和全身协调用力的能力。

4. 性质类似的游戏有"青蛙跳圈"等。

●青蛙过河-2

设计思路:

为帮助学生更快地熟悉游戏方法,保障游戏过程安全而变。

预期目标:

通过缩短跳跃距离,减少跳跃的次数,帮助学生尽快熟悉行进路线、动作方法与游戏规则,培养规则意识。

变化方法:

游戏形式、过程不变。缩短小河的宽度,距离由8～10米改为6米,要求学生重点体会动作,双脚连续向前跳。

评价重点:

能否自觉遵守游戏规则;不比完成的速度,比谁的动作更自然、更流畅,前脚掌着地、双脚连续向前跳,注意落地缓冲。

教学中曾经出现的问题:

游戏过程中,有学生求快,出现前后脚落地的现象。

解决问题的方法:

1. 在场地布置上,可在地面相应距离画并排的两个小脚丫,辅助学生体会双脚连续向前跳的动作。

2. 练习时,教师及时提醒学生动作方法,可利用哨音指挥学生统一练习。

(a) (b)

(c) (d)

图 1.5-2 青蛙过河 2

教学建议：

1. 适合小学二年级学生在游戏教学初期选用。
2. 每次教学评价都要严格执行既定的游戏标准。
3. 可结合学情安排合适的练习人数，学生听信号连续出发，不必返回队伍，提高游戏练习强度。

●青蛙过河-3

设计思路：

为激发学生参与游戏的积极性，提高学生的连续跳跃技能而变。

预期目标：

通过设置不同间距的藤圈让学生根据自身跳跃能力选择过河路线，发展学生连续跳跃的能力，调动学生练习的积极性。

变化方法：

游戏形式、过程不变。在 10 米宽的小河中，分别放置四路藤圈，每路藤圈的间距不一样，依次是 0.9 米、1 米、1.1 米和 1.2 米，分值对应 1、2、3、4 分。要求

043

学生根据跳跃能力选择跳藤圈过河,如果跳到圈外,视为落水,落水两次,自动调整至间距低一级的路线过河。

(a) (b)

(c) (d)

图 1.5-3　青蛙过河 3

评价重点:

自觉遵守游戏规则,按要求自选路线过河进行比赛,可以先比不落水比赛,确保练习质量,然后再比练习完成的质量,按积分的多少分胜负。

教学中曾经出现的问题:

比赛中有学生为了得高分,会选择高分区过河造成落水的现象。

解决问题的方法:

1. 增加规则,规定一旦落水,只能得 0 分,让学生正确自我评价,合理选择路线。

2. 对学生加强教育,不能贪功心切,根据能力选择,比赛要权衡利弊,合理运用战术。

教学建议:

1. 适合小学二年级学生在游戏教学中期选用。

2. 及时宣布成绩,激发学生比赛热情,合理采用比赛战术,提高比赛的激烈程度。

● 青蛙过河-4

设计思路：
通过友伴分组练习，为培养学生之间的情感交流而变。

预期目标：
通过在游戏中采用友伴分组的形式，互助学练，帮助学生尽快掌握游戏的动作方法，培养学生的规则意识和合作意识。

变化方法：
游戏形式、过程不变。采取分组形式团队合作挑战不间断跳过河。伙伴自选，可以与好朋友组队。具体方法是第一人跳第二个圈的同时，第二人跳第一圈；接着第三人跳第一圈的同时，第二人跳第二圈，第一人跳第三圈……按照这种方法依次类推，直到所有人不间断跳过河为挑战成功。

(a) (b) (c) (d)

图 1.5-4 青蛙过河 4

评价重点：
团结协作，起跳及时，团队连跳没有间隔现象。

教学中曾经出现的问题：

有部分学生起跳迟，造成大家的起跳时间有间隔，或者起跳早，与前面同伴相撞。

图 1.5-5　青蛙过河 5

解决问题的方法：

教师组织这部分学生分析原因，找出解决问题的方法，如降低连跳的速度，或者喊口号统一起跳。

教学建议：

1. 适合小学二年级学生在游戏教学后期选用。

2. 及时进行德育引导，帮助学生树立"互帮互助"的良好思想品质。

3. 可以变化行进路线，由直线变为圆形路线，在一定时间内根据同时移动的距离决定名次。

● 青蛙过河-5

设计思路：

缩短弱势队练习的距离，为帮助弱势学生体验获得成功的喜悦而变。

预期目标：

通过给连续跳跃能力差的孩子获得成功的机会，自由选择练习距离的机会，满足其期待获胜的情感需求，调动其参与的积极性。

变化方法：

游戏路线、过程和评价标准不变。设置不同的练习距离，分别是：10米、9米、8米、7米，要求学生结合自身运动能力，在连续跳跃8次通过全程的前提下，选择适合自己的练习距离。在熟练后，可安排教学比赛。

评价重点：

动作自然、流畅，前脚掌着地连续向前跳，落地缓冲；勇于挑战更远的距离。

教学中曾经出现的问题：

学生不自信，只选择最短距离练习，不敢挑战更远的距离。

解决问题的方法：

1. 教师着重帮助弱势学生纠正动作，请技术动作好的学生对他们进行一对一的帮扶。

2. 教师语言激励，鼓励学生勇于挑战自我，顽强拼搏。

教学建议：

1. 适合小学二年级学生在游戏教学后期选用。

2. 结合学生实际情况设置练习距离，教育学生按要求选择适合自己的练习距离；可设立"班级连续跳跃记录"，激励学生练习。

3. 为调动弱势学生练习的积极性，可调换强弱势队人员重新比赛。

6. 立定跳远接力

● 立定跳远接力-1

游戏价值：

立定跳远接力游戏，有利于发展学生下肢爆发力，提高立定跳远的能力，培养团队合作意识和集体主义精神。立定跳远接力既是游戏教材，也是跳跃类教材学习的重要辅助性教学手段。

游戏目标：

能用立定跳远的方法与同伴共同努力向远处跳。

游戏准备：

一片平整的软地（草地、土地或塑胶场地）

游戏方法：

将学生分成人数相等 4～6 队，各队除担任裁判的同学外，其余队员排成纵队，站在起跳线后。

游戏开始，各队排头站在起跳线后按立定跳远的要求向前跳一次，第一个人跳过后，第二个走到第一个人的落地点并以此为起点向前跳，跳过的队员站到本队排尾。每完成一次跳跃，队伍跟随向前移动一次。依次进行，直到所有人都跳完同等次数后，以纪律好并能跳得远的队获胜。

(a)　　　　　　　　　　　　(b)

(c)　　　　　　　　　　　　(d)

图 1.6-1　立定跳远接力 1

游戏规则：

1. 在起跳线后起跳，不得踩线、过线；前一人的落地点为后一人的起跳点。
2. 必须按立定跳远的方法进行跳跃。

教学建议：

1. 评价重点：立定跳远的远度；共同努力，每人都努力增加每次跳跃的远度。

2. 每队人数不宜过多（以 4～6 人为宜），根据场地的情况，调整每人跳跃的次数和游戏的轮数，以便鼓励学生跳得远，发展下肢的爆发力和全身协调用力的能力。

3. 教育队员按照规则的要求，与同伴共同努力向远处跳，培养良好的规则意识和合作意识；要教育裁判员认真负责，按游戏规则执行裁判工作。

4. 游戏也可以采用往返接力的形式，第一人连续立定跳远，到达标志物并绕过标志物跑回本队拍第二人的手，依次进行。

● 立定跳远接力-2

设计思路：
为帮助学生更快地熟悉游戏方法，保障游戏过程的安全而变。

预期目标：
通过增加分组练习，强化交接方式，帮助学生尽快熟悉行进路线、动作方法与游戏规则，增强团队凝聚力，培养自觉遵守游戏规则的意识。

变化方法：
游戏形式、过程不变。选择更大的比赛场地，减少每组比赛人数，缩短跳跃行进的距离，增加比赛次数。强化学生间的交接方法，学生跳完交接后，左跨一步站立；其他学生向前移动时注意控制好一臂间距，避免跳远干扰，减少安全隐患。

(a) (b)
(c) (d)
图 1.6-2 立定跳远接力 2

评价重点：

游戏路线正确、能前脚尖对脚跟交接。遵守规则，保持队形一臂间距移动；交接好后左跨一步站立，以最后一人的位置为全队的成绩远度。比赛先比有序按照规则游戏，然后在此基础上再比远度。

教学中曾经出现的问题：

前后间距不够，前面学生跳远摆臂受到后面学生的干扰；跳远学生落地不稳，向前移动；队伍移动过程中学生排队无序。

解决问题的方法：

1. 练习时，要求每次跳远前所有学生前平举调整好间距，放下手臂，排头再开始跳远。

2. 裁判员要注意跳远人的落点，移动后必须回到第一落点处站立，规定小组每出现两次落地不稳，位置向后移动一脚。

3. 规定跳完的学生交接后左跨一步站立不动，保持每跳完一次，队伍少一人，直到最后一人跳远结束。这样让队伍移动的人数越来越少。

教学建议：

1. 适合小学二年级学生在游戏教学初期选用。

2. 比赛人数可以随着学生对游戏规则的熟悉程度逐渐增加，场地逐渐缩小。

● 立定跳远接力-3

设计思路：

为激发学生参与游戏的积极性，提高跳远技能而变。

预期目标：

通过小组一对一对抗积分的方法，激发竞争意识，增强学生的跳远能力；发展下肢力量，提高学生参与游戏的主动性。

变化方法：

游戏动作不变，两队学生面对面成一路纵队站立，比赛时，甲队的第一人跳过来，乙队的第一人跳过去，如果乙队未过线，甲队得分；如果过线超过了5厘米，乙队得分；过线未超过5厘米双方不得分，最后以得分的高低决定胜负。

评价重点：

起跳时不踩线，落地时脚尖与对面学生的脚跟齐平；落地时，以落地最近点确定远度。

教学中曾经出现的问题：

学生起跳时，有踩线或脚尖与对面学生的脚跟不齐平的违规现象；跳远落地后，脚有移动。

(a) (b)
(c) (d)

图 1.6-3　立定跳远接力 3

解决问题的方法：

1. 练习时，及时告知学生遵守规则，裁判员要严格执法，及时提醒违规的学生自我纠错。

2. 比赛时，除了严格执行评价重点所提的标准外，对于违规两次的队伍，全队总分减一分。

教学建议：

1. 适合小学二年级学生在游戏教学中期选用。

2. 每队可以在比赛前调整好出场顺序，一旦比赛开始，出场顺序就不能改变。以此提高学生运用比赛战术的能力，使游戏比赛结果不确定，增加游戏的对抗性。

● 立定跳远接力-4

设计思路：

为提高游戏趣味性，帮助学生达成情感目标而变。

预期目标：

通过改变动作方法，满足学生情感需求，强化立定跳远的能力，调动学生参与的积极性，增强合作意识。

变化方法：

游戏过程不变，队伍分为两组相向站立。动作方法变为一人连续立定跳远越过 3 张折叠平放的小垫子，然后与对面的同伴击掌交接，同伴采用相同的方法跳回去，以全队完成快慢决定名次。

(a)　(b)　(c)　(d)

图 1.6-4　立定跳远接力 4

评价重点：

在不碰到体操垫的情况下，全队完成连续立定跳远接力越过平放的小体操垫的速度。

教学中曾经出现的问题：

学生跳远会碰到小体操垫；学生之间击掌交接不顺畅。

解决问题的方法：

1. 将小体操垫横着平放，并且小垫子间的间距适合所有学生。

2. 规定跳过去的学生在体操垫的左边跳，跳回来的学生则在体操垫的右边跳；交接时机是每当一位同学跳完最后一张体操垫时，才给下一个学生发起跳指令。

教学建议：

1. 适合小学二年级学生在游戏教学中后期选用。
2. 体操垫间的距离可以先近后远设置，或者先低后高设置，根据学生能力逐渐增加游戏难度。

● 立定跳远接力-5

设计思路：

采用"差异竞赛法"，为帮助体育弱势生促进他们进一步发展而变。

预期目标：

通过让弱势队选择缩短距离接力跳，增加获胜概率，同时增加强势队获胜难度系数，提高游戏的竞争性，调动所有学生的积极性，增强团队凝聚力。

变化方法：

游戏形式、过程与评价标准不变。强势队起跳线不变，弱势队起跳线前移，进行差异化的练习与比赛。移动的距离可以由教师指定，也可以由强弱队商议决定。

(a)　(b)　(c)　(d)

图 1.6-5　立定跳远接力 5

评价重点：

弱势队所有人都努力参与游戏，为同伴加油助威的声音响亮；强势队获胜不骄傲，失败不气馁。

教学中曾经出现的问题：

因起跳线移动的距离不合适，没能达到强势队与弱势队都能通过努力争胜的预期目标。过近时，强势队轻而易举地获得胜利；过远时弱势队很努力也不能取胜。

解决问题的方法：

1. 及时微调弱势队的起跳线，让其感到有获胜的可能，将"我们能赢"的期待效应转变为努力争胜的动作行为。

2. 让强势队来设计弱势队的起跳线，进行让距挑战赛；或让弱势队从强势队里挑选一人当裁判，再比赛。

教学建议：

1. 适合小学二年级学生在游戏教学后期选用。

2. 及时进行教育引导，培养学生"胜不骄、败不馁""只要努力，就有收获"等良好思想品质。

3. 可调换强弱势队的队员，以提高游戏的对抗性。

7. 看谁投得远

● 看谁投得远-1

游戏价值：

看谁投得远游戏，有利于发展学生的上肢力量，培养学生团队意识和集体荣誉感。既是游戏内容，也可以作为投掷教材的辅助练习手段。

游戏目标：

能按信号，将手中的轻物向远处投。

游戏准备：

在场上画两条相距1米的平行线，前一条线为投掷线，后一条线为预备线。从投掷线前10米处开始，以后每隔两米画一条横线，并依次编号为1、2、3、4……

游戏方法：

将学生分成人数相等的3～4队，各队排成一列横队，左右间隔1～2米，第一队站在投掷线后,第二、三、四队依次站在预备线后。

　　裁判员发令后,第一队每人持一个小沙包按规定的动作向前投掷。投过第一条线得 1 分,第二条线得 2 分,以此类推每超过一条线递增一分。第一队投过后,跑步拾回沙包,返回到最后一队同学的后面,按原队形站好。当第一队拾回沙包时,第二队站到投掷线后。各队依次投掷,看谁投得远。

图 1.7-1　看谁投得远 1

游戏规则:

1. 必须按教师规定的动作要求进行投掷。

2. 在裁判员发令后,才能投出;投掷时,脚不能越过投掷线。

3. 小沙包落点在线上算未过线。

教学建议:

1. 评价重点:做出肩上屈肘,快速用力将沙包投出;统一按照裁判的信号行动。

2. 适当调整好每队的人数、左右的间隔距离,拉长或缩短投掷线与第一条计分线之间的距离,以多数学生都能达到为宜。最远的计分线,要使投掷能力最强的学生经过努力才能达到。以鼓励学生投得远,充分发展上肢力量,提高练习密度。

3. 应强调按照统一的口令行动,养成自觉遵守课堂纪律的习惯;提醒学生在跑动和捡球的过程中，不能相撞，以保证安全。

4. 性质类似的游戏有"看谁投得准"。

●看谁投得远-2

设计思路：
为帮助学生更快地熟悉游戏方法，保障游戏过程安全而变。

预期目标：
通过选择羽毛球进行投掷，在安全的前提下，快速掌握游戏规则和投掷动作。

变化方法：
游戏形式、过程不变。投掷物沙包改为羽毛球，投掷区适当调整。

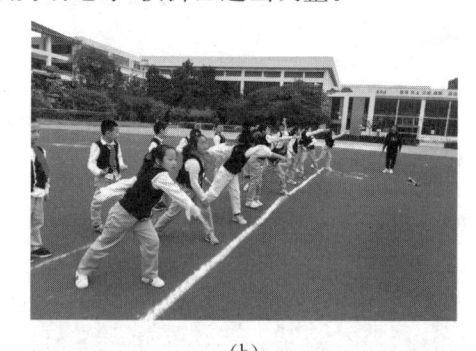

图 1.7-2　看谁投得远 2

评价重点：
游戏方法熟练、游戏者遵守游戏规则，能够按照信号进行投掷。

教学中曾经出现的问题：
部分同学没有听从教师的指令，投完后立即跑去捡羽毛球；学生追求远度，不按规定的动作进行投掷。

解决问题的方法：

1. 练习时，教师及时提醒规则的重要性。

2. 比赛时，要突出评价重点，如前几次比赛不比远度，只比听从口令和用规定动作投掷的人数，投掷动作正确多的队为胜；等绝大部分学生都基本掌握规则后，再比远度。

教学建议：

1. 适合小学一年级学生在游戏教学初期选用。

2. 每次评价都要严格执行既定的游戏标准，让学生记住游戏规则。

3. 为了增加学生练习次数，巩固正确的投掷动作，练习时可以组织学生先两人一组面对面，采用一投一接形式学习正面投掷动作，在大多数学生都掌握正面投掷动作后再组织小组间的投远比赛。

4. 为了提高游戏的趣味性，根据各班学生投掷情况，适当变化计分线与投掷线之间的距离。

●看谁投得远-3

设计思路：
为增加学生的游戏练习密度，提高学生的投掷能力而变。

预期目标：
通过改变投掷的场地和形式，提高投远投准的技能，体验获得成功的喜悦。

变化方法：
游戏方法、过程不变。设置练习的场地为同心圆，学生站在圆的最外圈，向圆中间设置的一定高度的标志物进行投掷练习。既增加学生的练习密度，又帮助学生掌握合理的投掷角度和力量，巩固正确的投掷动作。

评价重点：
在游戏过程中，始终能够使用规定的动作进行投掷。

教学中曾经出现的问题：
学生为追求远度没有按规定的动作去投掷，频繁出现不合理的投掷动作，反而导致投掷的远度降低。

解决问题的方法：

1. 练习时，教师或学生示范规定的投掷动作，增强学生的技能意识。

2. 比赛时，严格执行评价重点所提的标准，比全队使用规定动作投掷次数。

教学建议：

1. 适合小学一年级学生在游戏教学中期选用。

2. 最外圈的圆上用标志点画出学生的站位，这样学生游戏时左右间距不会发生变化。

3. 严格执行规则，确保采用规定动作投掷才能得分。

(a)　　　　　　　　　　　　(b)

(c)　　　　　　　　　　　　(d)

图 1.7-3　看谁投得远 3

● 看谁投得远-4

设计思路：

为提高游戏趣味性，帮助学生达成情感目标而变。

预期目标：

通过隔网投纸球大战，满足学生情感需求，培养快投快捡的能力，激发学生练习兴趣。

变化方法：

游戏路线、过程和评价标准不变。变为隔网投纸球大战。

评价重点：

必须上手投球，投到底线后，对方不能捡球。游戏结束，停止投球。

教学中曾经出现的问题：
部分学生只顾快捡快投，忽略了游戏规则。
解决问题的方法：
1. 教师重申游戏规则，让学生更加清楚哪些地方的球不能捡。

图 1.7-4　看谁投得远 4

2. 请小组长或小助手轮流做裁判，及时提醒违反规则的学生。
教学建议：
1. 适合小学一年级学生在游戏教学后期选用。
2. 根据实际情况及时调整间隔距离，调整到适合学生练习和比赛的距离，提高趣味性的同时有利于增强对抗和情感交流。

● 看谁投得远-5

设计思路：
采用"差异竞赛法"，为帮助体育弱势生，促进他们进一步发展而变化。
预期目标：
通过让弱势队自选区域并将沙包投入指定区域，调动所有学生投掷的积极性。

变化方法：

游戏形式、过程不变。弱势队自选区域将球投入标志区内。弱势队的投掷线可以向前移动，强势队的投掷线只能后退或者原地不动。

(a)　　　　　　　　　　　(b)

(c)　　　　　　　　　　　(d)

图 1.7-5　看谁投得远 5

评价重点：

弱势队所有人都积极努力参与游戏，为同伴"加油"助威的声音响亮；强势队获胜不骄傲，失败不气馁。

教学中曾经出现的问题：

弱势队的距离不合适，过于简单，没能达到强势队与弱势队都能努力争胜的预期目标。过近时，弱势队轻而易举获得的胜利会影响强势队的积极性。

解决问题的方法：

1. 及时微调弱势队自选区域的范围，让其感到有获胜的可能，将"我们能赢"的期待效应转变为努力获胜的动作行为。

2. 让强势队来设计弱势队自选区域的范围，进行挑战赛。

教学建议：

1. 适合小学一年级学生在游戏教学后期选用。

2. 及时进行教育引导，帮助学生养成"胜不骄、败不馁""让对方有获胜的可能,也是帮助他人的一种方式""只要努力,就有收获"等优良品质。

3. 为提高弱势队获胜的可能性,可让学生自选目标区域,以投入目标区域的多少来判断胜负。

8. 看谁投得准

●看谁投得准-1

游戏价值:
看谁投得准游戏,有利于发展、协调上肢力量等身体素质,培养学生的规则意识。

游戏目标:
能努力用肩上投掷的方法打中目标。

游戏准备:
在场地上画两条相距12~18米的平行线作为投掷线。在投掷线后1米,各画一条预备线,在两条投掷线中间画一条中线,中线上放置若干小木柱(或实心球)。

游戏方法:
将学生分成人数相等的两组。每一组分成两个队,一对一分别站在投掷线或预备线后,面向中线,每人手里拿一个小沙包。

(a)　　　　　　　　　　　(b)

(c)　　　　　　　　　　　(d)

图 1.8-1　看谁投得准 1

裁判员发令后,两边投掷线后的队员一起用小沙包投掷小木柱,投中的得1分。投完后听教师的口令一起跑步去捡小沙包,并将小木柱放回原处,然后从两侧跑步回到预备线后按原队形站好。前一组拾沙包时,后一组就站到投掷线后,做好投掷的准备。各组都投掷过后,得分多的队获胜。

游戏规则：
1. 投掷或捡沙包都必须按裁判员口令统一进行。
2. 投掷时不得超越投掷线。

教学建议：
1. 评价重点：积极参与到投准练习中；努力瞄准目标并能投中各自的目标。
2. 根据学生的投掷能力,适当调整小木柱的数目、投掷距离和小沙包的重量,也可以分成两组向外投准；让学生通过努力就能够投中相应的目标,以进一步发展上肢力量和提高投掷能力。
3. 捡球时采用"就近原则",并非一定要捡各自投出去的沙包；要加强组织教育和安全教育,养成"一切行动听指挥"的习惯,避免出现混乱。
4. 性质类似的游戏有"打靶"等。

●看谁投得准-2

设计思路：
为帮助学生更快地熟悉游戏方法,保障游戏过程安全而变。

预期目标：
通过强调游戏规则,帮助学生尽快熟悉投掷路线、动作方法与游戏规则,培养自觉遵守游戏规则的意识。

变化方法：
游戏过程不变。学生背对背相距1米站位,教师哨音统一指挥,组织学生练习听哨音投纸球(哨音信号为,预备：两短声；投：一急促短声；捡球：三长声),在练习过程中严格要求：哨音不响,不允许投或捡；不比远,比哪组听信号准确,纪律最好。

评价重点：
能否自觉遵守游戏规则,游戏过程中严格按照教师的哨音要求进行相应的练习。

教学中曾经出现的问题：
游戏过程中,有学生未按教师哨音要求进行投或捡。

解决问题的方法：

练习时，教师及时提醒学生遵守游戏规则，严格按照哨音要求进行投或捡。

图 1.8-2　看谁投得准 2

教学建议：

1. 适合小学二年级学生在游戏教学初期选用。

2. 每次教学评价都要严格执行既定的游戏规则。

3. 结合学情安排合适的练习人数，提高游戏动作强度；组织差异性分组，激发学生参与的积极性。

编者提示：

1. 此案例有视频，视频编号：看谁投得准-2。

2. 视频中教师主要采取的教学策略是：讲解示范，统一信号指挥，发现问题及时指导与纠错，帮助学生熟悉游戏场地和游戏规则，培养学生的规则意识。

● 看谁投得准-3

设计思路：

为激发学生参与游戏的积极性，提高投掷的命中率而变。

预期目标：

通过改变投掷的场地和形式，调动学生练习的积极性，体验获得成功的喜悦。

变化方法：

游戏过程、规则不变。设置练习的场地为同心圆，学生站在圆的最外圈，向中间进行投掷练习，不同区域得分不同，投掷三次后，累计积分。

(a)　　　　　　　　　　　　(b)

(c)　　　　　　　　　　　　(d)

图 1.8-3　看谁投得准 3

评价重点：

采用肩上投掷的方法；遵守游戏规则，累计积分最高者为胜，且最高排名的名次可以并列。

教学中曾经出现的问题：

游戏过程中会有学生出现错误的投掷动作；投掷能力差的学生获得的总分较低，甚至没有分数。

解决问题的方法：

1. 练习时，教师请肩上投掷动作做得好的学生示范。

2. 比赛时，允许投掷能力差的学生将投掷线向前移动一米。

教学建议：

1. 适合小学二年级学生在游戏教学中期选用。

2. 及时增加练习的人数，提高游戏动作强度；哨音指挥统一投或捡（一人捡两个沙包，男女轮换捡沙包）。

3. 组织差异性比赛，激发学生参与的积极性。

编者提示：

1. 此案例有视频。视频编号：看谁投得准-3。

2. 视频中教师主要采用统一信号指挥练习的教学策略,帮助学生熟悉游戏场地和游戏规则,培养学生的规则意识;采用集体统一信号练习的形式,可以有效提高练习的密度和强度。

● 看谁投得准-4

设计思路:
增大投掷点的面积,为调动学生练习的积极性而变。

预期目标:
通过增大投掷点的面积,降低练习的难度,调动学生练习的积极性,体验获得成功的喜悦。

变化方法:
游戏形式、过程、评价标准不变。加大投掷点的面积,变小木桩为呼啦圈,使学生更容易击中。

(a)　　　　　　　　　　　(b)

(c)　　　　　　　　　　　(d)

图 1.8-4　看谁投得准 4

评价重点:
勇于表现自我,努力争取游戏胜利。

教学中曾经出现的问题:
部分学生踩线练习;部分学生投不准。

解决问题的方法：

1. 对学生加强规则意识的教育，请做得好的学生示范，帮助学生树立正确的动作表象。

2. 对于投不准的学生可以将他们的投掷线向前移动一米，激发学生参与的积极性。

教学建议：

1. 适合小学二年级学生在游戏教学后期选用。

2. 及时进行德育引导，帮助学生养成"互帮互助""勇于挑战自我"的良好思想品质。

编者提示：

1. 此案例有视频。视频编号：看谁投得准-4。

2. 视频中教师主要采用了统一信号指挥练习、请优秀学生展示、语言激励等教学策略，帮助学生熟悉游戏场地和游戏规则，培养规则意识，激发练习的积极性。

●看谁投得准-5

设计思路：

缩短投掷距离，为帮助弱势学生体验获得成功的喜悦而变。

预期目标：

通过调整强弱学生投掷时的起始位置，满足弱势学生期待获胜的情感需求，调动其参与的激情，让其也能投准目标。

变化方法：

游戏过程、评价标准不变。对于投掷能力较差的学生，练习的距离可以适当向前移动一米，或者将这部分同学的投掷目标变为呼啦圈。

评价重点：

同伴间相互合作，弱势学生能提高投准率。

教学中曾经出现的问题：

无法确定弱势学生，不能很快开始练习；弱势学生投掷技术差仍投不准。

解决问题的方法：

1. 教师明确告知弱势学生的选择标准为"本组投掷得分最少的人"。

2. 教师单独指导弱势学生投掷动作；请做得好的学生对其进行帮扶。

(a) (b)

(c) (d)

图 1.8-5　看谁投得准 5

教学建议：

1. 适合小学二年级学生在游戏教学后期选用。

2. 结合学生实际情况，及时增加或减少练习的人数，增强游戏的趣味性。

3. 为提高弱势生的积极性，在投中的基础上可以再次调整，略增加难度。

编者提示：

1. 此案例有视频。视频编号：看谁投得准-5。

2. 视频中教师主要采取的教学策略是：哨音统一指挥练习，累加五次投掷的积分比谁的分数高，有利于调动学生练习的积极性；对于弱势学生将其投掷线前移一米，降低其投准难度；采用集体统一信号练习的形式，可以有效提高练习的密度和强度。

9. 快快集合

●快快集合-1

游戏价值：

快快集合游戏不仅能发展学生的奔跑能力，还能够提高学生的灵敏、协调等身体素质；有利于提高学生的规则意识、竞争意识和集体荣誉感。既是游戏教材,也是小学低年级队列队形教材的重要辅助教学手段。

游戏目标:

能听懂信号迅速到指定地点集合站队。

游戏准备:

一片平整的场地。

游戏方法:

将学生分成人数相等的2～8路纵队,排头立正,其余的人前平举向前看齐。当裁判员发出"散开"的口令或鸣笛一声,全体人员立即散开,分散在指定区域内自由活动或由裁判员带领做各种模仿动作。当听到"集合"的口令或鸣笛两声后,全体人员立刻到原来位置迅速地站好队。以站队快、肃静、对齐的队为胜。

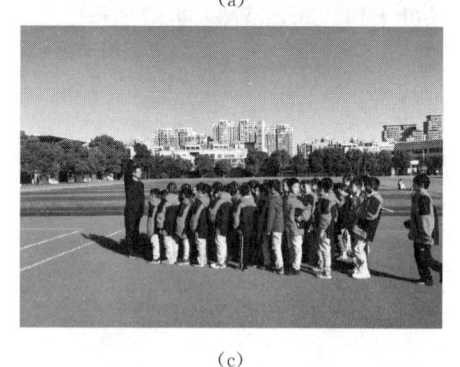

图1.9-1 快快集合1

游戏规则:

1. 必须按照规定的信号,散开或集合站队。
2. "散开"口令发出后,不得在原地等着站队。

教学建议:

1. 评价重点:按照裁判的信号,快速反应并做出动作;集合时,要快速找准集合点。

2. 当纵队站队学会以后,可改为横队;还可以随时、随地改变裁判员的位置,按照不同的队形站位。要看得准、找得快,发展快速反应的能力和灵敏、速度等身体素质。

3. 要教育学生向解放军学习,遵守纪律;分散活动和集合时不要推人、撞人,注意安全。

4. 性质类似的游戏有"跑向本队的小红旗"。

● 快快集合-2

设计思路:
为帮助学生更快地熟悉游戏方法,保障游戏过程安全而变。

预期目标:
通过减慢速度,帮助学生尽快熟悉规则,避免发生碰撞,确保安全。

变化方法:
游戏形式、过程不变。集合时变跑为走,减少发生碰撞的隐患。

图 1.9-2　快快集合 2

评价重点:
游戏方法熟练;游戏者遵守游戏规则,能够按照规定的信号集合站位。

教学中曾经出现的问题：

部分同学没有听从教师的指令，集合时还有跑的现象；还有个别同学为了快速集合围在教师周围，不主动散开。

解决问题的方法：

1. 练习时，教师及时提醒规则的重要性。

2. 比赛时，要突出评价重点，如前几次比赛不比集合速度，只比集合时有没有出现跑的现象，整队队员都不跑的为胜；等绝大部分学生都基本掌握规则后，再比速度。

教学建议：

1. 适合小学一年级学生在游戏教学初期选用。

2. 每次评价都要严格执行既定的游戏标准，让学生记住游戏规则。

●快快集合-3

设计思路：

为增加游戏的练习密度，提高学生快速集合的能力而变。

(a)　(b)　(c)　(d)

图 1.9-3　快快集合 3

预期目标：

通过缩短集合的时间，增加集合的难度，增强集体纪律意识。

变化方法：

游戏方法、过程不变。集合时间控制在信号响起之后的 8 秒内，8 秒内完成集合的队伍为胜。

评价重点：

在游戏过程中，始终能够按照指令进行游戏，8 秒内完成集合的都算获胜。

教学中曾经出现的问题：

学生为追求速度会发生碰撞；集合地点不准确，一堆人挤在一起。

解决问题的方法：

1. 练习时，用规则约束，教师提醒学生如果发生碰撞，速度再快都算失败。

2. 比赛时，严格执行评价重点所提的标准，全队在不发生碰撞的前提下，在规定地点 8 秒内完成集合的队伍获胜。

3. 增加分组。

教学建议：

1. 适合小学一年级学生在游戏教学中期选用。

2. 重点告知排头同学集合的位置，便于每队其他同学快速找准位置集合。

● 快快集合-4

设计思路：

为提高游戏趣味性，帮助学生达成情感目标而变。

预期目标：

通过猜拳决定集合的站位，让学生有情感上的交流和输赢的体验。

变化方法：

游戏路线、过程和评价标准不变。两人一组进行猜拳，随机选择，输者和赢者分开集合。

评价重点：

必须按照游戏规则，输者和赢者各站一队。

教学中曾经出现的问题：

部分学生会挑选猜拳的对象，耽误了游戏时间。

解决问题的方法：

1. 教师重申游戏规则，可以就近寻找猜拳的对象。

2. 规定游戏猜拳结束时间,超过时间的算失败。

(a)　　　　　　　　　　　　(b)

(c)　　　　　　　　　　　　(d)

图 1.9-4　快快集合 4

教学建议:

1. 适合小学一年级学生在游戏教学后期选用。
2. 根据实际情况及时调整集合的队形,增强游戏的趣味性和情感交流。

●快快集合-5

设计思路:

采用"差异竞赛法",为帮助体育弱势生促进他们进一步发展而变化。

预期目标:

通过指定"20 秒集合区域"和"15 秒集合区域"让学生自行选择在哪个区域集合,无论哪个区域,在规定时间内集合完成都算成功。

变化方法:

游戏形式、过程不变。设定不同时间的集合区域,让学生自行选择。

评价重点:

所有人都积极努力参与游戏,能够根据自己的实际情况选择合适的集合区域。

(a) (b) (c) (d)

图 1.9-5　快快集合 5

教学中曾经出现的问题：

很多学生给自己定的目标很低，害怕不能获胜，因此选择 20 秒区域，大家都挤在同一个区域。

解决问题的方法：

1. 规定 20 秒区域总人数不能超过一定的数量（班级总人数的 1/2），让尽可能多的学生勇于挑战自己，选择 15 秒区域。

2. 适当缩小 20 秒区域的范围。

教学建议：

1. 适合小学一年级学生在游戏教学后期选用。

2. 及时进行教育引导，帮助学生养成"只要努力，就有收获""勇于挑战自我"等优良品质。

3. 为了激发弱势队的兴趣，时间设置为规定和挑战类，让强弱势队都有成功的机会。

10. 老鹰捉小鸡

● 老鹰捉小鸡-1

游戏价值：

老鹰捉小鸡游戏有利于培养学生的灵敏、躲闪和奔跑等身体素质,提高合作能力和自我安全保护意识。

游戏目标：

能与同伴协同合作躲避"老鹰"的追拍。

游戏准备：

一片平整的场地。

游戏方法：

将学生分成人数相等的 4~6 队,各队在指定的地方排成一路纵队。每队选派一人做"老鹰",排头做"母鸡",其余做"小鸡"。"老鹰"的目的是追拍队伍中的"小鸡",游戏开始前"老鹰"站在队伍前,距离排头的"母鸡"两米左右。"小鸡"用双手搭在前一人的肩上(或抱住腰部)。

(a)

(b)

(c)

(d)

图 1.10-1　老鹰捉小鸡 1

裁判员发令后,"老鹰"开始追拍"小鸡","母鸡"可以张开双臂保护"小鸡","小鸡"灵巧地躲闪,不让"老鹰"拍着。以单位时间内,每队"小鸡"被拍到的数量判定名次。

游戏规则:

1. "老鹰"不能和"母鸡"互相推、拉、扭、抱,不能拖住对方。
2. "老鹰"不能从"母鸡"两臂下面钻过,只能从两侧绕过。
3. "小鸡"被"老鹰"拍着,或在躲闪时脱散,都算被捉,应及时退出游戏。

教学建议:

1. 评价重点:要协同配合,掌握快速侧向躲闪的方法。
2. 要注意挑选和适当调整"母鸡"和"老鹰",要灵活调节运动量。要启发学生团结一致,相互配合,机智灵活地进行躲闪,特别是侧向移动的躲闪要灵敏、快速。
3. 追拍躲闪时,不能抓衣服或腰带,防止损坏衣物;要适当调整队伍的人数和队伍之间的距离,保证游戏的安全性。
4. 性质类似的游戏有"母鸡和小鸡""齐心协力"。"齐心协力"又名"团结就是力量",游戏方法是画一片长方形的场地,先挑选四个人做追拍者,站在场地外四个角上,其余的在场内自由活动。游戏开始,追拍者立即进场追拍,场地中的其他人应设法躲闪,或三个人拉起手团结起来,凡是三人一组拉着手的就不能被拍,被拍中者应退出游戏。

编者提示:

1. 此案例有视频。视频编号:老鹰捉小鸡-1。
2. 视频中教师主要采取的教学策略是:在游戏开始教学前,教师采用了画两条相距6米的平行线,在平行线的中间相距边线2米的位置、左右间隔5米、前后对应放置8个标志碟的场地安排;在练习中,教师采用了轮换角色练习法,帮助学生熟悉游戏规则,体验不同的练习角色;个别学生不能很好地进行比赛时,教师及时给予鼓励和帮助。

● "老鹰"捉"小鸡"-2

设计思路:
为帮助学生更快地熟悉游戏方法,保障游戏过程安全而变。

预期目标:
通过减少"小鸡"的人数来简化游戏操作,降低游戏难度,帮助学生尽快熟悉动作方法与游戏规则,培养学生的合作能力,增强团队凝聚力,培养自觉遵守游戏规则的意识。

变化方法:

游戏形式、过程不变。减少"小鸡"人数,由5人一组改为3~4人一组,减少因人数过多出现脱散的现象。

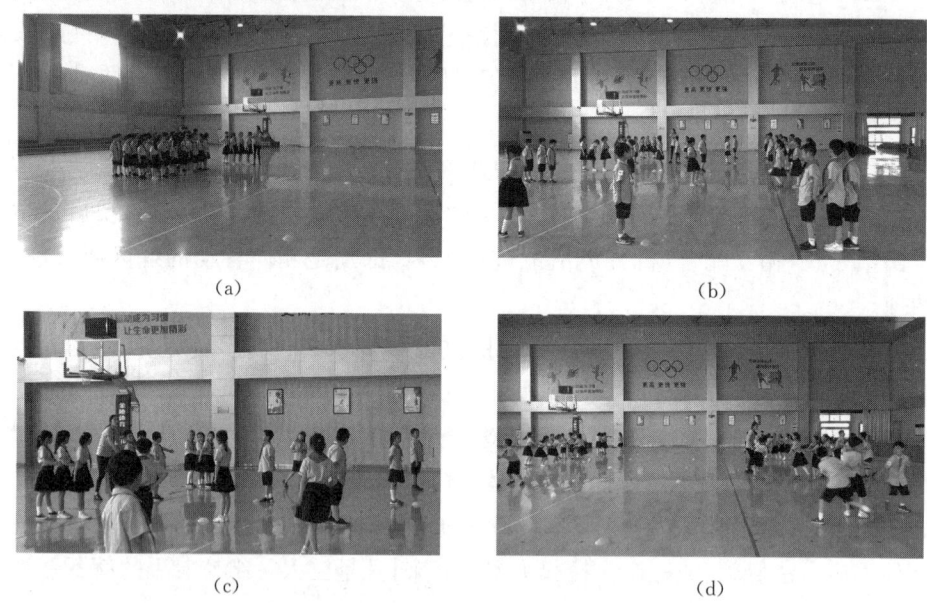

(a)　(b)　(c)　(d)

图1.10-2　老鹰捉小鸡2

评价重点:

能否自觉遵守游戏规则,比如,游戏过程中脱散的"小鸡"能否自觉站到"老鹰"家里。

教学中曾经出现的问题:

"老鹰"向"母鸡"腋下伸手抓"小鸡","老鹰"未按要求抓最后一只"小鸡";"小鸡"双手脱散后没能站到"老鹰"的家里。

解决问题的方法:

1. 练习时,教师及时提醒学生遵守游戏规则,讲解示范抓"小鸡"的路线和方法。

2. 比赛时,要突出评价层次,例如:前几次比赛不比"老鹰"抓"小鸡"的数量,只比双方遵守规则的情况;再比哪只"母鸡"手臂张开很大,更会保护"小鸡";比哪组"小鸡"能相互合作、灵活躲闪;还要比"老鹰"在遵守规则的前提下,能机智地利用假动作迷惑"母鸡",抓到更多的"小鸡"。

教学建议:

1. 适合小学一年级学生在游戏教学初期选用。

2. 每次教学评价都要严格执行既定的游戏标准。

3. 结合学情安排合适的练习人数,提高游戏练习强度;组织差异性分组,激发学生参与的积极性。

编者提示:

1. 此案例有视频。视频编号:老鹰捉小鸡-2。

2. 视频中教师主要采取的教学策略是:采用讲解示范法、分解练习法和完整练习法,采用轮换角色练习的方法帮助学生熟悉游戏场地和游戏规则,培养学生的规则意识。

●"老鹰"捉"小鸡"-3

设计思路:

为激发学生参与游戏的积极性,提高侧向闪躲的能力而变。

预期目标:

通过增加游戏的人数,提高练习的难度,帮助学生掌握侧向闪躲的方法,发展灵敏、快速反应的能力,体验合作的重要性,培养团队意识。

变化方法:

游戏形式、过程、规则不变。学生分组由5人一组增加到8人一组。

(a)　　(b)

(c)　　(d)

图 1.10-3　老鹰捉小鸡 3

评价重点：

抓到的"小鸡"数多的"老鹰"为胜；没有"小鸡"被抓走的"母鸡"为胜，且最高奖级的名次可以并列。

教学中曾经出现的问题：

游戏过程中"小鸡"会出现双手脱散的现象；躲闪能力差的学生排在队伍的后面会跟不上前面同学的速度，也易脱手散落或摔倒；"老鹰"不够灵活，抓不到"小鸡"。

解决问题的方法：

1. 练习时，教师及时告知"小鸡"侧向闪躲的方法，组织做得好的小组示范。

2. 比赛时，教会学生合理站位排序的方法，将躲闪能力强的学生放在队伍的后面，躲闪能力弱的学生放在靠近"母鸡"的位置。

3. 教师现场参与，示范"老鹰"灵活抓""小鸡""的方法。

教学建议：

1. 适合小学一年级学生在游戏教学中期选用。

2. 及时增加练习的人数，提高游戏运动强度；组织差异性比赛，激发学生参与的积极性。

编者提示：

1. 此案例有视频。视频编号：老鹰捉小鸡-3。

2. 视频中教师主要采取多场地分组、统一信号指挥、发现问题及时指导与纠错的教学策略，提高练习负荷。练习中，在同一组有两名学生都想做"老鹰"时，教师先采用询问的方式，让做"老鹰"次数少的学生扮"老鹰"；若两人扮"老鹰"的次数相当，则采用猜拳决定谁扮"老鹰"。

●"老鹰"捉"小鸡"- 4

设计思路：

男女对抗比赛，为培养学生之间的情感交流而变。

预期目标：

男女生互换"老鹰"角色去抓"小鸡"提高游戏的竞争性，让学生不断挑战自我，增强团队合作意识。

变化方法：

游戏形式、过程、评价标准不变。男女生互换"老鹰"角色去对方组抓"小鸡"。

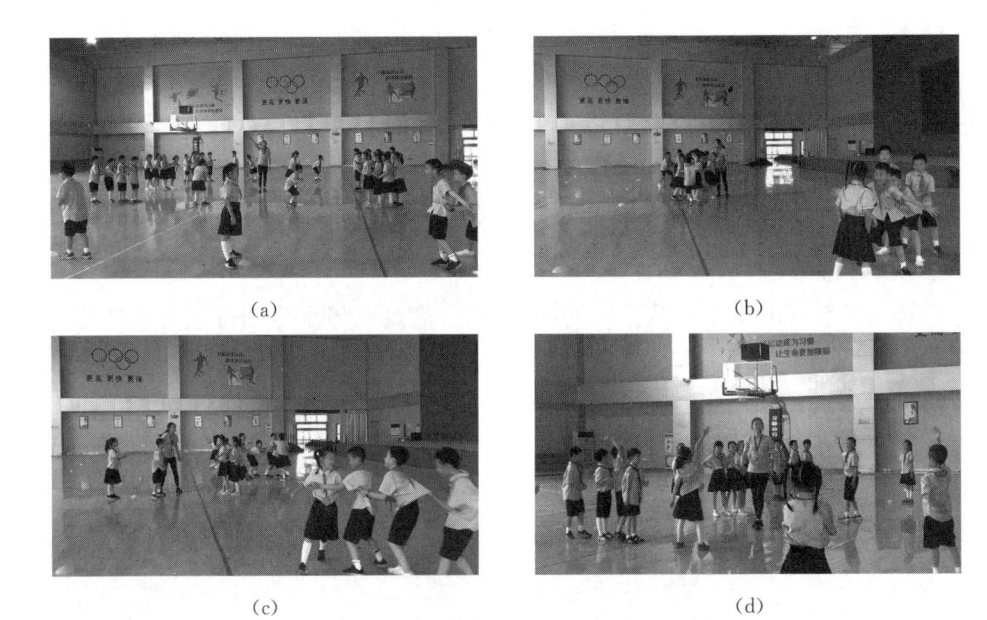

图 1.10-4　老鹰捉小鸡 4

评价重点：

勇于表现自我，努力争取游戏胜利。

教学中曾经出现的问题：

部分学生不敢扮"老鹰"；追拍能力强的男生去女生队做"老鹰"时，很快就将"小鸡"捉完了；追拍能力弱的女生去男生队做"老鹰"时，很难抓到"小鸡"。

解决问题的方法：

1. 教师除语言鼓励外，还可上场扮"老鹰"，为不敢扮"老鹰"的学生做示范，激发学生参与的积极性。

2. 女生指定某一男生做"老鹰"，女生自选人员做"老鹰"去抓男生队伍里的"小鸡"，提高游戏的竞争性，增强团队合作意识。

教学建议：

1. 适合小学一年级学生在游戏教学后期选用。

2. 及时进行德育引导，帮助学生养成"胜不骄、败不馁""勇于挑战自我"的良好思想品质。

编者提示：

1. 此案例有视频。视频编号：老鹰捉小鸡-4。

2. 视频中教师主要采取的教学策略是：在男女互换扮作"老鹰"的过程中，在发现男生比较强时，教师及时采用语言激励的方法，鼓励学生挑战强势队去抓"小鸡"，提高游戏的对抗性与趣味性。

● "老鹰"捉"小鸡"- 5

设计思路：

调整"小鸡"队伍的前后站位，为帮助弱势学生体验获得成功的喜悦而变。

预期目标：

通过调整强弱学生在队伍中的前后位置，满足弱势学生期待获胜的情感需求，调动他们参与的激情，增强合作意识与能力。

变化方法：

游戏路线、过程不变。弱势"小鸡"（本组内经常被抓的"小鸡"）可以自由选择站位顺序进行游戏。

(a)　　　　　　　　　　　　(b)

(c)　　　　　　　　　　　　(d)

图 1.10-5　老鹰捉小鸡 5

评价重点：

同伴间相互合作，弱势"小鸡"能减少下场的次数。

教学中曾经出现的问题：

无法确定弱势"小鸡"，不能很快地排位；弱势"小鸡"不会选择有利的游戏站位。

解决问题的方法：

1. 教师明确告知弱势"小鸡"的选择标准为"本组下场次数多的人"。
2. 学生通过轮流站在队伍排尾位置的练习体验、小组或同伴讨论，学会选择有利于获胜的站位方法。

教学建议：

1. 适合小学一年级学生在游戏教学后期选用。

2. 结合学生实际情况，及时增加或减少练习的人数，提升或降低合作难度，增强游戏的趣味性。

3. 增加"母鸡"数量以提高"小鸡"生存率。

编者提示：

1. 此案例有视频。视频编号：老鹰捉小鸡-5。

2. 视频中教师主要采取的教学策略是：练习中，教师发现部分学生躲闪能力较弱，不能跟上队伍的速度，经常出现双手脱散现象时，采用让弱势学生自由选择站位的方法，帮助弱势学生体验获得成功的喜悦。

11. 我们都是木头人

● 我们都是木头人-1

游戏价值：

我们都是木头人游戏能充分挖掘学生的想象力、模仿能力和快速反应能力。既是游戏教材，也是低年级体育综合类教材学习的重要辅助性内容与手段。

游戏目标：

会与大家一起唱儿歌，独立模仿各种形态的动作。

游戏方法：

边唱儿歌边走（传统儿歌："看看谁是木头人，一不许动、二不许笑、三不许露出大门牙"），儿歌唱完后，立即原地不动摆出一个动作造型，可以是模仿人物动作的，如敬礼、走路、思考……可以是模仿运动项目的，如打乒乓球、打排球……也可以是模仿小动物的，如老虎、小白兔……等裁判员看完全部造型，评比过后，再继续游戏。动作造型模仿得像的人获得表扬奖励。

游戏规则：

1. 做出动作造型后，要保持一段时间不能动。

2. 儿歌节奏与大家保持一致，唱得响亮。

(a)　　　　　　　　　　　　　(b)

(c)　　　　　　　　　　　　　(d)

图1.11-1　我们都是木头人1

教学建议：

1. 评价重点：能边做动作边唱儿歌；动作造型模仿得像。

2. 可以将学生分成不同的组，按照不同的路线向前行进，也可以采用快走和慢跑的方法。裁判员要灵活机动，让学生快速反应，以发展其灵敏度和反应能力，强调模仿的动作要逼真。

3. 边唱儿歌边走的时候，要注意前后左右同伴的距离，防止发生碰撞。充分发挥学生的想象力和创造力，模仿出各种动作。

4. 性质类似的游戏有"看看谁是解放军"等。

●我们都是木头人-2

设计思路：

为帮助学生更快地熟悉游戏方法，保障游戏过程安全而变。

预期目标：

通过原地踏步做动作，让学生尽快熟悉游戏规则。

变化方法：

游戏形式、过程不变。变走为原地踏步，学生原地踏步并做出动作。

(a)　　　　　　　　　　　　　(b)

(c)　　　　　　　　　　　　　(d)

图 1.11-2　我们都是木头人 2

评价重点：

游戏者遵守游戏规则；方法熟练，儿歌结束后能够快速做出动作。

教学中曾经出现的问题：

部分学生对规则不清晰，出现跑动现象；学生边踏步边观察其他人，很多动作都是互相模仿，个人创意动作不多。

解决问题的方法：

1. 教师及时发现问题后，立即停止游戏进行纠正，重点强调游戏规则，提醒违反规则的同学。

2. 所有学生都掌握规则后，教师积极鼓励学生做一些有个性、有创意的动作，必要时可以闭着眼睛做。

教学建议：

1. 适合小学一年级学生在游戏教学初期选用。

2. 每次评价都要严格执行既定的游戏标准，让学生记住游戏规则，教师可以尝试让学生闭着眼睛做动作。

●我们都是木头人-3

设计思路：

为增加游戏的练习强度，提高学生的观察模仿技能而变。

预期目标：

通过在规定区域内慢跑，并观察模仿教师动作，培养孩子的规则意识和观察模仿能力。

变化方法：

游戏过程不变。变走为慢跑，学生要注意躲闪和避让，不得发生碰撞，同时观察教师的动作并模仿。

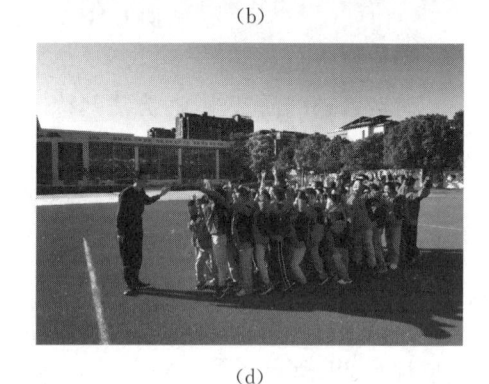

(a)　　　　　　　　　　　(b)

(c)　　　　　　　　　　　(d)

图1.11-3　我们都是木头人3

评价重点：

在游戏过程中，始终保持慢跑，要求不发生碰撞，并能快速模仿教师的动作。

教学中曾经出现的问题：

学生为了模仿教师的动作，很多跟着教师跑，聚在教师周围，使活动范围变小；部分学生没有模仿教师的动作，自己随意做动作。

解决问题的方法：

1. 练习时，用规则约束，教师边跑边追拍学生，学生就会散开。

2. 比赛时，严格执行评价重点所提的标准，在全队不发生碰撞的前提下，比哪些学生模仿教师动作更像。

教学建议：

1. 适合小学一年级学生在游戏教学中期选用。

2. 评选出最佳模仿者若干人，给予适当的奖励，充分调动每个学生的积极性。

●我们都是木头人-4

设计思路：
为提高游戏的趣味性，加强学生之间的交流，帮助学生达成情感目标而变。

预期目标：
通过两人一组的配合，要求学生在游戏中做出相同动作，培养学生的交流能力和默契配合能力。

(a)    (b)

(c)    (d)

图 1.11-4 我们都是木头人 4

变化方法：

游戏过程和评价标准不变。儿歌结束时，两人一组迅速结对并做出相同的动作。

评价重点：

两人一组互相靠近并做出相同或对称的动作，动作迅速有特色。

教学中曾经出现的问题：

两人站位较远，选择同伴时比较慢；有个别同学会临时交换已经选择好的伙伴。

解决问题的方法：

1. 要求两人尽量做有身体接触的动作，有语言上的交流，这样会拉近两人之间的距离。

2. 已经选择好的伙伴不得随意更换，如果更换了就算失败，不参与评选最佳组合。

教学建议：

1. 适合小学一年级学生在游戏教学后期选用。

2. 每次游戏都要选择不同的伙伴，这样可以在增强游戏趣味性的同时加强与更多同学之间的情感交流。

●我们都是木头人-5

设计思路：

采用分区域游戏法，为帮助体育弱势生获得情感体验，促进他们进一步发展而变化。

预期目标：

通过在规定区域(3秒区)内减少动作保持的时间，提高学生的游戏兴趣。

变化方法：

游戏形式、过程不变。通过在规定区域内减少动作保持的时间(3秒)来提高学生的游戏兴趣。

评价重点：

所有人都积极努力参与游戏，能够根据自己的实际情况选择规定区域。

教学中曾经出现的问题：

很多学生为了可以减少动作保持时间而选择进入3秒区域。

(a)   (b)

(c)   (d)

图1.11-5　我们都是木头人5

解决问题的方法：

1. 规定3秒区域总人数不能超过一定的数量（班级总人数的1/2），让尽可能多的学生勇于挑战自己。

2. 适当缩小3秒区域的范围。

教学建议：

1. 适合小学一年级学生在游戏教学后期选用。

2. 及时进行教育引导，帮助学生树立"只要努力，就有收获""勇于挑战自我"等优良品质。

3. 可以增加强势队动作的难度以提高弱势队的获胜率。

12．冲过战壕

● 冲过战壕-1

游戏价值：

冲过战壕游戏有利于培养学生的规则意识，发展灵敏、速度等身体素质。

游戏目标：

能勇敢地选择合适的时机、路线与方法冲过战壕。

游戏准备：

在场地中间画两条长约 10 米，间隔 1 米左右的平行线为战壕，两侧距离战壕 10～12 米各画一条横线作为起跑线和终点线。

游戏方法：

选两名学生站在战壕里作为"狙击手"，其余学生分成人数相等的 4 队，排成平行于战壕的四行并依次站在起跑线后（面对战壕）。

裁判员发令后，按照 1、2、3、4 队的顺序依次冲过战壕，狙击手则在战壕中狙击（追拍）通过战壕的队伍。被拍者算被击中，应站在战壕旁边指定的区域里，未被击中者通过终点线后，仍按原次序排成横队。再次游戏时，终点线改为起跑线，原起跑线则变成终点线。以冲过战壕的队伍人数的多少判断名次。

图 1.12-1　冲过战壕 1

游戏规则：

1. 发令后才能起跑。

2. 必须从正面通过战壕，不得从旁边绕过战壕；越过战壕时被击中或从旁边绕过的都算失败；失败后应站在战壕旁边指定区域内。

3. 狙击手不得跑出战壕，狙击时只能拍人，不能推人或拉人。

教学建议：

1. 评价重点：通过战壕时能选择好时机、路线与行动方法，能做到勇敢果断。

2. 每次冲过战壕的人数不宜过多，战壕的宽度、长度、学生奔跑的距离、狙击手的人数可根据学生的情况增减，以便更好地发展学生的躲闪能力和速度、灵敏等体能，提高练习密度。

3. 开始做这个游戏时，有些学生畏缩不前，拖延时间。教师一方面要进行启发教育，鼓励他们机智、果断、勇敢地冲过去；另一方面可限制时间，时间一到，凡是没有通过战壕的人就算失败。要注意培养学生自觉遵守游戏规则的习惯。

4. 性质类似的游戏有"冲过火力网"等。

● 冲过战壕-2

设计思路：
为帮助学生更快地熟悉游戏方法，保障游戏过程安全而变。

预期目标：
通过减少狙击手的数量，让学生能快速通过，帮助其熟悉游戏的动作方法和游戏规则，提高学生的规则意识。

变化方法：
游戏形式、过程、评价方式不变。狙击手由两人减少到一人。

评价重点：
能否自觉遵守游戏规则，按要求在指定区域内进行游戏。

教学中曾经出现的问题：
游戏过程中，有学生踩边线通过战壕；狙击手踩线拍人。

解决问题的方法：
游戏时，教师及时提醒学生遵守游戏规则，严格按照要求进行练习；凡是踩线的都算失败。

教学建议：

1. 适合小学二年级学生在游戏教学初期选用。

2. 每次教学评价都要严格执行既定的游戏标准。

3. 分男女组，安排合适的练习人数，提高游戏练习强度；组织差异性分组，激发学生参与的积极性。

(a) (b)
(c) (d)

图1.12-2　冲过战壕2

●冲过战壕-3

设计思路：

为激发学生参与游戏的积极性，提高练习的效率而变。

预期目标：

通过限定冲过战壕的时间，提高游戏的难度，培养学生机智、果断、勇敢的良好品质。

变化方法：

游戏形式、过程、规则不变。规定每位队员必须在1分钟内通过战壕，时间到，未通过的学生等同于被抓。

评价重点：

找准时机、路线，勇敢果断地通过；与同伴协调配合通过。

教学中曾经出现的问题：

游戏过程中部分学生不敢冲过战壕；狙击手出现拉人的现象。

(a)   (b)

(c)   (d)

图 1.12-3　冲过战壕 3

解决问题的方法：

1. 练习时，教师及时告知学生快速闪躲的方法（假动作、双人配合），组织做得好的学生示范。

2. 比赛时，鼓励闪躲能力强的学生主动帮助不敢冲的学生。

3. 教师反复强调游戏规则，一旦违反规则以失败论。

教学建议：

1. 适合小学二年级学生在游戏教学中期选用。

2. 结合学生练习情况，可适当增加狙击手的人数，提高游戏的难度；组织差异性比赛，激发学生参与的积极性。

●冲过战壕-4

设计思路：

为激发学生练习的积极性而变。

预期目标：

通过评选"最佳狙击手"和"最佳冲锋战士"，调动学生参与的积极性，激励学生勇于展示自我,敢于挑战。

变化方法:

游戏形式、过程与评价标准不变。在练习的过程中加强对学生规则意识的教育,比比谁抓的人多或谁第一个通过战壕。

(a)　　　　　　　　　　　　(b)

(c)　　　　　　　　　　　　(d)

图 1.12-4　冲过战壕 4

评价重点:

勇于表现自我,努力争取游戏胜利。

教学中曾经出现的问题:

有时不能很快确认谁是第一个通过战壕的人。

解决问题的方法:

1. 不以通过战壕为评价标准,以到达对面边线立正举手示意为结束动作。

2. 在分不清谁是第一人的情况下,允许并列等。

教学建议:

1. 适合小学二年级学生在游戏教学后期选用。

2. 及时进行德育引导,帮助学生养成"胜不骄、败不馁""勇于挑战自我"的良好思想品质。

第三部分 各水平段经典体育教学游戏教材简介及教法运用技巧

● 冲过战壕-5

设计思路：

给弱势学生增加一次自救的机会，为帮助弱势学生体验获得成功的喜悦而变。

预期目标：

通过允许运动能力差的孩子自救一次（被拍到第二次才算失败），延长他们的练习时间，提高练习的运动量，满足弱势学生期待获胜的情感需求，调动他们参与的激情。

变化方法：

游戏路线、过程和评价标准不变。每队选两名奔跑能力较弱的人（本组内经常被拍到的学生），规定被追拍到两次，才进入指定区域。

(a)　　(b)

(c)　　(d)

图 1.12-5　冲过战壕 5

评价重点：

同伴间相互合作，弱势队员能减少下场的次数。

教学中曾经出现的问题：

无法确定弱势队员，不能很快开始游戏；弱势队员还是很容易被拍到。

解决问题的方法：

1. 教师明确告知弱势队员的选择标准为"本组被拍到次数多的人"。

2. 练习时，教师及时告知学生灵活闪躲的方法，组织做得好的学生示范；小组合作帮助弱势队员通过战壕。

教学建议：

1. 适合小学二年级学生在游戏教学后期选用。

2. 结合学生实际情况，及时增加或减少练习的人数，提升或降低合作难度，增强游戏的趣味性。

3. 动态调整强势队与弱势队的队员，以提高游戏的对抗性。

13. 踏石过河

●踏石过河-1

游戏价值：

踏石过河游戏有利于逐步提升各种跨跳的动作技能，不仅能提高学生在跨跳过程中的观察力、判断力和时空感，发展速度、灵敏、协调等身体素质；还有利于提高学生的规则意识、竞争意识和合作意识，培养诚实守信、不畏困难、超越自我、团结合作、关心集体的优秀品质。踏石过河既是小学低年级跑跳综合能力的游戏教材，也是后续跑和跳类教材学习的重要辅助性教学内容与教学手段。

游戏目标：

能将脚落在规定地方，与同伴合作快速通过"小河"。

游戏准备：

画两条相距15～20米的平行线为"河岸"，两线中间为"河道"。"河道"上画4～6组小圆圈为"石块"（每组石块数目、间隔距离相等）。

游戏方法：

将学生分成人数相等的4～6组，每组又分甲、乙两队，面对"石块"分别站在两端"河岸"线后。

裁判员发令，各队甲队排头立即通过"石块"，跨跳过河；到对岸拍乙队排头的手，自己则站到乙队队尾。乙队排头跳过"河"以后，拍甲队第二个队员的手，自己则站到甲队队尾。依次进行，每人各做一次，以各组做完的顺序判断名次。

(a)   (b)

(c)   (d)

图 1.13-1 踏石过河 1

游戏规则：

1. 发令或拍手后才能出发。

2. 跳跃动作必须按规定做。

3. 如踏在圈外，算"失足落水"，必须退回前一个"石块"或"河岸"重跳。

教学建议：

1. 评价重点：能够在跨、跳动作后准确地落在"石头"上；与同伴能迅速完成交接动作。

2. 根据学生的跳跃能力和具体情况，可以灵活调整两个平行线间的距离，调整"石块"的排列方法、数目、间隔距离以及跨、跳的方法，使练习由易到难，让学生通过努力逐步完成，并不断提高快速跳跃、跨越与准确落地的能力，发展学生的力量、灵敏、速度等身体素质。

3. 每次游戏可挑选 4~6 名学生轮流担任各队的裁判，要求裁判公正执裁；启发学生养成积极主动，勇于克服困难，遵守纪律，服从裁判等品质。

4. 与"穿过小树林"或其他游戏结合起来，可以组成新的通过障碍游戏。

编者提示：

1. 此案例有视频。视频编号：踏石过河-1。

2. 视频中教师通过五个完整的教学程序，在组织练习与纠错时，采用踏准与交接分开教学的方式；在学生基本掌握踏准和交接方法后，由易到难，再进行踏石过河迎面接力赛。

经典体育游戏教学技巧

● 踏石过河-2

设计思路：
为帮助学生快速熟悉游戏的方法与规则，保障游戏过程安全而变。

预期目标：
通过扩大"石头"面积，降低游戏难度，熟悉游戏规则与方法，帮助学生快速掌握踏石过河游戏的跨跳动作，做到跨得准、稳，能与同伴有序安全交接。从小培养学生在公平、公正、公开的规则下团队合作、合理竞争的能力。

变化方法：
游戏形式、过程不变。"石头"变为平铺的小体操垫，扩大"石头"面积进行游戏，提高学生跨跳的准确性；跨跳动作先慢后快，熟悉游戏方法与规则，减少安全隐患。

(a) (b)
(c) (d)

图 1.13-2　踏石过河 2

评价重点：
听教师信号有序稳、准进行游戏；先评价游戏练习的正确率，后在保证正确率的基础上以完成游戏的速度快慢评判胜负。

教学中曾经出现的问题：
游戏教学时，学生求胜心切，对动作的正确性关注不够，只想快速跨跳完成，而忽视跨跳的动作，降低了学习游戏的质量。

解决问题的方法：

1. 进行一次跨跳动作正确率的比赛，及时宣布比赛结果，并对优胜队进行评价分析，及时表扬。

2. 对快速完成但正确率不高的队重点分析。接着再次组织跨跳动作正确率的比赛，以此强化跨跳动作的正确性，淡化跨跳的速度。在所有队能正确完成的情况下，再进行速度赛。

教学建议：

1. 适合小学二年级学生游戏教学初期选用。

2. 等学生熟悉游戏的方法和规则后，再进行速度比赛游戏练习。

编者提示：

1. 此案例有视频。视频编号：踏石过河-2。

2. 视频中教师主要采取的教学策略是：在组织学生练习踏石时，先要求学生每次踏稳一个"石头"后再踏下一个，将踏石的模拟情景逼真化。如果学生没有踏在垫子上，则表示落水了，要求其返回重新练习；要求学生在能安全有序踏稳的基础上进行踏石过河速度赛。

●踏石过河-3

设计思路：

为帮助学生快速熟悉游戏的方法与规则，有效掌握跨跳动作技能而变。

预期目标：

通过缩小"石头"间的距离，降低游戏难度，熟悉游戏规则与方法，做到跨跳准、稳，能与同伴有序快速交接。培养学生的规则意识和团队合作竞争意识。

变化方法：

游戏形式、过程不变。将折叠的小体操垫作为跨跳的"石头"，同时缩小垫子间的距离，降低学生跨跳难度，提高跨跳的准确性，帮助学生快速熟悉游戏方法与规则，增强游戏的激烈性。

评价重点：

学生听到出发信号后能有序稳、准地依次跨跳"石头"到对岸，先评价游戏练习中的落水次数，后在不落水的基础上以按要求完成游戏的速度快慢评判胜负。

教学中曾经出现的问题：

游戏教学时，学生只想快速完成跨跳，忽视规则，造成犯规，降低了学习游戏的质量，影响团队成绩，遭到同伴的埋怨指责。

(a)　　　　　　　　　　　　(b)

(c)　　　　　　　　　　　　(d)

图 1.13-3　踏石过河 3

解决问题的方法：

1. 每次比赛后，教师立即宣布比赛结果，强化重申游戏规则；在发现学生相互指责现象时，及时引导学生，进行反思教育。肯定违规学生想为团队争光的初衷，但要指出必须遵守游戏规则，不能投机取巧。

2. 对多次违规的学生可以先安排裁判角色，待其熟悉规则后再加入队伍，继续参加小组的对抗比赛。

教学建议：

1. 适合小学二年级学生游戏教学初期选用。

2. 先比遵守规则，等学生熟悉规则后再比速度。

3. 变化发令环节，比赛开始由教师发令，后由完成练习的学生给下一位学生发令，直到游戏结束。

编者提示：

1. 此案例有视频。视频编号：踏石过河-3。

2. 视频中教师主要采取的教学策略：在组织练习与纠错时，采用了学生边练习边自我纠错的方法，当安全到达对岸时，立刻大声说"胜利"，既庆祝自己安全上岸，又给后面的同伴发令，让游戏有序进行。在点评与小结环节，教师针对比赛中的突发事件及时进行现场教育。

●踏石过河-4

设计思路：

为激发学生参与游戏的主动性，培养合作能力，实现情感目标而变。

预期目标：

通过变化游戏跨跳石头的动作方式，让学生根据裁判员的指令选择跨跳"石头"的个数，提高学生比赛时的注意力，增强游戏练习的对抗性和趣味性，培养团队合作能力。

变化方法：

游戏方法、评价标准不变。游戏时，裁判员说数字 N，每组的学生跨跳到第 N 块"石头"后，返回并与下一个同伴交接，下一个同伴交接后出发，依次进行，直到全组完成为止。

(a) (b)
(c) (d)

图 1.13-4　踏石过河 4

评价重点：

在熟悉游戏方法的情况下，各组能按照裁判所报的数字准确、快速、有序跨跳。

教学中曾经出现的问题：

学生在比赛中，未按照裁判指定数字练习。

解决问题的方法：

师生互动,提高学生游戏时的注意力,如裁判员与学生按数字顺序接龙报数,当报到某个数字时,裁判员说"出发",游戏开始;或者裁判员打数字手势,学生说出数字后,裁判员立刻说"出发";或者裁判员利用算术的加减乘除法让学生计算后出发;或者裁判员用英语报数字,学生出发游戏等。也可以同伴间互相提示,按照裁判报出的数字游戏,如每组学生回来交接时大声向下一个同伴重新报裁判员的数字。

教学建议：

1. 适合小学二年级学生游戏教学中期选用。

2. 在游戏中可以适当变化结束的动作,以提高学生游戏的趣味性和挑战性。

3. 也可以在两边迎面接力踏石过河时,裁判员报数,两边的学生按照所报的数来回跨跳比赛,集中学生参加游戏的注意力。

编者提示：

1. 此案例有视频。视频编号:踏石过河-4。

2. 视频中教师主要采取的教学策略:在安排比赛与指导时,教师发现男生比赛的人数不等,安排多出的学生轮流担当教师的小助手,进行比赛的裁判工作。每场比赛结束后,教师及时进行点评,特别对因为思想不集中而失败的队进行重点剖析,紧接着进行变化规定结束动作的比赛,让失败队能快速集中注意力参赛,力争取得好成绩。

● 踏石过河-5

设计思路：

采用"差异竞赛法",为帮助体育弱势生,鼓励他们进一步发展而变。

预期目标：

通过做出差异化并具有挑战性的跨跳"石头"摆放路线,增加弱势队学生获胜的概率,提高他们的信心,同时也提高强势队挑战的难度。激励所有学生积极参与游戏,增加比赛的不确定性,培养团队合作竞争能力。

变化方法：

游戏方法、过程、评价标准不变。根据小组间的相对实力差异,改变"石头"摆放的路线。可以由教师指定强势队难度大、弱势队难度小的"石头"摆放路线,或者由强弱势队学生商议后共同摆放难易程度适宜的"石头"路线进行比赛。

(a) (b)

(c) (d)

图 1.13-5　踏石过河 5

评价重点：

以完成游戏速度的快慢决定名次，同时注意在"差异比赛法"下对胜负双方的分析和教育引导，让所有学生知道只要努力就有可能成功的道理。

教学中曾经出现的问题：

强弱势队差异设置不合理，造成弱势队无法取胜，或者强势队与弱势队差距太大。

解决问题的方法：

实施差异比赛前，要先进行踏石过河游戏的公平竞赛，预测出踏石过河游戏强弱势队的差距。踏石过河差异比赛时要根据比赛结果动态调整差异条件，让弱势队强势队各有胜负，增加踏石过河游戏的激烈程度。如缩短弱势队"石头"的间距，增加强势队"石头"的间距；或者强势队的"石头"摆放弯曲程度大于弱势队石头摆放的弯曲程度，让强势队的跨跳距离大于弱势队的跨跳距离；或者由强弱势队互换队员再次比赛等。

教学建议：

1. 适合小学二年级学生游戏教学后期选用。

2. 为提高弱势队的积极性，可变化弱势队的出发时间，弱势队出发后，强势队再出发。

编者提示：

1. 此案例有视频。视频编号：踏石过河-5。

2. 视频中教师主要采取的教学策略：在组织差异比赛时，教师的站位在比赛队伍一侧的中间，让所有比赛的学生都能看到老师，发令时，老师采用了举手加哨声的形式，让两边的排头都集中注意力，以免跑错。在比赛结束环节，老师并没有立刻宣布结果，而是环视各组，检查各组完成规定结束动作情况，片刻的宁静后，教师才宣布结果，有效帮助学生养成排好队伍的自律行为。

14. 跳进去拍人

●跳进去拍人-1

游戏价值：

跳进去拍人游戏，有利于增强学生下肢力量，提高连续跳跃的能力，培养学生快速躲闪奔跑的技巧。既是游戏教材，也是跳跃类教材学习的重要辅助性内容与手段。

游戏目标：

能把握时机拍到对方，能灵活地躲闪而不被对手拍到。

游戏准备：

在场上画一条横线，线前两米处画几个直径5~6米的圆圈。

图 1.14-1　跳进去拍人 1

游戏方法：

将学生分成人数相等的 4～6 组，每组再分甲、乙两队，甲队先分散在圈内，乙队正对本组甲队站在横线后。

裁判员发令后，各组乙队第一人用单脚跳进圈去并追拍甲队队员，甲队队员在圈内躲闪，凡被拍到者，暂时退出圈去。每人追拍一定的时间，换下一人跳进去追拍，乙队每人都做过一次，或甲队队员全被拍到时，两队交换，甲队追拍，乙队躲闪。

游戏规则：

1. 圈内躲闪的队员不能出圈，出圈就算被拍到。

2. 追拍的人只能用单脚跳，另一只脚不能够着地，双脚着地时就算失败，失败后就换一个人追拍。

教学建议：

1. 评价重点：追拍者能运用单脚连续跳的方法把握时机追拍到对方；躲避者要机智灵活地躲闪以避免被拍到。

2. 每组人数不宜过多，应该尽可能多分组，使每个人都有追拍的机会。可以灵活调整圆圈的大小、横线与圆圈的距离或灵活选择左右脚，以便更好地发展学生速度、力量、灵敏等体能，培养竞争与合作意识，增加练习密度。如乙队共 10 个人，进行到第五人时，甲队前面四个队员全部被拍到，乙队第二次担任追拍者时，应由第五人开始。

3. 要教育学生自觉遵守规则，被拍后应立即退到圈外，不得拖延时间。

4. 性质类似的游戏有"老鹰和小鸡"等。

●跳进去拍人-2

设计思路：
为帮助学生更快地熟悉游戏方法，保障游戏过程的安全而变。

预期目标：
通过增加分组，扩大圆圈半径，给学生足够的安全活动空间，帮助学生尽快熟悉游戏规则与方法，培养自觉遵守游戏规则的意识。

变化方法：

游戏形式、过程不变。扩大圆圈半径到 3 米以上，调整每队人员为 4 人，让学生在足够的安全空间里快速躲闪奔跑；每 30 秒更换一人，重新追拍，缩短每轮游戏时间，让学生尽快熟悉游戏，同时减少安全隐患。

(a)   (b)

(c)   (d)

图1.14-2　跳进去拍人2

评价重点：

单脚连续跳跃追拍，被追拍者不能离开圆圈，以是否遵守规则为依据评判胜负。

教学中曾经出现的问题：

被追拍到者离开圆圈后，要停留到本轮游戏结束才能重新回到游戏，而游戏结束往往要很长时间。

解决问题的方法：

规定被追拍到者到圈外立正40秒后自动复活，重新进入圆圈游戏。

教学建议：

1. 适合小学二年级学生在游戏教学初期选用。
2. 每次评价都要严格执行既定的游戏标准。

●跳进去拍人-3

设计思路：

为激发学生参与游戏的主动性，提高连续单脚跳的能力而变。

预期目标：

通过自选追拍顺序，规定采用单脚连续跳的方法，在规定时间内追拍后换人追拍，发展下肢力量，提高平衡和单脚连续跳的能力。

变化方法：

游戏形式、过程不变。学生自主选择追拍的先后顺序，在圆圈内采用单脚连续跳的方法追拍1分钟后换同伴追拍。被追拍者按照规则只能在圆圈内自由灵活奔跑躲闪。

(a) (b)
(c) (d)

图 1.14-3　跳进去拍人 3

评价重点：

在圆圈内被追拍者不能出圈；追拍人全程始终是在用一只脚向前跳，在规定的时间内换人追拍。

教学中曾经出现的问题：

被追拍者在游戏中持续被追拍，只能四处奔跑躲闪，处于完全的弱势地位。

解决问题的方法：

可以规定在游戏一轮后，被追拍人可在不被追拍到的情况下偷袭追拍人，每成功偷袭3次可以营救一名被追拍出圈的人。让追拍人在追拍时也注意避免被偷袭。

教学建议：

适合小学二年级学生在游戏教学中期选用。

●跳进去拍人-4

设计思路：

为提高游戏趣味性，帮助学生达成情感目标而变。

预期目标：

通过采用男女生组交换对抗的方法，满足学生情感需求，强化连续单脚跳的能力，调动学生参与的积极性，增强团队合作意识。

变化方法：

游戏路线、过程和评价标准不变。男生甲队与女生甲队进行对抗，男生乙队与女生乙队对抗，最后根据总成绩决定男女生组的胜负。

(a)　　(b)
(c)　　(d)

图 1.14-4　跳进去拍人 4

评价重点：

运用单脚连续跳追拍到对方最多的为最佳追拍人；机智灵活地躲闪，以被拍到次数最少的为最强防守人。

教学中曾经出现的问题：
在圆圈内躲闪的人在被追拍时会发生拥挤碰撞。
解决问题的方法：
1. 鼓励学生动脑筋，运用策略科学安全地进行躲闪。
2. 规定如果躲闪人相互碰撞则判被追拍到，自动离开圆圈。

教学建议：
1. 适合小学二年级学生在游戏教学中后期选用。
2. 规定追拍者在圆圈内的追拍时间，控制适宜的练习负荷。

● 跳进去拍人-5

设计思路：
采用"差异竞赛法"，为帮助体育弱势生促进他们进一步发展而变。

预期目标：
通过规定弱势队在追拍过程中可以采用换脚追拍的方法，增加其获胜概率，提高游戏的竞争性，并让强势队能不断挑战自我，调动所有学生的积极性。

(a)　(b)

(c)　(d)

图 1.14-5　跳进去拍人 5

变化方法：

游戏形式、过程与评价标准不变。规定强势队全程只能用一只脚连续单足跳追拍，弱势队在全程追拍中可以按一定节奏换脚追拍。

评价重点：

弱势队所有人都努力主动追拍，并为同伴加油助威；强势队积极努力躲闪，在追拍时主动出击，做到胜不骄、败不馁。

教学中曾经出现的问题：

由于圆圈小，差异比赛对结果的改变不明显。

解决问题的方法：

1. 根据学生的人数适当扩大圆圈面积游戏，提高追拍者的难度。

及时微调弱势队的差异条件，可以一次上场两人追拍，让其感到有获胜的可能，将"我们能赢"的期待效应转变为努力争胜的动作行为。

2. 让强势队来设计弱势队上场两人的组合。

3. 规定弱势队的队员在快被追拍到时可以说"定"使对手直立原地不动，从而躲避追拍。不动者直到有同伴来拍并且说"解"，才恢复自由。

教学建议：

1. 适合小学二年级学生在游戏教学后期选用。

2. 及时进行教育引导，培养"胜不骄、败不馁"的良好思想品质。

15. 小球追大球

● 小球追大球-1

游戏价值：

小球追大球游戏有利于培养学生的规则意识和快速反应能力。

游戏目标：

会用合适的持球方法，与同伴快速传球。

游戏准备：

小皮球和大球若干。

游戏方法：

学生坐在各自的座位上。发给第一列第一名同学一个小球（如小皮球或垒球），沿队列向后数，隔5～6个座位，再发给第七名同学一个大球（如排球或足球）。

裁判员发令后，大、小球同时由前向后传递，传到第一列最后一人时，可传给第二列最后的人,再由后向前传递,第二列交第三列,再由前向后传递,依次进行。当小球追上大球时,大球在谁的手里,就判谁失败。然后,小球从失败者手中开始传球,大球向后隔一定距离再开始传球,游戏继续进行。当全班都已完成传递工作而小球尚未追上大球时,游戏从相反方向开始传球。

(a) (b)

(c) (d)

图 1.15-1　小球追大球 1

游戏规则：

1. 必须用手传递大、小球,不得扔、抛。
2. 不得故意拖延时间。

教学建议：

1. 评价重点:运用合理的传球方法;与同伴交接好球。

2. 根据学生年龄,灵活调整大球与小球,两球的间隔距离可以逐渐缩小,以提高游戏的难度,发展快速传球的能力和腰部力量。也可以使用实心球,使手指、小臂肌肉群得到锻炼。还可以排成圆形或其他图形进行传递。一般站立传球效果较好,应尽可能采用站立方式传球。

3. 结合传球路线的规则,进行规则教育,培养学生从小遵守公共秩序的良好习惯。

4. 性质类似的游戏有"击鼓传花"等。

● 小球追大球-2

设计思路：
为帮助学生更快地熟悉游戏方法，保障游戏过程安全而变。

预期目标：
通过规定传球时的动作，培养学生的安全意识。

变化方法：
游戏形式、过程不变。规定传球的方法为转体传球，不准起立。

(a)

(b)

(c)

(d)

图 1.15-2　小球追大球 2

评价重点：
游戏者遵守游戏规则、传球方法正确，能够快速完成传球动作。

教学中曾经出现的问题：
部分学生对规则不清晰，没有运用规定的动作传球；学生很兴奋，游戏过程中有随意讲话现象。

解决问题的方法：

1. 练习时，教师发现问题后，立即停止游戏进行纠正，重点强调传球动作，提醒违反规则的同学。

2. 比赛时，随意讲话的学生也算失败一次。

教学建议：

1. 适合小学一年级学生在游戏教学初期选用。

2. 传球动作可以自行设计，如头顶传球、单手传球等。

●小球追大球-3

设计思路：

为增加学生游戏练习的兴趣，提高学生的传球技能而变。

预期目标：

通过增加球的数量来增加游戏难度，培养学生的注意力，激发他们积极参与游戏的热情。

(a)

(b)

(c)

(d)

图 1.15-3　小球追大球 3

变化方法：

游戏方法、过程不变。将两球变为三球，同时传递。

评价重点：

始终遵守游戏规则，不出现扔、抛现象，不无故拖延时间。

教学中曾经出现的问题：

个别学生为了求快，有扔球现象；部分学生自己传完球后只关注该球的位置，等其他球再次传过来的时候不能及时去接，影响了整体的传球速度。

解决问题的方法：

1. 练习时，如果出现扔球或抛球现象，立刻终止游戏，提醒违规同学的同时也提醒全班同学注意规则。

2. 比赛时，提醒学生只关注自己前面或后面的同学，及时接住来球并做好传接工作，不要只盯着某一只球。

教学建议：

1. 适合小学一年级学生在游戏教学中期选用。

2. 人数多的班级可以分两组进行游戏；可以在教室里走廊上排队进行游戏。

● 小球追大球 - 4

设计思路：

采用比赛法，为加强学生之间的交流，帮助学生达成情感目标而变。

预期目标：

通过男女分组比赛，培养孩子的团队意识和交流能力。

变化方法：

游戏过程和评价标准不变，调整男女生位置，分男女生组进行比赛，相同时间内大球被追上次数少的组获胜。

评价重点：

遵守规则的前提下，快速完成动作。

教学中曾经出现的问题：

为了追求速度，有个别同学会抛球，尤其是男生。

解决问题的方法：

1. 练习时出现抛球现象减少一次练习机会。

2. 比赛时出现一次抛球、故意拖延时间不传球现象，增加 10 秒钟游戏时间。

(a) (b)

(c) (d)

图 1.15-4　小球追大球 4

教学建议：
1. 适合小学一年级学生在游戏教学后期选用。
2. 根据班级学生特点，调整分组的形式进行游戏。

16. 猜猜谁是领头人

● 猜猜谁是领头人-1

游戏价值：
猜猜谁是领头人游戏，有利于培养学生的观察能力、模仿能力和规则意识。

游戏目标：
与领头人保持一致的动作，争取游戏的胜利。

游戏准备： 一间教室。

游戏方法：学生在教室里站成长方形。选一人做侦查员,先到教室外等候或闭上眼睛面向墙角站立。再选择一个领头人。游戏开始大家模仿领头人做各种动作,同时不断有节奏地一齐喊"请你跟我这样做,我就跟你这样做!"然后,侦查员来寻找领头人。猜中了,领头人做侦查员,游戏重新开始。

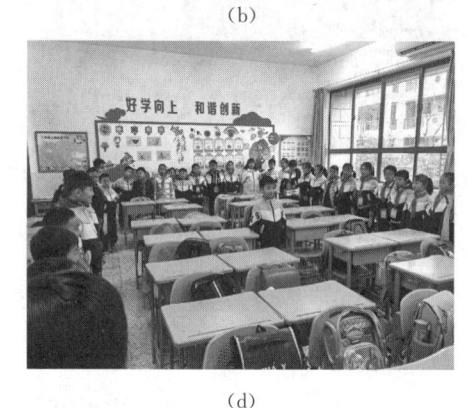

(a)　　　　　　　　　(b)

(c)　　　　　　　　　(d)

图 1.16-1　猜猜谁是领头人 1

游戏规则：

1. 大家必须模仿领头人的动作。

2. 动作要有意义、健康,可经常更换动作。

3. 其他人不得向侦查员暗示或用某种方法暴露领头人。

教学建议：

1. 评价重点:遵守规则;快速模仿动作与表情。

2. 应启发学生做出各种动作,并且要模仿得像,以使学生能得到全面的锻炼,发展灵敏和快速反应的能力。教师也可以参与游戏,或做领头人,或做侦查员,以密切师生关系。

3. 注意培养学生自觉遵守游戏规则的意识。

4. 性质类似的游戏有"猜猜我是谁"等。

编者提示:

1. 此案例有视频。视频编号:猜猜谁是领头人-1。
2. 视频中教师在五个教学程序完整的情况下,在介绍游戏方法时,采用了边示范边讲解的方法;在游戏过程中,发现学生在完成游戏有困难时,及时采用教师提示和学生经验交流的方法,帮助学生更好地完成游戏。

●猜猜谁是领头人-2

设计思路:

为帮助学生更快地熟悉游戏方法,保障游戏过程的安全熟练而变。

预期目标:

通过增加侦查员猜的机会,降低寻找领头人的难度。

变化方法:

游戏方法、规则不变。给侦查员增加猜的机会。

(a) (b)

(c) (d)

图 1.16-2　猜猜谁是领头人 2

评价重点：

游戏方法熟练；游戏者遵守游戏规则，不得在游戏过程中有任何形式的暗示。

教学中曾经出现的问题：

部分学生用眼神去盯住领头人，暴露领头人的位置；侦查员关注的范围过窄，观察得不仔细。

解决问题的方法：

1. 练习时，教师及时提醒学生，并参与示范找出领头人的方法和技巧。

2. 比赛时，要求模仿者通过间接观察领头人的动作来完成模仿动作。

3. 引导侦查员关注更大的范围。

教学建议：

1. 适合小学二年级学生在游戏教学初期选用。

2. 每次评价都要兼顾领头人和侦查员。注意评价技巧，多发掘孩子的闪光点。

3. 可以分组练习，提高游戏练习的密度。

编者提示：

1. 此案例有视频。视频编号：猜猜谁是领头人-2。

2. 视频中教师在侦查员观察寻找领头人时，采取了适当的语言提示和具体指导，鼓励作为侦查员的学生积极大胆去观察寻找。

● 猜猜谁是领头人-3

设计思路：

增加侦查员寻找的难度，为进一步增加游戏的趣味性和挑战性而变。

预期目标：

通过缩短大家模仿领头人做各种动作的时间，提高侦查员寻找的难度。

变化方法：

游戏方法、规则不变。要求大家模仿领头人做各种动作的速度加快，减少动作的数量，降低动作的复杂程度，缩短大家模仿领头人做各种动作的时间。

评价重点：

动作要简单，模仿者动作速度要快。

教学中曾经出现的问题：

领头人动作复杂，不利于模仿者加快完成动作速度；模仿者出现与领头人不一致的模仿动作。

(a)

(b)

(a)1

(a)2

图 1.16-3　猜猜谁是领头人 3

解决问题的方法：

1. 练习时，教师可以示范几个清晰、简单易操作的动作，供学生选择使用。
2. 比赛时，每次评价都要严格执行既定的游戏标准，让学生养成规则意识。

教学建议：

1. 适合小学二年级学生在游戏教学中期选用。
2. 班级人数较多时可以分组进行游戏，增强游戏的练习密度。
3. 游戏评价时可以根据变化的内容来进行侧重性的评价。

编者提示：

1. 此案例有视频。视频编号：猜猜谁是领头人-3。
2. 视频中教师针对学生出现的复杂动作给予及时纠正，并且带领学生做一些简单的动作供学生选择，先进行有教师参与游戏的示范练习，再组织学生进行游戏比赛。个别学生猜测领头人有困难时，教师及时给予游戏技巧方面的帮助。

水平二

14例经典体育教学游戏教材内容及教法运用技巧举隅

1. 看谁先跑到
2. 两人三足跑
3. 迎面接力跑
4. 青蛙过荷叶
5. 猜拳立定跳远
6. 投沙包
7. 纸球大战
8. 拉过线来
9. 钻山洞
10. 截住空中球
11. 齐心协力
12. 撒网捕鱼
13. 掌声响起来(室内)
14. 放鞭炮(室内)

1. 看谁先跑到

● 看谁先跑到-1

游戏价值：

看谁先跑到游戏,不仅能提高学生快速奔跑的能力,有效地增强下肢力量,还有利于培养人际交往能力。此游戏历史悠久,既可以作为水平二的游戏教材,也可以是后续奔跑类教材教学的重要辅助性内容与手段。

游戏目标：

敢于同对手竞争,会选择合理的路线快速跑到指定位置。

游戏准备：

在场上画两条相距15~20米的起跑线,中间并排画2~4个长2米、宽1米的长方形方格,每个方格内可放一轻物,在两条起跑线前1米处正对方格,各竖标志物一个(用旗帜、实心球等均可)。

游戏方法：

将学生分成4~8队,两队面对方格成一路纵队分别站在两边的起跑线后。

裁判员发令后,各队第一人从标志物的右侧向前跑,通过方格,绕过对面的标志物,跑回来拿起轻物,立即举起,喊"到!"先举起轻物者得2分。然后各回本队排尾。依次轮流进行,直到所有人都做完。统计各队得分,得分多的队获胜。

(a)   (b)

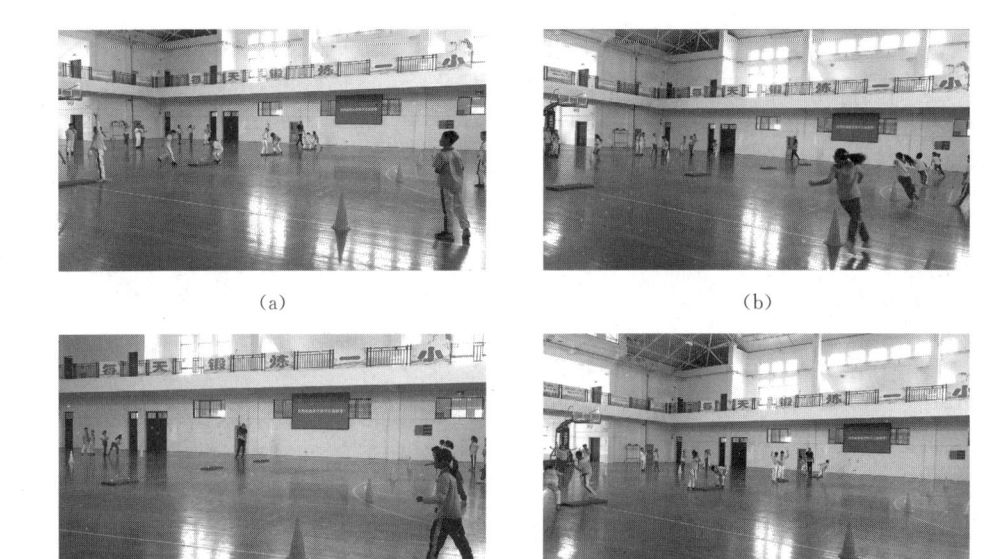

(c)   (d)

图 2.1-1　看谁先跑到 1

游戏规则：

1. 两人途中相遇时，从中间方格的侧面通行，不得阻挠对方。

2. 两人同时拿到轻物时，双方猜拳决定胜负。

3. 碰倒标志物必须在原地放好后，再继续跑。

教学建议：

1. 评价重点：正确对待对手；跑动路线正确且动作速度快。

2. 每队人数不宜过多，双方奔跑的距离也可调整，以便更好地发展学生速度、灵敏素质与竞争意识，提高练习密度。

3. 结合"右侧通行"的规则，进行遵守交通规则和安全的教育，培养学生从小遵守公共秩序的良好习惯。

4. 性质类似的游戏有"快跑拉绳"等。

编者提示：

1. 此游戏有视频，视频编号：看谁先跑到-1。

2. 视频中，教师运用讲解与学生示范相结合的方法告知学生游戏路线，再讲解游戏方法与规则；在游戏练习与比赛中，适时提醒犯规的同学要主动做提示性动作并纠错，及时表扬主动捡球放在原位置的同学，指导学生为同伴加油、呐喊；在游戏讲评过程中，让各组自行统计分数并评价，适时表扬认真听讲的组及主动与老师互动的同学。

● 看谁先跑到-2

设计思路：

为帮助学生更快熟悉游戏路线、到达指定位置完成拿球与举球的动作，为保障游戏过程安全而变。

预期目标：

通过降低游戏难度，明确到达相应位置及动作的方法，帮助学生尽快熟悉行进路线，若同时到达则采用猜拳评判的方式，培养自觉遵守游戏规则的意识。

变化方法：

游戏形式、过程、路线、距离不变。将快速跑的动作变为快走或者慢跑，熟悉游戏路线，减少安全隐患；要求学生做到诚实守信，如后到达要勇于承认。

(a)　(b)　(c)　(d)

图 2.1-2　看谁先跑到 2

评价重点：

遵守规则、路线正确的队获胜，获胜队不唯一。公正评价到达的先后，同时到达则用猜拳的方式计算分数。

教学中曾经出现的问题：

1. 起跑时，会发生不小心踩到起跑线、抢跑等犯规现象。
2. 学生迫不及待地奔跑，而未采用快走（或慢跑）的形式。
3. 到达位置时，脚碰到垫子或手拿球时用力过大，使得垫子和球的位置发生变化。

4. 两名学生同时到达时，产生争议，不愿意用猜拳的方式来判断输赢。

解决问题的方法：

1. 练习时，及时提醒并指导学生起跑时不要踩线、抢跑等，犯规同学要做提示性动作。

2. 比赛时，要突出评价重点，比赛不比速度，只比遵守规则、路线正确和不碰到垫子。

3. 强调不小心碰到垫子的同学要将器材摆放好，并适时给予表扬与指导。

4. 教师要适时引导，告诉学生"赢得了、输得起"，用猜拳的方式是最简单、有效的评判胜负的方法。

教学建议：

1. 适合小学三年级学生在游戏教学初期选用。

2. 每次评价都要严格执行既定的游戏标准。

3. 适时增加或减少游戏的距离，强调游戏的路线正确、过程安全、位置准确、动作到位等。

编者提示：

1. 此游戏有视频，视频编号：看谁先跑到-2。

2. 视频中，教师主要采用讲解法，适时进行学法指导、方法与规则提示，如：不碰到垫子、不要踩线、适时做出提示性动作等，并指导学生要有集体主义精神。

● 看谁先跑到-3

设计思路：

为激发学生参与游戏的积极性，提高合作与奔跑能力而变。

预期目标：

通过将一个人直线跑改变为两人合作跑的动作技能，提高奔跑能力和与他人合作的能力。

变化方法：

游戏过程、路线、距离、交接方式不变，改一个人跑为两人合作跑的形式。

评价重点：

奔跑中协调配合、保持身体平衡且不跌倒，跑得快、先举起物体的组获胜。

教学中曾经出现的问题：

1. 学生在合作奔跑中动作不协调、步伐不一致，未能团结合作，偶有相互责怪的现象。

2. 到达位置后,未能协调好由谁来拿球,出现两个人同时抢球的现象。

3. 游戏过程中,碰到垫子而使得器材发生移动、变化,不利于游戏的顺利开展。

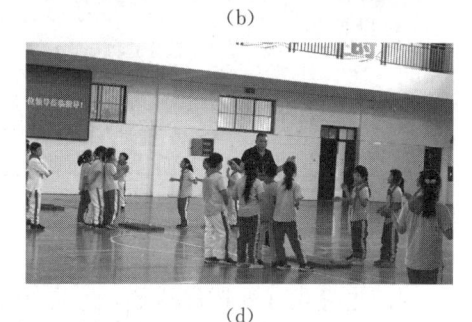

(a)　　　　　　　　　　　(b)

(c)　　　　　　　　　　　(d)

图 2.1-3　看谁先跑到 3

解决问题的方法:

1. 适时请一名学生与教师共同示范合作跑,通过正误对比的方式告诉学生:游戏过程中要团结协作,适时调整速度,不能相互责怪,跑得快的要配合跑得慢的同伴。

2. 在游戏开始前商量好谁拿球,不出现因同时抢球而影响游戏进行的现象。

3. 比赛时,要注意不能碰到垫子,教师要适时指导学生碰到垫子后要将器材摆放好,以利于游戏正常开展。

教学建议:

1. 适合小学三年级学生在游戏教学后期选用。

2. 可以适时增加跑的距离,提高游戏的运动负荷;增加分组,提高练习密度;组织差异性比赛,激发学生参与的积极性。

编者提示:

1. 此游戏有视频,视频编号:看谁先跑到-3。

2. 视频中,教师主要采用集中讲评与分散后个别指导相结合的方法,指导学生集体做提示性动作以加强对规则与要求的掌握。在游戏讲评中,采用讲解与示范相结合的方式,让学生积极参与到讲评与游戏规则执行中去,以提高游戏的趣味性。

●看谁先跑到-4

设计思路:

为提高游戏的趣味性,改变器材,让学生更乐于参加游戏,帮助学生达成情感目标而变。

预期目标:

通过改变游戏的器材,满足学生好奇心和情感需求,强化游戏目标为在快速奔跑中急停并快速举起较大的物体,调动学生参与的积极性。

变化方法:

游戏过程和评价标准不变。将游戏器材改为生活中常见的物品——鞋盒(或者软式排球、小篮球等),使得快速拿器材有一定的难度。

(a)　　　　　　　　　　　　(b)

(c)　　　　　　　　　　　　(d)

图 2.1-4　看谁先跑到 4

评价重点:

游戏路线正确,保持身体平衡,快速拿好物体并举起,按照完成的先后顺序判断名次。

教学中曾经出现的问题:

学生不能做到快速拿好并举起鞋盒;游戏过程中会碰到垫子而使得器材发

生移动变化,不利于游戏顺利进行。

解决问题的方法:

1. 教师示范双手拿起鞋盒的动作方法,告知学生所拿的物体是鞋盒,比较大,学生要用适合自己的方式去拿。

2. 提醒学生在奔跑与拿鞋盒的过程中,不要碰到垫子,若碰到要摆放好器材。对于能主动纠正器材摆放位置的同学要给予表扬,作为典型,让同学们向他们学习。

教学建议:

1. 适合小学三年级学生在游戏教学后期选用。
2. 适时提醒学生去主动体验并能做到快速拿起鞋盒、放好鞋盒的动作。
3. 适时增加或减少奔跑的距离,将游戏调整到适宜的运动负荷。

编者提示:

1. 此游戏有视频,视频编号:看谁先跑到-4。

2. 视频中,教师运用学生喜欢"比"的心态,鼓励学生比一比,看哪个组的加油声最响亮从而调动学生的兴趣、烘托课堂的氛围;教师通过正面表扬主动摆好鞋盒的同学,以教育学生关心同伴、爱护器材,为接下来的游戏顺利开展做好准备。

● 看谁先跑到-5

设计思路:

采用"差异竞赛法",为帮助体育弱势生提高奔跑能力和体验获得胜利的喜悦而变化。

预期目标:

通过适当减少弱势队奔跑距离,增加弱势队获胜概率的方法,调动弱势学生的积极性,提高游戏的竞争性;提高学生快速奔跑与快速拿物、举物的能力,让强势队与弱势队都能不断挑战自我,增强团队合作意识。

变化方法:

游戏形式、过程与评价标准不变。强势队的奔跑距离不变,将弱势队所对应的标志物向小垫子处移动以减少奔跑距离,进而实行差异化的练习与比赛。

评价重点:

所有人都能积极参与游戏,有获胜的信心;强势队在弱势队有一定距离优势情况下,仍努力争胜;弱势队也要做到胜不骄、败不馁。

教学中曾经出现的问题：

1. 强势队会觉得不公平，不能理解教师的用意。
2. 弱势队在距离减少的情况下，有可能再一次输，从而进一步失去信心。

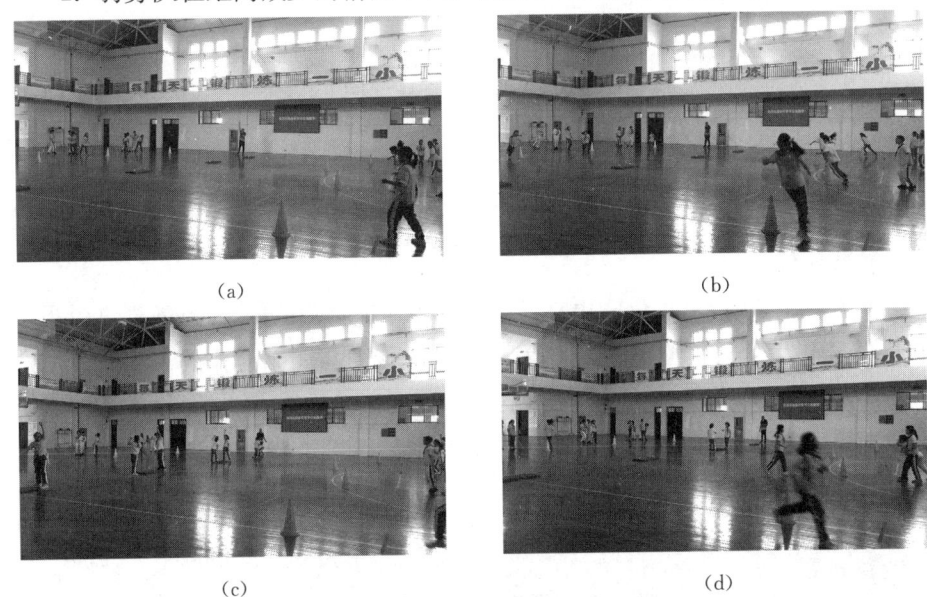

(a) (b) (c) (d)

图 2.1-5 看谁先跑到 5

解决问题的方法：

1. 教师要对强势队进行心理疏导，鼓励他们能接受挑战，比赛获胜是目标，但不是唯一目标，帮助他人进步也是很好的一件事情，还要告诉他们这种差异竞赛法也能帮助自己提高，促使自己更快、更强，还能更显示出本队有团结合作的精神等。

2. 将"我们能赢"的期待效应转变为努力争胜的学习行为。如果弱势队输了，教师可以再减少距离，并让弱势队明白本队与他人的差距，利用课后时间勤加练习；如果弱势队赢了，告诉他们胜不骄、败不馁，鼓励他们在平等比赛的情况下，也要努力争胜。

教学建议：

1. 适合小学三年级学生在游戏教学后期选用。
2. 教学中要适时减少弱势队的练习距离，帮助弱势队体验到获胜的感觉，及时对两个队进行教育引导，帮助学生养成"胜不骄、败不馁""让对方有获胜的可能，也是帮助他人的一种方式""只要努力，就有收获"等良好思想品质。

编者提示：

1. 此游戏有视频，视频编号：看谁先跑到-5。
2. 视频中，教师在集中讲解时，采用节奏快慢变换、声音高低不同等语言技巧，强调游戏规则、方法、注意事项等。并告知学生在游戏过程中展示出的优点（如保护好游戏的场地与器材）和存在的问题（未关注到准备线），鼓励其在以后的游戏中能发扬优点、改正缺点。

2. 两人三足跑

● 两人三足跑-1

游戏价值：

两人三足跑游戏，不仅能提高学生合作中快速奔跑的能力，有效提高学生上下肢协调用力的能力，还有利于培养人际交往能力与团结合作的意识。此游戏历史悠久，既可以作为水平二的游戏教材，也可以是后续跑类、合作类游戏教材教学的重要辅助性内容与手段。

图 2-1

(b)

(c)

(d)

图 2.2-1　两人三足跑 1

游戏目标：

能与同伴配合，提高合作跑的能力。

游戏准备：

在场地上画两条相距 8~12 米的平行线，将 4~6 个标志物间隔 2~4 米放置在其中一条线上，并准备若干条有一定宽度的绑腿带。

游戏方法：

将学生分成人数相等并且是双数的 4~6 队，每队并排成两路纵队站在未放标志物的线后，将并排站立的两个学生内侧腿用绑带绑好；起跑信号响后，每队的排头两个同学快速跑动，绕过标志物后返回与下面两个同学击掌交接，随后第二组学生出发。依次进行，直至该队所有同学都跑完，以每队到达终点的顺序判断名次。

游戏规则：

1. 起跑信号发出后，才能开始游戏；与同伴击掌交接后下一组学生才能出发。
2. 绑腿带绑在两人相邻腿上的位置不能高于膝盖位置，也不能低于脚踝。
3. 在游戏过程中若绑腿带脱落，原地绑好后再出发。

教学建议：

1. 评价重点：相互合作，掌握两人一致快速向前行动的方法。
2. 游戏前，可以先让两人在没有绑带的情况下进行合作练习，掌握节奏、方法。有一定的速度后，再加上绑带练习，直至熟练掌握后再开始比赛。每队人数不宜过多，适当调整奔跑的距离，以便更好地提高移动的速度和快速反应的能力，培养合作意识，提高练习密度。
3. 清理好场地，准备好器材；在比赛激烈的时候，要随时提醒学生两人之间要密切配合，并且注意遵守游戏规则。
4. 可以改为"牵手跑"和"搭肩跑"等性质类似的游戏。

● 两人三足跑-2

设计思路：

为帮助学生更快地熟悉两人三足跑的步伐、行进路线与游戏方法，明确击掌交接的动作与方法，保障游戏过程安全而变。

预期目标：

通过降低奔跑的速度、缩短游戏的距离，强化两人三足跑中步调一致的方法和击掌交接方式，帮助学生尽快熟悉游戏路线、方法与规则等，提高团队之间的凝聚力，培养自觉遵守规则和与他人良好合作的意识。

变化方法：

游戏形式、过程不变。缩短奔跑的距离；将两人三足快速奔跑的动作变化为快走（或慢跑），熟悉两人合作奔跑的脚步动作和游戏路线；规定必须错右肩击掌交接，减少安全隐患。

图 2.2-2　两人三足跑 2

评价重点：

游戏路线正确、能错右肩击掌。遵守规则，两人配合连贯协调，脚步动作和交接方式正确数量多的组为胜，且最高奖级的名次可以并列。

教学中曾经出现的问题：

1. 两人三足行进的脚步动作不正确，时而会停止，偶有摔倒的现象。
2. 行进过程中路线不够合理、配合不够协调，特别是绕物时往往会变得慢而乱。
3. 击掌交接时，未事先商量好导致发生碰撞的现象。

解决问题的方法：

1. 教师与一名学生示范两人三足跑的动作方法，组织学生原地用"里-外-里"的口令进行练习，并逐步提高口令的速度；一段时间后，组织学生行进间练习两人三足的动作。

2. 组织学生练习行进间绕物走，让他们体验各自的动作方法和行走姿势。

3. 通过正误对比、示错的方法，让学生明白要错肩击掌后才能不相撞。让学生相互交流协商好，再进行游戏练习与比赛。

教学建议：

1. 适合小学四年级学生在游戏教学初期选用。

2. 评价以两人三足走得轻松自然、连贯协调和交接自然流畅、不相撞为重点，鼓励同伴之间要相互配合、相互帮助、相互鼓励。

3. 适时增加游戏距离、强调游戏过程安全；增加分组，提高练习负荷；适时将两个学生进行重新组合以调配合适为宜，这一过程中也能培养学生沟通交流和适应能力。

●两人三足跑-3

设计思路：

为激发学生参与游戏的积极性，提高两人三足跑的速度和合作能力而变。

(a)　　　(b)

(c)　　　(d)

图 2.2-3　两人三足跑 3

预期目标：

通过将两人三足直线跑改变为两人三足原地高抬腿跑的动作方式，提高大腿快速向上高抬的能力和奔跑速度，培养两人合作能力和保持身体平衡能力。

变化方法：

将学生分成若干个大组，每大组 4 个人，其中每两人为一个小组。一个小组练习两人三足原地高抬腿跑时，另一个小组的人帮他们计数。单位时间后，交换角色。最后以单位时间内腿快速向上高抬次数多的组获胜。

评价重点：

两人能协调一致、大腿高抬的同时保持身体平衡，单位时间内抬腿次数多的组为胜。

教学中曾经出现的问题：

学生在原地高抬腿跑中动作不协调、高度不够，身体无法保持平衡而出现错误。

解决问题的方法：

教师组织学生在游戏前，先练习从原地走慢慢转换到原地高抬腿走，再练习原地高抬腿跑的动作，进而逐渐加快速度。

教学建议：

1. 适合小学四年级学生在游戏教学前期选用。

2. 及时增加或减少高抬腿跑的时间，调配适宜的运动负荷；组织差异性比赛，激发学生参与的积极性。

● **两人三足跑-4**

设计思路：

为提高游戏的难度、减少犯规的次数，采用"绕尾法"的形式，帮助学生达成情感目标而变。

预期目标：

通过改变游戏交接的方式，杜绝游戏犯规的现象，增强两人的默契配合程度，调动学生参与的积极性。

变化方法：

游戏过程和评价标准不变。将游戏路线转变为绕过标志物后继续行进到队尾并绕过队尾再回到出发点并与下面两个同伴击掌交接。交接动作尽量让学生去练习体验，找到适合本组的交接方法。

评价重点：

交接方式正确并迅速，在合作奔跑中能保持身体的平衡，按照完成的先后顺序判断名次。

(a)　(b)

(c)　(d)

图 2.2-4　两人三足跑 4

教学中曾经出现的问题：

学生不知道怎样才能在规则允许的范围内缩短游戏奔跑的距离；在绕过队尾的过程中，配合得不够协调，步调不一致且动作变形，偶有摔倒现象，不能快速完成交接。

解决问题的方法：

1. 教师适时运用示错对比的方法，让学生直观看到怎样才能在规则允许的范围内，让队伍排得短，减少本组队员奔跑的距离。

2. 在学生游戏前，教师要让学生多练习两人三足跑绕过障碍物的动作方法；在游戏过程中，教师可用边讲解边示范的方法，强调并提醒学生在绕过队尾时，适当地降低速度，保持身体的平衡；在交接时，让学生商讨并经过练习后确定由哪两个人完成击掌交接。

教学建议：

1. 适合小学四年级学生在游戏教学后期选用。
2. 适时提醒学生要在游戏中体验并思考减少奔跑路线距离的方法，并力求做到。
3. 适时增加或减少两条平行线的距离，调整到适宜的练习负荷。
4. 增加或减少各组的人数，增强游戏的趣味性。

●两人三足跑-5

设计思路：

采用"差异竞赛法"，为帮助体育弱势生提高合作奔跑能力和增强参与游戏的信心而变。

预期目标：

调动所有学生的积极性，增加弱势队的获胜概率，提高游戏的合作性和竞争性，强化合作奔跑与快速交接的能力，不断挑战自我，增强团队合作意识。

(a)　　　　(b)

(c)　　　　(d)

图 2.2-5　两人三足跑 5

变化方法：

游戏形式、过程与评价标准不变。强势队的奔跑距离不变，将弱势队的奔跑距离适当缩小，进行差异化的比赛。

评价重点：

所有队都积极主动参与游戏，为同伴加油助威的声音响亮，胜不骄、败不馁。

教学中曾经出现的问题：

1. 强势队觉得不公平，不能理解教师的用意。
2. 弱势队在缩短距离后，仍有可能再一次输，从而更加失去信心。

解决问题的方法：

1. 教师要对强势队进行心理疏导，鼓励他们接受挑战，比赛获胜是目标，但不是唯一目标，帮助他人进步也是很好的一件事情，还要告诉他们，这种差异竞赛法也能帮助自己提高。
2. 如果弱势队输了，教师要调整距离；要让弱势队明白本队与他人的差距，利用课后时间勤加练习，将"我们能赢"的期待效应转变为努力争胜的学习行为。如果弱势队赢了，告诉他们"胜不骄、败不馁"，鼓励他们在平等比赛的情况下，也要努力获胜。

教学建议：

1. 适合小学四年级学生在游戏教学后期选用。
2. 教学中要适时缩短弱势队的距离，帮助弱势队体验到获胜的感觉，同时及时对强势队和弱势队进行教育引导，帮助学生养成"胜不骄、败不馁""让对方有获胜的可能，也是帮助他人的一种方式""只要努力，就有收获"等良好思想品质。

3. 迎面接力跑

● 迎面接力跑-1

游戏价值：

迎面接力跑游戏，不仅能提高学生快速奔跑的能力，有效增强学生的下肢力量和上下肢协调用力的能力，还有利于培养人际交往能力与团结合作的意识。此游戏历史悠久，既可以作为水平二的游戏教材，也可以是后续奔跑类教材教学的重要辅助性内容与手段。

游戏目标：

能与同伴合作，提高快速跑和完成物体交接的速度。

游戏准备：

在场地上画两条相距 20～25 米的平行线作起跑线，每队一根接力棒。

游戏方法：

将学生分成人数相等的 4～6 队，每队再分成甲、乙两组，成纵队相对站立在两边的起跑线后。

裁判员发令后，各队甲组排头持接力棒迅速向乙组跑去，与乙组的排头完成交接，自己站到乙组排尾，乙组排头接到接力棒迅速跑向甲组，与甲组第二人完成交接后，站到甲组排尾。依次进行，最后一个人先完成任务的队为胜。

(a)

(b)

(c)

(d)

图 2.3-1　迎面接力跑 1

游戏规则：

1. 起跑前必须站在起跑线后，不得踩线。

2. 裁判员发令后，甲组第一人才能起跑；排在后面的人交接棒后才能越过起跑线。

3. 交接棒时，只能传递，不能抛接。

教学建议：

1. 评价重点：能快速合作完成交接棒；掌握持棒跑与交接的方位。

2. 引导学生按照动作要领快速跑，随着奔跑能力的提高，跑的距离可适当拉长；每组人数不宜过多，以更好地发展学生的速度、灵敏等体能，提高练习密度。

3. 清理好场地，准备好器材；教会学生用错右肩"立棒"的方法交接棒；在比赛激烈的时候，要随时提醒学生注意遵守游戏规则。

4. 可以改为"往返接力"或者性质类似的奔跑游戏。

编者提示：

1. 此游戏有视频，视频编号：迎面接力跑-1。

2. 视频中，教师采用集中讲评、边讲解边示范的方式，让学生明白立棒、错右肩接力的方式和游戏方法与规则、场地与器材等。通过师生互动的方法对游戏中的结束动作、不踩线等规则与要求进行有针对性的强调与纠错。

●迎面接力跑-2

设计思路：

为帮助学生更快地熟悉游戏路线与游戏方法，明确交接棒的动作与方法，保障游戏过程安全而变。

预期目标：

通过降低奔跑的速度、缩短游戏的距离和强化交接方式，帮助学生尽快熟悉游戏行进路线、交接动作方法与游戏规则，提高团队凝聚力，培养自觉遵守游戏规则的意识。

(a)

(b)

(c)

(d)

图 2.3-2　迎面接力跑 2

变化方法：

游戏形式、过程不变。缩短奔跑的距离；将快速跑动作变化为快走（或慢走）的动作，熟悉游戏路线；规定必须错右肩交接棒，减少安全隐患。

评价重点：

游戏路线正确、能错右肩交接棒。遵守规则，交接方式正确次数多的组为胜，且最高奖级的名次可以并列。

教学中曾经出现的问题：

1. 学生未错右肩完成交接动作，交接速度慢，偶有相互碰撞的现象。

2. 追求速度，不按规定的路线快走，走的路线不直。

3. 没接到棒就越过起跑线提前起跑。

解决问题的方法：

1. 教师重点讲解错右肩交接棒的动作方法，强调在游戏过程中一定要错右肩快速完成交接棒。这样既快速，又不会发生碰撞，能保障游戏过程的安全。并在游戏过程中及时提醒学生快速完成错右肩交接的方法。

2. 教师要讲解清楚游戏路线、游戏方法与游戏规则。比赛时，要突出评价重点，如不比速度，只比走的路线正确和错右肩交接棒等，按照小组完成游戏正确人数的多少判断名次。

3. 教师要严格执行规则，针对游戏中出现的提前起跑等违反规则的现象，需要指导学生做"双手摸耳朵""立正数数"等提示性动作，以提醒自己下次不要犯规。

教学建议：

1. 适合小学四年级学生在游戏教学初期选用。

2. 每次评价既要执行既定的游戏标准，又要根据教学现场进行即时评价。

3. 适时增加游戏距离、强调游戏过程安全；增加分组，提高练习负荷；组织差异性比赛，激发学生参与的积极性。

编者提示：

1. 此游戏有视频。视频编号：迎面接力跑-2。

2. 视频中，教师主要采取的教学策略是利用运动技能形成规律的原理，由"走"代替"跑"建立游戏全过程的表象，采用"由慢到快、降低速度"的诱导性练习方式，保障学生安全地完成游戏；为解决交接棒时可能发生的两人因错肩方向不对而发生相撞的问题，采用单独分解练习错右肩的方法反复熟悉动作，并作为评判胜负的标准进行比赛，有效地提升了游戏教学的安全系数。

●迎面接力跑-3

设计思路：
为激发学生参与游戏的积极性，提高曲线跑速度而变。

预期目标：
通过增加奔跑距离和将直线跑改变为曲线跑的方式，提高奔跑速度，培养在快速奔跑中保持身体平衡的能力，培养游戏过程中主动思考问题的习惯。

变化方法：
游戏交接方式不变，适时增加接力跑的距离，改直线跑为绕过2～3个障碍物曲线跑的形式。

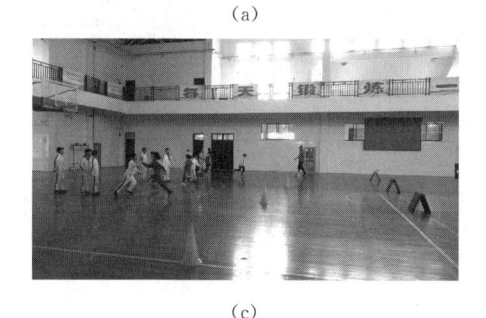

(a)　(b)　(c)　(d)

图 2.3-3　迎面接力跑 3

评价重点：
奔跑的路线正确且简便，跑得快而且稳定；能在快速便捷绕过障碍的同时保持身体平衡且不跌倒，速度快的组为胜。

教学中曾经出现的问题：
学生在奔跑中奔跑路线不简便、交接不顺畅、身体无法保持平衡而出现跌倒或动作变形的现象。

解决问题的方法：
1. 在游戏过程中，适时进行路线、动作等对比示范，分析怎样交接更顺畅，路线怎样最适宜、最简便后,再组织学生进行体验性练习与比赛。

2. 让学生通过动作体验去理解,怎样做可以控制好身体的平衡,不出现跌倒的现象。

教学建议:

1. 适合小学四年级学生在游戏教学后期选用。

2. 及时增加跑的距离,提高游戏动作强度;增加分组,提高练习负荷;组织差异性比赛,激发学生参与的积极性。

编者提示:

1. 此游戏有视频。视频编号:迎面接力跑-3。

2. 视频中,教师采用集中讲解的方法让学生知道游戏的方法、规则等,让犯规的同学做提示性动作。练习一次后,教师用语言和动作指引学生去思考游戏的路线、动作怎样更简便、更合理。比赛一次后,教师让学生出来示范游戏的路线与动作,起到正误示范的作用,让学生根据示范和自身体会,弄清楚简便、合理的游戏路线与动作,以在后续比赛中取得更好成绩。

●迎面接力跑-4

设计思路:

为提高游戏的趣味性和难度,采用"绕尾法"的形式,限制学生遵守"不得提前起跑"的规则,帮助学生达成情感目标而变。

预期目标:

通过改变游戏交接棒的方式,杜绝游戏犯规的现象,满足学生情感需求,调动学生参与的积极性,增强合作意识。

变化方法:

游戏过程和评价标准不变。将游戏路线转变为跑到对面队伍并绕过队尾回到排头后完成交接棒的动作。交接动作尽量让学生去体验、去思考,找到适合自己的交接方法。

评价重点:

交接方式正确,能保持身体平衡、快速交接,按照完成的先后顺序判断名次。

教学中曾经出现的问题:

学生不知道怎样才能在规则允许的范围内缩短游戏奔跑的距离以快速完成游戏;在绕过队尾的过程中,不能很好地控制身体,会失去重心,偶有摔倒现象;与同伴交接时不够顺畅、快速。

(a)   (b)

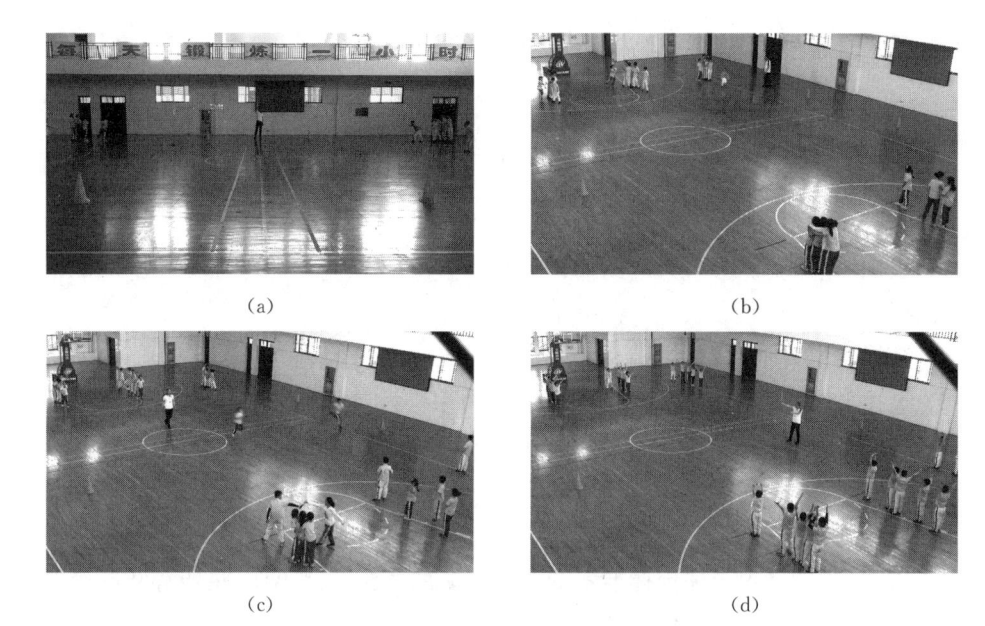

(c)   (d)

图 2.3-4 迎面接力跑 4

解决问题的方法：

1. 教师适时运用示错对比的方法，让学生直观看到怎样才能在规则允许的范围内，让队伍排得短，减少本组队员奔跑的距离。

2. 在游戏过程中，教师可用边讲解边示范的方法，强调并提醒学生在绕过队尾时，适当降低速度，保持身体的平衡。

3. 将获胜的队作为典型，进行示范与讲解，与学生一起思考分析并选择适合自己与同伴的快速交接方式，以获得更好的名次。

教学建议：

1. 适合小学四年级学生在游戏教学后期选用。

2. 适时提醒学生要思考并做到尽量减少奔跑的路线与距离。

3. 适时增加或减少两条平行线之间的距离，调整到适宜的练习负荷。

4. 增加或减少各组的人数，以提升或降低合作难度，增强游戏的趣味性。

编者提示：

1. 此游戏有视频。视频编号：迎面接力跑-4。

2. 视频中，教师采用集中讲解与示范的方法，指导学生去尝试练习游戏路线与绕尾的方式，使学生清楚游戏路线、方法和规则等。教师通过问题引领的方式，在学生练习一次后提醒学生思考"在规则的范围内获得游戏胜利的方法与技巧"，在学生比赛一次后才告诉学生跑最短的距离和不摔倒的方法，以获得游戏胜利。本视频中，笔者有意识地让执教者将学生分 3 个组进行游戏，这样的组织教学是不合常规的,在此作为典型错误案例供大家知晓。

● 迎面接力跑-5

设计思路:
采用"差异竞赛法",为帮助体育弱势生提高奔跑能力和增强参与游戏的信心而变。

预期目标:
通过差异竞赛的形式,调动所有学生的积极性,增加弱势队的获胜概率,提高游戏的竞争性,强化快速奔跑与快速交接的能力,不断挑战自我,增强团队合作意识。

变化方法:
游戏形式、过程与评价标准不变。强势队的奔跑距离不变,将弱势队的奔跑距离适当缩小,进行差异化的比赛。

(a)　　　　　　　　　　　　(b)

(c)　　　　　　　　　　　　(d)

图 2.3-5　迎面接力跑 5

评价重点:
弱势队所有人都努力参与游戏,为同伴加油助威的声音响亮;强势队在弱势队有一定距离优势的情况下,积极主动参与,胜不骄、败不馁。

教学中曾经出现的问题：

强势队觉得不公平，不能理解教师的用意；弱势队在缩短了一定距离的情况下，有可能再一次输，从而更加失去信心。

解决问题的方法：

1. 教师要对强势队进行心理疏导，鼓励他们能接受挑战，比赛获胜是目标，但不是唯一目标，帮助他人进步也是很好的一件事情，还要告诉他们这种差异竞赛法也能帮助自己提高。

2. 如果弱势队输了，教师要调整距离；要让弱势队明白本队与他人的差距，利用课后时间勤加练习，将"我们能赢"的期待效应转变为努力争胜的学习行为。如果弱势队赢了，告诉他们"胜不骄、败不馁"，鼓励他们在平等比赛的情况下，也要努力获胜。

教学建议：

1. 适合小学四年级学生在游戏教学后期选用。

2. 教学中要适时缩短弱势队的练习距离，帮助弱势队体验到获胜的感觉，及时对两个队进行教育引导，帮助学生养成"胜不骄、败不馁""让对方有获胜的可能，也是帮助他人的一种方式""只要努力，就有收获"等良好思想品质。

编者提示：

1. 此游戏有视频。视频编号：迎面接力跑-5。

2. 视频中，教师采用差异竞赛的方法，鼓励获得第一名的队在对手缩短距离的情况下还能努力争取第一名，弱势队能遵守游戏规则并获得更好的成绩。游戏过程中，教师时刻提醒学生遵守规则、交接棒不要失误等；对踩线的队和强势队分别进行心理疏导；对学生游戏过程中的表现作出即时性评价。

4. 青蛙过荷叶

●青蛙过荷叶-1

游戏价值：

青蛙过荷叶游戏，不仅能有效地增强学生的下肢力量，提高上下肢协调用力连续跳跃的能力，还有利于培养人际交往能力与团结合作意识。此游戏历史悠久，既是小学中年级的游戏教材，也是后续跳跃类教材学习的重要辅助性教学内容与教学手段。

游戏目标：

能学会用双脚同时起跳的方法跳过前面的报纸。

游戏准备：

一片平整的软地，每队一张报纸。

游戏方法：

将学生分成4~8个小组，每组分为3人一队（3人分别编号甲、乙、丙）的若干个小队，甲乙两人面对面蹲立，双手各拿着展开的报纸，低放在丙前面。

裁判员发令后，丙用双脚同时起跳的方法向前跳过报纸后屈膝缓冲并自然蹲下，然后甲乙两人再拿着报纸绕过丙的头顶后，放置在丙的前面让丙再次向前跳，如此往复，以丙跳到终点的顺序判断各队的名次。

(a)　　(b)

(c)　　(d)

图2.4-1　青蛙过荷叶1

游戏规则：

1. 没有跳过报纸的队伍不能向前移动。

2. 报纸在前移时，甲、乙二人的手不能离开报纸，报纸必须绕过丙的头顶。

教学建议：

1. 评价重点：三人协同配合，快速到达终点；遵守游戏规则。

2. 每组的人数不宜过多，指导学生注意调整报纸与丙的距离，以便丙能够跳得准、跳得稳，不断提高练习密度和整个游戏进行的速度，更好地发展学生的力量与培养学生的合作意识。

3. 报纸与丙的距离不能太大，以防止超过丙的跳跃能力，导致发生安全事故或报纸损坏。

4. 性质类似的游戏有"跳圈接力"等。

编者提示：

1. 此游戏有视频。视频编号：青蛙过荷叶-1。

2. 视频中，运用学生示范、教师讲解与指导相结合的方法告知学生游戏方法与规则；在游戏练习与比赛中，适时提醒同学动作方法，如落地后不要向前移动、保护好报纸，及时表扬主动做提示性动作的同学；在游戏讲评过程中，适时表扬遵规守纪和认真听讲的组，并对存在的问题进行指导。

● 青蛙过荷叶-2

设计思路：
为帮助学生更快地熟悉游戏方法，保障游戏过程安全而变。

预期目标：
通过缩短游戏的距离，减少跳跃次数，帮助学生尽快熟悉游戏路线、动作方法与游戏规则，培养自觉遵守游戏规则的意识与行为。

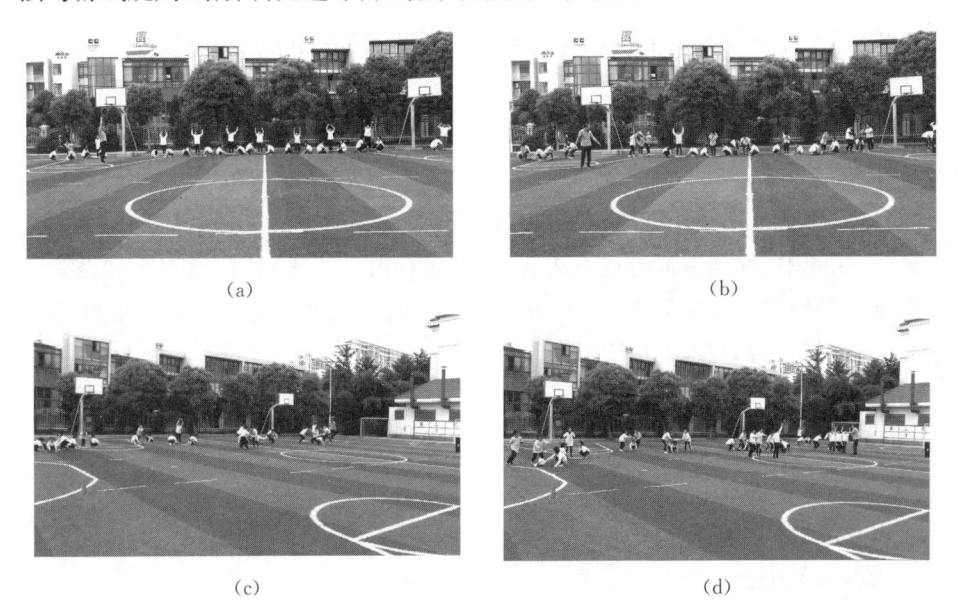

(a)　　　　　　　　　　　　(b)

(c)　　　　　　　　　　　　(d)

图 2.4-2　青蛙过荷叶 2

变化方法：
游戏形式、过程不变。通过缩短游戏的距离以减少跳跃的次数，帮助学生适应连续多次跳跃动作，减少安全隐患。

评价重点：

游戏路线正确，能做出双脚同时起跳、同时落地的动作；先以正确做出动作或团结合作评判胜负，再以完成游戏的先后评判胜负，最高奖级的名次可以并列。

教学中曾经出现的问题：

1. 个别同学不能正确地做出双脚同时起跳、双脚同时落地的动作，未能做到屈膝缓冲。

2. 同学之间配合不够默契，偶有配合不协调、不迅速的现象以及损坏报纸的现象。

解决问题的方法：

1. 游戏前，组织学生练习双脚起跳、双脚落地的动作，能做出相应动作后，再组织学生进行小组练习，告知学生起跳位置不能太靠近报纸，落地后不能碰到报纸。

2. 鼓励学生以小组为单位团结合作，相互提醒，逐渐提高配合的速度，保护好报纸。

教学建议：

1. 适合小学三年级学生在游戏教学初期选用。

2. 每次评价都要严格执行既定的游戏标准，注意游戏要面向全体学生，每个人都至少跳一次。

3. 适时增加跳跃的距离，提高游戏的运动负荷。

编者提示：

1. 此游戏有视频。视频编号：青蛙过荷叶-2。

2. 视频中，教师讲解游戏方法与"青蛙过荷叶-1"视频中不同；适时提醒双脚落地与起跳时均不能随便移动，游戏快结束时为跳跃能力相对较弱的同伴加油，适时表扬遵规守纪和认真听讲的组。

●青蛙过荷叶-3

设计思路：

为激发学生参与游戏的积极性，提高跳跃的高度而变。

预期目标：

通过改集体竞赛的形式为单位时间内比跳跃次数，提高跳跃的高度，发展上下肢协调用力的能力和下肢力量，培养自我评价和团结合作的能力。

变化方法：

游戏过程、人数不变。将报纸对折 2～3 次，折成带状，两人做出类似于"摇绳跳"的动作，一人从纸带上方跃过（类似于跳绳）。单位时间内，以跃过纸带的次数判断名次。

(a)　(b)　(c)　(d)

图 2.4-3　青蛙过荷叶 3

评价重点：

动作连贯协调，跳得高而稳。能做出双脚同时起跳、双脚同时落地的动作，跳得多的人为胜。

教学中曾经出现的问题：

学生的动作不协调、不连贯，较为僵硬；部分学生过分追求高度，而忽视了动作的技巧。

解决问题的方法：

1. 教师组织 3 名学生演示跳长绳给学生建立动作表象，讲解该游戏类似于跳长绳，只是用纸带代替长绳，因此，要注意全身协调，用力做出摇纸带的动作。

2. 游戏前，教师要让每个组自己去练习该动作，直到熟练为止。此过程中，教师要巡回指导，适时提醒跳跃要轻松、落地要缓冲，要摇得协调、便于同伴跳跃。

教学建议：

1. 适合小学三年级学生在游戏教学后期选用。

2. 适时增加或减少跳跃的时间,调整适宜的运动负荷。
3. 激发学生参与的积极性,提高学生自评、互评的能力。

●青蛙过荷叶-4

设计思路:

为提高游戏的趣味性和难度,结合"小组内合作"与"小组间竞赛"的形式,帮助学生达成情感目标而变。

预期目标:

通过每人连续向前立定跳远3次后比较小组的远度,提高跳远的远度,培养团结合作的行为,以及评价自己与同伴的能力。

变化方法:

游戏的过程、人数不变。用小组立定跳远比赛的方法,第一人跳过三次后,紧贴其脚尖前面处放置一个沙包;第二个人在此沙包处向前再跳三次,依次进行直到第三个人跳完。以跳得远的组为胜。

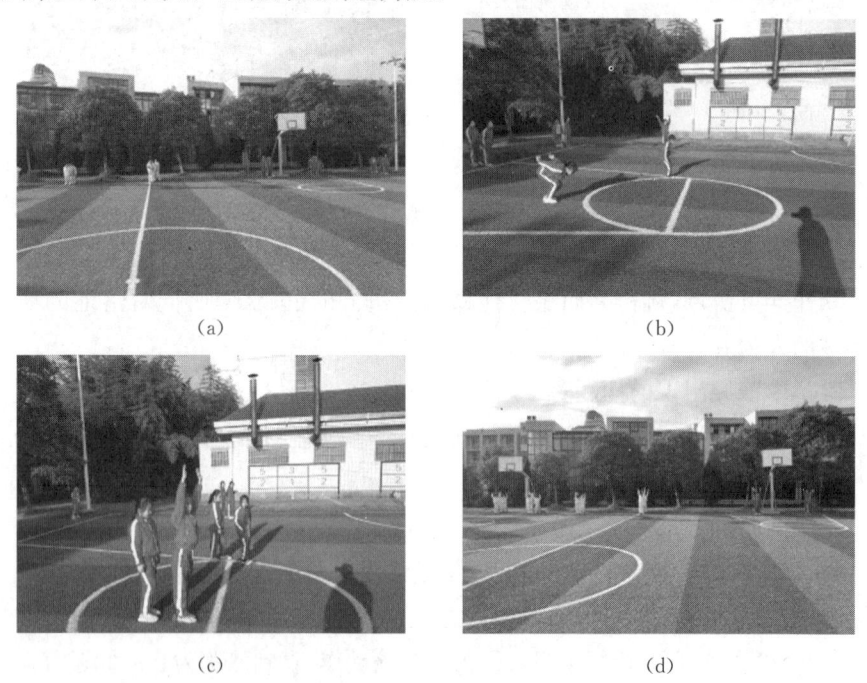

(a)　(b)

(c)　(d)

图 2.4-4　青蛙过荷叶 4

评价重点:

路线正确,跳得远而稳,能团结合作跳完全程,跳得远的组获胜。

教学中曾经出现的问题：

少数学生不能做出正确的立定跳远动作；部分学生为追求远度，落地后脚会向前移动；小组缺乏团结合作的精神，偶有相互责怪的现象。

解决问题的方法：

1. 练习时，及时告知学生"跳"的知识，适时讲解与示范立定跳远的动作，进一步明确正确的动作方法。

2. 比赛时，严格执行游戏规则，落地时要屈膝缓冲、稳定，落地后不能再向前移动。

3. 教导同伴之间要团结合作，相互鼓励、相互提醒。

教学建议：

1. 适合小学三年级学生在游戏教学后期选用。

2. 及时增加或减少跳的次数，调整游戏到适宜的运动负荷；增强游戏的趣味性和挑战性。

●青蛙过荷叶-5

设计思路：

采用"差异竞赛法"，为帮助体育弱势生提高跳跃能力和体验获胜感觉而变化。

预期目标：

通过适当减少弱势队游戏距离，增加其获胜概率的方法，提高游戏的竞争性，调动学生的积极性，强化跳跃能力和团结协作能力，发展下肢力量，让强势队与弱势队都能不断挑战自我，增强团队合作意识。

变化方法：

游戏形式、过程与评价标准不变。强势队的游戏距离不变，将弱势队的游戏距离适当缩小，进行差异化的练习与比赛。

评价重点：

弱势队所有人都努力参与游戏；强势队在弱势队有一定距离优势的情况下，积极主动参与，胜不骄、败不馁。

教学中曾经出现的问题：

1. 强势队可能一时觉得不公平，不太能理解教师的用意。

2. 弱势队在缩短距离的情况下，有可能再一次输，从而更加失去信心。

解决问题的方法：

1. 教师要对强势队进行心理疏导，鼓励他们能接受挑战，比赛获胜是目标，但不是唯一目标,帮助他人进步也是很好的一件事情,还要告诉他们这种差异竞赛法也能帮助自己提高,促使自己更快、更强等。

(a)

(b)

(c)

(d)

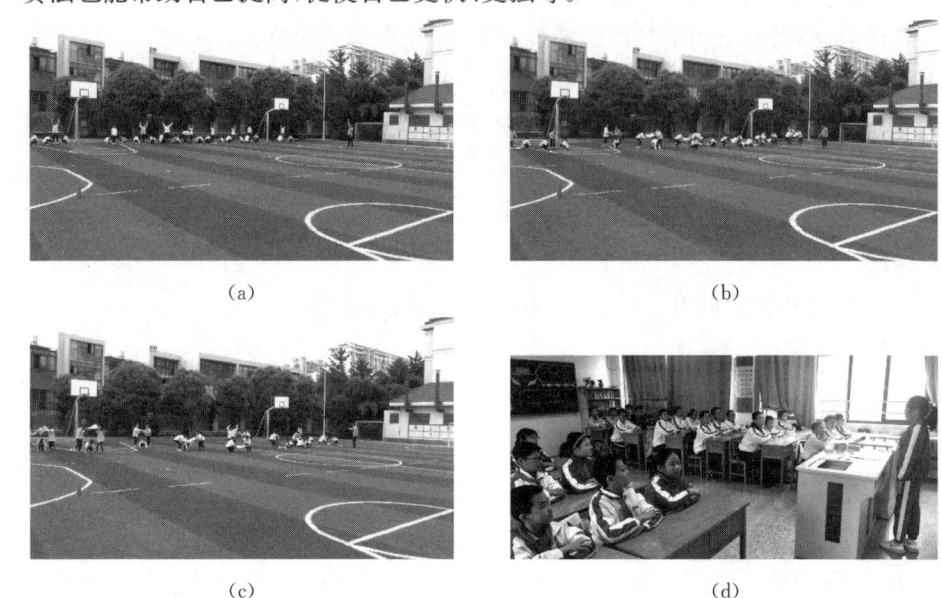

图 2.4-5　青蛙过荷叶 5

2. 如果弱势队赢了,告诉他们"胜不骄、败不馁",鼓励他们在平等比赛的情况下,也要努力获胜;如果弱势队输了,要让弱势队明白本队与他人的差距,利用课后时间勤加练习,将"我们能赢"的期待效应转变为努力争胜的学习行为。

教学建议:

1. 适合小学三年级学生在游戏教学后期选用。

2. 教学中要适时减少弱势队的练习距离,帮助弱势队体验到获胜的感觉,及时对两个队进行教育引导,帮助学生养成"胜不骄、败不馁""让对方有获胜的可能,也是帮助他人的一种方式""只要努力,就有收获"等良好思想品质。

编者提示:

1. 此游戏有视频。视频编号:青蛙过荷叶-5。

2. 视频中,教师运用讲解的方法既讲明了游戏的方法,又适时告知强势队要努力更强,弱势队要努力争胜,并对"差异竞赛法"进行讲解,让强势队不再认为不公平。教师适时抓住"一名同学主动去整理场地上的线"这一现象进行了表扬,提醒学生不光要关心游戏,也要关心游戏的场地等。讲评中,教师对不同的学生进行有针对的表扬、分析与指导。学生也能为弱势队鼓掌加油,给弱势队信心;也能主动去维护场地,值得称道。

5. 猜拳立定跳远

●猜拳立定跳远-1

游戏价值：

猜拳立定跳远游戏，不仅能有效地增强学生的下肢力量，提高上下肢协调用力的跳跃能力以及快速反应能力，还有利于培养人际交往能力与用智慧竞争的意识。此游戏历史悠久，既是小学中年级的游戏教材，也是后续跳跃类教材学习的重要辅助性教学内容与教学手段。

游戏目标：

动脑筋猜拳，用立定跳远的方法争取胜利。

游戏准备：

在一片软地上画若干条间隔0.5～1米，长1～1.5米的短线作为起点线，并且围成一个正方形；在正方形的外面再画一个大的正方形，边线为终点线。

游戏方法：

将学生分成两人一组的若干小组，使其分别站在各自的短线后。

(a)　　　　　　　　　　　(b)

(c)　　　　　　　　　　　(d)

图 2.5-1　猜拳立定跳远 1

裁判员发令后，同组两人开始做"石头、剪子、布"游戏，赢者用立定跳远的动作向终点线方向跳一次，依次进行，经过几轮"石头、剪子、布"游戏和立定跳远后，以先跳到终点的队员为胜。

游戏规则：

1. 每次只能是赢者向终点线处跳跃；每次只能用立定跳远的动作跳跃，不能用助跑跳跃的动作。

2. 落地后，双脚不能向前挪动；只能通过转身与同伴进行猜拳游戏。

教学建议：

1. 评价重点：在猜拳游戏中，要动脑筋力争能赢得50%左右跳跃机会；认真完成每一次立定跳远动作。

2. 根据学生情况，可以适当调整起点线和终点线的距离，以提高练习密度，更好地发展速度、下肢力量、协调、灵敏等素质。

3. 指导学生要快速反应，赢得猜拳游戏是立定跳远的基础，而取得游戏最终胜利的根本是提高立定跳远的远度。教会学生径直向终点线跳跃，防止左右学生相撞而发生安全事故。

4. 此游戏可以改为"猜拳跨步跳"或"猜拳单足跳"等性质类似的游戏。

● 猜拳立定跳远-2

设计思路：
为帮助学生更快地熟悉游戏方法，保障游戏过程安全而变。

预期目标：
通过缩短游戏的距离，帮助学生尽快熟悉游戏方法、路线与规则，培养自觉遵守游戏规则的意识与行为。

变化方法：
游戏形式、过程不变，通过缩短游戏的距离以减少跳跃的次数，从而帮助学生尽快熟悉游戏的方法与规则，减少安全隐患。

评价重点：
游戏路线正确，能正确做出立定跳远的动作，最先到达终点线的人获胜。

教学中曾经出现的问题：
个别小组会在"石头、剪刀、布"游戏中发生争议，认为对方因慢一拍而获得胜利；有少数学生在起跳前或落地后，脚步向前移动一点从而获得便利。

(a) (b)

(c) (d)

图 2.5-2 猜拳立定跳远 2

解决问题的方法：

游戏前，集中讲解游戏规则，要让学生明白必须遵守游戏规则，并在游戏比赛中养成良好的竞争意识与行为，赢要让对方心服口服，输要输得明明白白。对游戏中违反游戏规则的投机取巧行为要予以制止，并让学生做提示性动作。

教学建议：

1. 适合小学四年级学生在游戏教学初期选用。

2. 每次评价都要严格执行既定的游戏标准，注意游戏要面向全体学生。

3. 因游戏距离相对较短，为防止学生因为运气差而全程没有得到立定跳远的机会，可以制定规则，在一方连续赢 2 次的情况下，另一方可以得到 1 次立定跳远的机会。接着继续猜拳。

4. 适时增加跳跃的距离，提高游戏的运动负荷。

● 猜拳立定跳远-3

设计思路：

为激发学生参与游戏的积极性，提高连续立定跳远的能力而变。

151

预期目标：

通过连续两次立定跳远动作，提高学生跳跃的能力，发展上下肢协调用力的能力和下肢力量，培养动作的连贯性、协调性和衔接技巧。

变化方法：

人数、形式、方法、路线均不变。将猜拳后进行 1 次立定跳远动作改为连续跳 2 次。

(a) (b) (c) (d)

图 2.5-3 猜拳立定跳远 3

评价重点：

动作连贯协调，跳得远而稳，跳得远的人为胜。

教学中曾经出现的问题：

学生的动作不连贯、不协调，第 2 次跳不能很好地利用第 1 次的速度；有少数学生在起跳前与落地后，脚步会向前移动一点从而增加距离。

解决问题的方法：

1. 教师讲解与示范连续 2 次立定跳远的动作，并让学生仔细观察教师的示范，比较第 1 次与第 2 次有何不同等，教师再适时小结告知学生第 2 跳要很好地利用第 1 次的速度和力量以跳得更远；组织全体学生练习几次后，再进行游戏。

2. 教师要适时讲解并强调游戏方法与规则，指导学生不要违反游戏规则。

教学建议：
1. 适合小学四年级学生在游戏教学后期选用。
2. 适时增加或减少跳跃的距离，调整游戏适宜的运动负荷。
3. 激发学生参与的积极性，提高快速反应能力和协调能力。

●猜拳立定跳远-4

设计思路：

结合用脚做猜拳的动作和"3局2胜"的形式，为提高游戏的趣味性和难度，帮助学生达成情感目标而变。

预期目标：

通过每人用脚做"石头、剪刀、布"的游戏形式，发展跳跃能力和提高腿部力量，培养良好竞争意识和行为。

(a)　　(b)

(c)　　(d)

图 2.5-4　猜拳立定跳远 4

变化方法：

游戏路线、人员、方法、形式不变。每次落地后，贴近后一只脚的脚尖位置放一个沙包，然后采用"3局2胜"的形式和用脚完成"石头、剪刀、布"的方法进行猜拳，最先跳到终点线的人获胜。

评价重点：

路线正确，跳得远而稳，能有良好的竞争行为，跳得远的人获胜。

教学中曾经出现的问题：

部分学生为追求远度，起跳前或者落地后脚会向前移动；少数学生落地后放置沙包的位置不是落后的一只脚，而是领先的一只脚。

解决问题的方法：

比赛时，严格执行游戏规则，告知学生落地时要屈膝缓冲、稳定，起跳前、落地后双脚均不能再向前移动；教师讲解立定跳远丈量的方法，强调两只脚落地后会是一只脚在前、另一只脚在后的状态，告知学生沙包要放在落后一只脚脚尖位置；鼓励同伴之间要团结合作，相互鼓励、相互提醒。

教学建议：

1. 适合小学四年级学生在游戏教学后期选用。

2. 及时增加或减少跳的距离，调整到适宜的练习负荷；适时改变猜拳的局数、猜拳的方法等，以增强游戏的趣味性。

●猜拳立定跳远-5

设计思路：

采用"差异竞赛法"，为帮助体育弱势生提高跳跃能力和体验获胜感觉而变化。

预期目标：

通过适当增加弱势队单脚跳的机会以增加获胜概率的方法，提高游戏的竞争性，强化跳跃能力，发展下肢力量，让强势队与弱势队都能不断挑战自我。

变化方法：

游戏形式、过程与评价标准不变。弱势队在赢得1次猜拳游戏后，可以立定跳远1次，再增加1次单脚跳的机会，以此进行差异化的练习与比赛。

评价重点：

所有人积极参与游戏，表现出良好的精神状态。强势队在弱势队有一定距离优势的情况下，积极主动参与，胜不骄、败不馁。

教学中曾经出现的问题：

1. 强势队可能一时觉得不公平，不太能理解教师的用意。

2. 弱势队在增加单脚跳机会的情况下，有可能再一次输，从而更加失去信心。

解决问题的方法：

1. 教师要对强势队进行心理疏导，鼓励他们能接受挑战，比赛获胜是目标，但不是唯一目标，帮助他人进步也是很好的一件事情，还要告诉他们这种差异竞赛法也能帮助自己提高，促进自己更快、更强，更显示出本队有团结合作的精神等等。

(a)

(b)

(c)

(d)

图 2.5-5　猜拳立定跳远 5

2. 如果弱势队赢了，告诉他们胜不骄、败不馁，鼓励他们在平等比赛的情况下，也要努力获胜；如果弱势队输了，要让弱势队明白本队与他人的差距，利用课后时间勤加练习，将"我们能赢"的期待效应转变为努力争胜的学习行为。

教学建议：

1. 适合小学四年级学生在游戏教学后期选用。

2. 教学中要帮助弱势队体验到获胜的感觉，同时及时对所有学生进行教育引导，帮助学生养成"胜不骄、败不馁""让对方有获胜的可能，也是帮助他人的一种方式""只要努力，就有收获"等良好思想品质。

6. 投沙包

● 投沙包-1

游戏价值：

投沙包游戏，不仅能提高学生快速奔跑的能力，有效增强学生的下肢力量和上下肢协调用力的能力，还有利于培养人际交往能力与团结合作的意识。此游戏历史悠久，既可以作为水平二的游戏教材，也可以是后续投掷类、奔跑类教材教学的重要辅助性内容与手段。

游戏目标：

能勇敢地面对投过来的沙包，快速躲开或接住沙包。

游戏准备：

在场地上画4～6个8米长、6米宽的长方形，小沙包(或小球)若干。

游戏方法：

将学生分成人数相等的4～6组，每组再分成甲、乙两队。甲队在长方形场地内，乙队站在场地两端线外。

(a) (b) (c) (d)

图 2.6-1 投沙包 1

裁判员发令后，乙队用小沙包投击甲队队员，甲队队员在场内机智躲闪，如果甲队有队员被击中，就退出场外。甲队队员如能接住投来的沙包，则可救回退出场的一个同伴。游戏进行到一定的时间，甲乙两队交换位置。最后以单位时间内在界内人多的队为胜。

游戏规则：

1. 在外投掷队员不得进入长方形内投掷，里面的队员也不能跑出界外。

2. 场内队员可以接投来的沙包。接住后，可以救回一个被击中的同伴；如没有接住，则算被击中，应退到场外。

教学建议：

1. 评价重点：掌握投准的时机，能击中对方；灵活躲闪，力争接住投来的沙包。

2. 教师要随时指导攻击队员互相配合，巧妙传沙包，寻找最有利的攻击方向，尽快扩大战果；同时也要指导场内队员集中注意力，善于判断对方攻击意图，及时躲闪，并积极接住投来的小沙包，营救被击中的同伴。根据学生人数和投掷能力，灵活调整场地的大小、游戏时间和增减小沙包的数目，以逐渐增加游戏的难度，提高学生快速躲闪能力，发展速度、灵敏等体能。

3. 经常提示学生注意遵守游戏规则。发现犯规情况较多，游戏节奏混乱时，可暂停，反复讲解规则，严格要求；使游戏进行得既紧张激烈，又生动活泼。

4. 游戏的另一种做法是在场地上画两个大圆圈。将学生分成人数相等的两组，各组1~2报数后分为两队，一队在圈内，二队在圈外，每组圈外队员持一个软式排球直接或经过互相传球后攻击圈内队员，被击中者退出圈外。进行到一定时间，两队互换位置。以单位时间内被击中少的队为胜。

编者提示：

1. 此游戏有视频。视频编号：投沙包-1。

2. 视频中，教师采用师生互动、共同示范的方式告知学生游戏名称、游戏方法、游戏规则，以及提示性动作；游戏时，教师巡回指导，针对典型的问题进行讲解与纠错；集中讲评时，教师示范相关动作，让学生明白动作方法、游戏规则等。

●投沙包-2

设计思路：

为帮助学生更快地熟悉游戏方法，明确双方角色与任务，保障游戏过程安全而变。

预期目标：

通过缩小游戏场地和限制学生投掷落点，帮助学生尽快熟悉游戏方法与游戏规则，提高团队凝聚力，培养其自觉遵守游戏规则的意识。

变化方法：

游戏形式、过程不变。缩小游戏场地，规定投掷落点在对方同学腿部位置，熟悉游戏路线，减少安全隐患。

(a) (b)
(c) (d)

图 2.6-2　投沙包 2

评价重点：

双方能明确游戏的任务与角色，遵守规则。投掷沙包落到对方腿部位置数量多的组为胜，且最高奖级的名次可以并列。

教学中曾经出现的问题：

学生一开始不能明确任务与角色；投掷一方不能投准对方腿部位置、偶有投到对方腰部以上位置的情况；场内同学不懂如何积极主动躲闪和移动。

解决问题的方法：

游戏前，教师要组织少数学生结合教师的讲解进行示范，让大家明白各自所要承担的任务与角色，强调对准对方的腿部位置投掷、不能超过腰部以上。在尝试练习几次后，再进行游戏。游戏中，教师既可以巡回指导、适时讲解，又可以参与到游戏中去,以身作则、带头示范。

教学建议:

1. 适合小学三年级学生在游戏教学初期选用。
2. 每次评价既要执行既定的游戏标准,又要根据教学现场进行即时评价。
3. 适时增加游戏距离、强调游戏过程安全;增加或减少每组的人数和分组的数量,提高游戏的运动负荷。

● 投沙包-3

设计思路:
为激发学生参与游戏的积极性,提高学生的快速反应和跳跃能力而变。

预期目标:
通过改变移动躲闪的动作方式,提高快速反应能力和跳跃能力,发展腿部力量,增强在快速移动和躲闪中保持身体平衡的能力。

(a)　　　　　　　　　　　　(b)

(c)　　　　　　　　　　　　(d)

图 2.6-3　投沙包 3

变化方法:
游戏方法、规则、场地与器材等不变。将原来奔跑中的移动躲闪改为单脚支撑状态下单脚跳的闪躲方式。

评价重点：

单脚支撑和单脚跳移动得快而稳定；单位时间内在场地上人数多的队为胜。

教学中曾经出现的问题：

1. 投掷方有时不能将沙包投到场内同学的腿部位置，偶有超过腰部的现象。

2. 学生在移动躲闪中因无法保持身体的平衡而出现双脚同时着地的现象。

解决问题的方法：

1. 在游戏前，教师要讲解与示范投准动作的方法，并提醒学生投准与投远的动作有所区别；组织学生集体练习若干次后，再进行游戏。

2. 教师结合具体情况适时给游戏增加规则，例如：当学生双脚同时落地达到 3 次时，在本组最终成绩的人数上减少 1 人，以此类推。通过动作体验，告知学生如何才能控制好身体的平衡，避免出现跌倒的现象。

教学建议：

1. 适合小学三年级学生在游戏教学后期选用。

2. 通过扩大场地，提高游戏练习强度；增加分组数量和减少每组的人数，提高游戏的运动负荷。

● 投沙包-4

设计思路：

采用"增加 1 个沙包"的形式，为提高游戏的趣味性和难度，帮助学生达成情感目标而变。

预期目标：

通过每人增加 1 个沙包的方式，满足学生情感需求，调动学生参与的积极性，增加游戏的难度和挑战性。

变化方法：

游戏过程、场地与器材不变。游戏的方法改为每队用 2 个沙包。比哪组最先将对方全部投中以"赶"出场地，用时少的获胜；规定时间到，双方场地内都还有人，则比哪个组在场地的人数多，多的组获胜。

评价重点：

学生能否用 2 个沙包在最短的时间内将对方队员全部投中。规定时间到，双方场地内都还有人，则比哪个组在场地的人数多，多的组获胜。

(a) (b) (c) (d)

图 2.6-4　投沙包 4

教学中曾经出现的问题：

增加了 1 个沙包后，投掷方与躲闪方一开始均不能适应，游戏场面较为混乱。

解决问题的方法：

1. 教师组织学生分组自行练习几次，熟悉游戏方法、规则和过程后再进行游戏的练习与比赛。

2. 教师要通过集中讲解、主动参与、巡回指导等方式参与游戏并告知投掷方与躲闪方在规则范围内获得胜利的诀窍和技巧。

教学建议：

1. 适合小学三年级学生在游戏教学后期选用。

2. 适时提醒学生思考如何做到减少躲闪的移动路线与距离，并提示同伴间相互配合与呼叫等有效躲闪的方法。

3. 适时增加或减小场地的大小，调整到适宜的练习负荷；增加或减少各队的人数，提升或降低合作难度，增强游戏的趣味性。

编者提示：

1. 此游戏有视频。视频编号：投沙包-4。

2. 视频中，教师采用集中讲解与示范的方法告知学生游戏方法，并组织学生尝试练习。学生在练习过程中，教师巡回指导，适时提醒学生遵守规则、获得游戏胜利的方法等。

投沙包-5

设计思路：

采用差异竞赛的方法，为帮助体育弱势生增强参与游戏的信心而变。

预期目标：

通过改变强势队和弱势队的人数，调动学生参与的积极性，增加弱势队的获胜概率，提高游戏的竞争性。促使强势队不断挑战自我，增强团队合作意识。

变化方法：

游戏形式、过程与评价标准不变。减少强势队的人数，增加弱势队的人数，进行差异化的比赛。

(a)　　　　　　　　　　　(b)

(c)　　　　　　　　　　　(d)

图 2.6-5　投沙包 5

评价重点：

掌握投准的时机，能投中对方腿部；灵活躲闪，力争接住对方投来的沙包。游戏过程中两个队都要积极主动，为同伴加油，胜不骄，败不馁。

教学中曾经出现的问题：

1. 强势队觉得不公平，不能理解教师的用意。

2. 弱势队在增加人数的情况下，有可能再一次输，从而更加失去信心。

解决问题的方法：

1. 教师要对强势队进行心理疏导，鼓励他们能接受挑战，明白比赛获胜是目标,但不是唯一目标,帮助他人进步也是很好的一件事情。还要告诉他们这种差异竞赛法也能帮助自己提高,促进自己更快、更强,更显示出本队有团结合作的精神等。

2. 如果弱势队输了,教师要调整距离;要让弱势队明白本队与他队的差距,利用课后时间勤加练习,将"我们能赢"的期待效应转变为努力争胜的学习行为。如果弱势队赢了,告诉他们"胜不骄、败不馁",鼓励他们在平等比赛的情况下,也要努力获胜。

教学建议:

1. 适合小学四年级学生在游戏教学后期选用。

2. 教学中要适时减少弱势队的练习距离,帮助弱势队体验到获胜的感觉,同时对两个队进行教育引导,帮助学生养成"胜不骄、败不馁""让对方有获胜的可能,也是帮助他人的一种方式""只要努力,就有收获"等良好思想品质。

编者提示:

1. 此游戏有视频。视频编号:投沙包-5。

2. 视频中,采用组织学生示范与教师讲解相结合的方法,告知学生游戏的方法。学生在游戏过程中,教师巡回指导,针对游戏过程中出现的诸如踩线、争抢沙包等问题适时给予指导,纠正错误;对接住沙包的同学予以表扬和鼓励。讲评中,教师能用抑扬顿挫的语言声情并茂地告诉学生怎样参与游戏、怎样包容别人、怎样争取更多的游戏时间。同时,教师要注重对强势队和弱势队分别进行心理疏导,鼓励双方要努力争胜。

7. 纸球大战

● 纸球大战-1

游戏价值:

纸球大战游戏,不仅能练习肩上投掷的动作,有效增强学生的下肢力量和上下肢协调用力的能力,还有利于培养人际交往能力与团结合作的意识,发展快速移动的能力。此游戏历史悠久,既可以作为水平二的游戏教材,也可以是后续投掷类、隔网对抗类游戏教材教学的重要辅助性内容与手段。

游戏目标:

能勇敢、快速地将本方的球用肩上投掷的方法投到对方场地。

游戏准备：

在有边线或无底线的场地上，架一个排球或羽毛球网，将场地分成两片，每人一只纸球。

游戏方法：

学生分成人数相等的 4~6 组，每组一块场地；每组分甲、乙两个队，每人一球，各队分别站在本方场地内。

裁判员发令后，甲、乙两队分别将纸球抛过网让其落入对方场地内，然后，在本方场地内捡球后再继续抛球或隔网拦击对方扔过来的纸球。在规定的时间内，本方场地内纸球少的队获胜。

(a)

(b)

(c)

(d)

图 2.7-1　纸球大战 1

游戏规则：

1. 球必须从网上通过。

2. 裁判员发出停止信号后，手中有球或还在投球者算在本方场地内；如果再投出去则算犯规，犯规 1 次按 2 球计算，加入本方场地内的球数。

教学建议：

1. 评价重点：能勇敢地躲避来球并能快速地投出；知道投球的方法与取胜战术。

2. 可以将肩上投掷改为用左手或右手投掷，上手投或下手投，双手前抛或后抛等等；可以配合所学投掷项目的内容进行拓展，如为提高动作的连贯性，采用上手抛打纸球的方法；可以采用三局两胜制的方法进行比赛，以便进一步提高投远的能力，发展力量、速度、灵敏等技能。

3. 提醒学生投得远才能增加对方捡球的时间从而为本方获得时间和机会；不能用纸球故意投向对方的身体。

4. 性质类似游戏还有"抢截空中球"和"投沙包"。

● 纸球大战-2

设计思路：

为帮助学生更快地熟悉游戏方法，明确各自动作与方法，保障游戏过程安全而变。

预期目标：

通过缩小游戏场地、降低拦网和规定学生投掷纸球后的落点不能碰到对方，帮助学生尽快熟悉游戏方法与游戏规则，提高团队凝聚力，培养自觉遵守游戏规则的意识。

图 2.7-2　纸球大战 2

变化方法：

游戏形式、过程不变，缩小游戏场地、降低拦网，规定纸球不能落在对方同学身上，对方投来的纸球可先不用手拦截、拍打等。使学生熟悉游戏路线，减少安全隐患。

评价重点：

遵守规则，纸球不落在对方身上为胜，两队可同时获胜。

教学中曾经出现的问题：

学生一开始不能很好地明确游戏方法，看到对方投来的纸球不会躲闪。

解决问题的方法：

教师讲解与示范游戏方法，强调遇见飞来的纸球要躲闪，不要被球碰到，以确保游戏过程的安全。

教学建议：

1. 适合小学四年级学生在游戏教学初期选用。
2. 每次评价既要执行既定的游戏标准，又要根据教学现场进行即时评价。
3. 适时增减场地大小并强调游戏过程安全；增加分组，提高游戏的运动负荷；激发学生参与的积极性。

●纸球大战-3

设计思路：

为激发学生参与游戏的积极性，提高学生投远、投准的技能而变。

预期目标：

通过在两边各增加一个长方形小场地作为投远、投准的目标区域，提高学生投远和投准能力，培养学生团结合作的意识和主动思考取胜方法的习惯。

变化方法：

游戏主要内容与方法不变。只在场地两端后方相距3～5米处分别画一个大小相同的长方形小场地。投掷双方将纸球投到对方的长方形区域里，直到游戏结束前不能碰触区域内的球。

评价重点：

游戏结束后，看哪个队投到对方场地内的纸球多，多的队获胜。

教学中曾经出现的问题：

个别队开始不能明白游戏的内容变化而依旧将球投到初始的场地内。

(a) (b)

(c) (d)

图 2.7-3 纸球大战 3

解决问题的方法：

在学生练习一次后，教师要告知学生后方场地里的纸球直到游戏结束后才能拿走的用意，就是要尽量投准到对方的这个场地里并以数目评判胜负。接着，教师可以组织学生练习投掷纸球到对方小场地附近，等每队有不少学生能够到达这一远度时，再组织学生练习准度。

教学建议：

1. 适合小学四年级学生在游戏教学后期选用，也适合侧向投掷教材的辅助性游戏教材选用。

2. 及时增加后方场地与原来场地的距离，提高投掷动作的远度；增加分组、减少每组的人数，以提高游戏的运动负荷。

● 纸球大战-4

设计思路：

为提高游戏的趣味性和难度，帮助学生达成情感目标而变。

167

预期目标：

通过"每人增加一个球"的方式，加大游戏投掷练习的密度，满足学生情感需求，提高学生参与游戏的积极性。

变化方法：

游戏过程和评价标准不变。将每人一个纸球改为每人两个纸球，增加学生投掷练习的次数。

(a)　　　　　　　　　　　　(b)

(c)　　　　　　　　　　　　(d)

图 2.7-4　纸球大战 4

评价重点：

游戏结束后计算哪个队投到对方两块场地内的纸球多，多的队获胜。

教学中曾经出现的问题：

因为场地上的纸球数量增多，有少数学生不采用肩上投掷的动作将纸球投到对方场地。

解决问题的方法：

在练习与比赛中，如果有这样的现象发生，迅速终止游戏。强调游戏过程中，所有学生必须用肩上投掷的动作将纸球投到对方场地。如果哪个队有队员未按照要求做，则判该队输。

教学建议：

1. 适合小学四年级学生在游戏教学后期选用。
2. 适时增加两个场地大小以及与中间羽毛球网的距离，增加游戏中的奔跑距离，增加游戏的运动负荷，增强游戏的趣味性。

●纸球大战-5

设计思路：

采用差异竞赛的方法，为帮助体育弱势生增强参与游戏的信心而变。

预期目标：

调动所有学生参与游戏的积极性，增加弱势队的获胜概率，提高游戏的竞争性、趣味性，促使强势队不断挑战自我，增强团队合作意识。

变化方法：

游戏形式、过程与评价标准不变。将强势队人数适当减少或者不变，增加弱势队的人数和纸球，进行差异化的比赛。

(a)　　　　　　　　　　　(b)

(c)　　　　　　　　　　　(d)

图 2.7-5　纸球大战 5

评价重点：

游戏结束后，看哪个队投到对方两块场地内的纸球多，多的队获胜。

教学中曾经出现的问题：

1. 强势队一开始会觉得不公平，不能理解教师的用意。

2. 弱势队在增加人数和纸球的情况下，有可能再一次输，从而更加失去信心。

解决问题的方法：

1. 教师要对强势队进行心理疏导，鼓励他们能接受挑战，比赛获胜是目标，但不是唯一目标，帮助他人进步也是很好的一件事情。还要告诉他们这种差异竞赛法也能帮助自己去提高投掷的高度、远度以及准确度，促进自己变得更快、更强，更显示出本队有团结合作的精神等。

2. 如果弱势队输了，教师在适当调整距离基础上，也要让弱势队明白本队与他队的差距，利用课后时间勤加练习，将"我们能赢"的期待效应转变为努力争胜的学习行为。如果弱势队赢了，告诉他们要胜不骄、败不馁，鼓励他们在平等比赛的情况下，也要努力获胜。

教学建议：

1. 适合小学四年级学生在游戏教学后期选用。

2. 在教学过程中如果弱势队轻易获得了游戏的胜利，则要适时减少该队的人数；如果弱势队又输了，就增加弱势队人数以帮助该队获得成功。

3. 游戏过程中，要适时对两个队进行教育引导，帮助学生养成"胜不骄、败不馁""让对方有获胜的可能，也是帮助他人的一种方式""只要努力，就有收获"等良好思想品质。

8. 拉过线来

● 拉过线来-1

游戏价值：

拉过线来游戏不仅能增强上肢和下肢力量，发展上下肢协调用力的能力，培养灵活反应、快速判断的能力，还能培养良好的人际交往能力，养成良好的竞争行为。此游戏历史悠久，既可以作为水平二的游戏教材，也可以是对抗类教材、力量性教材的重要辅助性内容与手段。

游戏目标：

敢于同对手竞争，能用力将对方拉过线来。

游戏准备：

在场上画一条横线。

游戏方法：

将学生分成人数相等的两队，面对面站在横线两边，两脚开立，两手互握对方手腕。

裁判员发令后，双方用力拉，力争把对方拉过线来，把对方拉过线的就得1分。最后，在单位时间内，以得分的多少判断名次。

(a)　　　(b)

(c)　　　(d)

图 2.8-1　拉过线来 1

游戏规则：

1. 发令后才能开始拉，拉的过程中不得有意松手。
2. 要把对方双脚都拉过线来才算胜（踩到线则算过线）。

教学建议：

1. 评价重点：养成勇敢顽强的意志品质；掌握用力拉动对方的方法。

2. 指导学生要注意把准时机，用力得当。在分组时，要注意适当搭配力量强与力量弱的学生，男、女生可分组比赛。将力量相当的分为一组，进一步发展力量、协调等体能和培养意志品质。

3. 要教育学生顽强战斗、坚持到底、力争胜利；还要进行安全教育，严禁开玩笑或在用力拉的时候趁势松手摔倒对方。

4. 这个游戏也可以改为"拉绳""拉短棍"等。

●拉过线来-2

设计思路：

为帮助学生更快地熟悉游戏方法与规则，明确"互拉"的动作与方法，保障游戏过程安全而变。

预期目标：

通过降低游戏的难度，帮助学生尽快熟悉游戏方法与游戏规则，培养学生自觉遵守游戏规则的意识，养成良好的竞争意识和行为。

变化方法：

游戏形式、过程不变。降低游戏的难度，将"把对方双脚都拉过线来才算胜"变为"只要脚一移动就判输"，熟悉"互拉"的动作方法，减少安全隐患。

(a) 　　　　　　　　　　　　(b)

(c) 　　　　　　　　　　　　(d)

图 2.8-2　拉过线来 2

评价重点：

游戏动作正确、脚先移动的为输。遵守规则，不随意松手，拉动对方使得对方双脚移动则获胜。

教学中曾经出现的问题:

学生在互拉过程中,有意松手使得对方重心不稳而双脚移动;或者在对方双脚移动后,赢的一方不松手并使劲拉对方,从而出现安全隐患。

解决问题的方法:

教师在讲解与示范中要强调不能有意松手,胜负未定时先松手的一方判输,也不可在胜负已定的情况下再拼命拉对方。在比赛中,教师要严格执行规则、果断作出判断,对违反规则的一方要让其做"双手摸耳朵""立正数数"等提示性动作,以提醒自己下次不要犯规。

教学建议:

1. 适合小学三年级学生在游戏教学初期选用。

2. 每次评价既要执行既定的游戏标准,又要根据教学现场进行即时评价;既要表扬和鼓励获胜一方,又要表扬遵规守纪的一方,更要表扬能准确判断胜负、养成良好竞争行为的小组。

3. 适时增加游戏的时间和次数,强调游戏过程安全,提高练习负荷;组织差异性比赛,激发学生参与的积极性。

● 拉过线来-3

设计思路:

为激发学生参与游戏的积极性,增强上肢力量而变。

预期目标:

通过增加互拉的时间,增强上肢和下肢力量,提高上下肢协调用力的能力,培养游戏过程中的意志品质。

变化方法:

游戏的动作和方式不变,在中线两侧分别增加一条线,先将对方拉过本方的线的获胜。

评价重点:

互拉动作正确,并将对方拉过本方的线。

教学中曾经出现的问题:

学生在游戏过程中,存在有意松开手而让对方摔倒的现象。

解决问题的方法:

教师在讲解与示范中要强调不能有意松手,胜负未定时先松手的一方判输。

在比赛中,要严格执行规则、果断作出判断,对违反规则的一方要让其做"双手摸耳朵""立正数数"等提示性动作。

(a)　　　　　　　　　　　　　(b)

(c)　　　　　　　　　　　　　(d)

图 2.8-3　拉过线来 3

教学建议:

1. 适合小学三年级学生在游戏教学后期选用。

2. 及时增加或减少新增的两条线的距离以灵活调控互拉的时间和游戏的强度。组织差异性比赛,激发学生参与的积极性。

● 拉过线来- 4

设计思路:

为提高游戏的趣味性和难度,帮助学生达成情感目标而变。

预期目标:

通过改变游戏单人互拉的方式为"两人合作"与对方互拉,满足学生的情感需求,调动学生参与的积极性,培养合作的意识。

变化方法:

游戏过程和评价标准不变。将一个人与对方互拉的形式转变为两个人合作

(一人与对方互拉,另一人抱住同伴腰部)与对方两个人互拉的方式。

(a) (b)
(c) (d)

图 2.8-4　拉过线来 4

评价重点:

互拉的动作和抱腰的动作正确,能保持身体平衡,最先将对方第一个人拉过线的获胜。

教学中曾经出现的问题:

学生不知道怎样合作才能在规则允许的范围内获得胜利。

解决问题的方法:

教师采用适时示范与对比的方法,让学生直观看到怎样在规则允许的范围内将对方拉过来。选获胜的队作为典型进行示范与讲解,告知学生怎样才能合作好,才能获得游戏的胜利。

教学建议:

1. 适合小学三年级学生在游戏教学后期选用。

2. 适时提醒学生要主动合作、不断尝试、积极思考,尽力将对方拉过线来。

3. 适时增加两条平行线,让对方移动到本方的线才算赢,适时提升游戏的难度,增强游戏的趣味性。

●拉过线来-5

设计思路：

采用"差异竞赛法"，为帮助体育弱势生提高获胜概率和增强参与游戏的信心而变。

预期目标：

调动所有学生的积极性，增加力量或运动能力较弱学生的获胜概率，提高游戏的竞争性，增强上肢、下肢的力量，发展上下肢协调用力的能力，不断挑战自我。

变化方法：

游戏形式、过程与评价标准不变。每轮比赛后，赢者与赢者比赛，输者与输者比赛。几轮比赛后，就形成运动能力强的学生之间比，运动能力较弱的学生之间比的局面。在这一局面下再次比赛，赢者组只要脚移动就判负，输者组要双脚均过中线才算输。

(a)   (b)

(c)   (d)

图 2.8-5 拉过线来 5

评价重点：

每轮比赛的赢者与输者都要给予表扬和鼓励。既要鼓励强势生之间对话，也要鼓励弱势生在规则适当向其倾斜的比赛中获胜。正确引导他们积极主动参与,胜不骄、败不馁。

教学中曾经出现的问题:

1. 赢者会觉得不公平,出现"消极怠工"的现象。
2. 输者在规则向其倾斜的情况下,有可能再一次输,从而更加失去信心。

解决问题的方法:

1. 教师适时对赢者进行心理疏导,鼓励他们能接受强者的挑战,在游戏中帮助他人提高也是很好的一件事情。告诉他们这种差异竞赛法不仅仅是为了获得胜利,而且是促进自己与他人共同提高的有效手段,能够展现出团结合作的精神等等。

2. 如果输者再次输了,教师要改变规则(如,输者在10秒内脚不移动或者不出线就算赢等),更要让运动能力相对弱势的学生明白自己与他人的差距,利用课后时间勤加练习,将"我们能赢"的期待效应转变为努力争胜的学习行为。如果运动能力相对弱势的学生赢了,告诉他们"胜不骄、败不馁",鼓励他们在平等比赛的情况下,也要努力获胜。

教学建议:

1. 适合小学三年级学生在游戏教学后期选用。
2. 教学中既要适时帮助运动能力相对较弱的学生,又要帮助运动能力相对较强的学生面对更强的挑战,还要对所有学生进行教育引导,帮助学生养成"胜不骄、败不馁""让对方有获胜的可能,也是帮助他人的一种方式""只要努力,就有收获"等良好思想品质。

9. 钻山洞

● 钻山洞-1

游戏价值:

钻山洞游戏不仅能提高快速奔跑的能力,有效地增强学生的下肢力量,而且在角色变化与游戏中有利于培养人际交往能力。此游戏历史悠久,既可以作为水平二的游戏教材,也可以是后续奔跑类、合作类教材教学的重要辅助性内容与手段。

游戏目标:

能与同伴配合快速地钻过"山洞"。

游戏准备：

在场地上画两条相距 12~18 米的平行线，分别为起点线和终点线。在两条平行线之间画 4~6 条间隔 2~3 米的长 1~1.5 米的短线。

游戏方法：

将学生分成人数相等的 4~6 队，每队有两位队员面对面站在短线的两端，双臂举起，手指交叉搭成"山洞"，其余队员在起点线后面对"山洞"排成一路纵队。

裁判员发令后，每队从排头开始依次快速地钻过"山洞"，直至该队所有队员都钻完"山洞"到达终点，以最后一个人通过终点线的次序判断名次。

(a) (b)
(c) (d)

图 2.9-1　钻山洞 1

游戏规则：

1. 裁判员发令后，才能开始游戏。

2. 每次只能是一个人钻过"山洞"，不能两个人或者更多人一起钻过。

教学建议：

1. 评价重点：掌握钻"山洞"的方法；与同伴合作能快速地通过"山洞"。

2. 游戏要先慢后快，有秩序地通过"山洞"。根据学生的情况，可以调整起点线和终点线之间的距离，增加"山洞"的数量，以便更好地发展学生速度、灵敏与协调能力，培养合作意识，提高练习密度。

3. 在钻"山洞"的过程中，队员不能阻挡同伴通过"山洞"。到达终点线后，也要依次排开，以防止发生碰撞事故。培养学生遵守公共秩序的良好习惯和安全意识。

4. 性质类似的游戏有"爬山洞""穿山洞""绕山洞"等。

编者提示：

1. 此游戏有视频。视频编号：钻山洞-1。

2. 视频中，教师运用讲解与学生示范相结合的方法告知学生"山洞"的搭法及位置、游戏路线、游戏方法与规则等；在游戏练习与比赛中，用语言调动学生的积极性，适时表扬做得好的组，宣布游戏结果并进行讲评。

●钻山洞-2

设计思路：

为帮助学生更快熟悉游戏路线、明确到达位置后的结束动作，以保障游戏过程安全而变。

预期目标：

通过降低游戏难度，明确到达终点线后的结束动作，帮助学生尽快熟悉行进路线与结束动作，培养自觉遵守游戏规则的意识与行为。

变化方法：

游戏形式、过程、路线、距离不变。将快速跑钻过"山洞"的动作变为快走或者慢跑，熟悉游戏路线；规定全部到达后才能举手示意游戏结束，并保持好队形，减少安全隐患。

(a)

(b)

(c)

(d)

图 2.9-2　钻山洞 2

评价重点：

游戏路线正确，全部到达后才能做出结束动作，遵守规则、路线正确的队获胜，获胜队不唯一。

教学中曾经出现的问题：

起动时，会发生不小心踩到起跑线、抢跑等犯规现象；学生迫不及待地奔跑，而未采用快走（或慢跑）的形式；没有全部到达位置时，就做出举手示意的结束动作。

解决问题的方法：

1. 教师集中讲解与示范起跑时的动作，并在游戏中适时提醒学生避免出现踩线、抢跑等现象。

2. 比赛时，要突出评价重点，比赛不比速度，只比遵守规则、路线正确和全部到达终点线后再做游戏的结束动作，适时对做得好的队给予表扬。

3. 教师对学生加强规则意识教育，明确结束动作要求。

教学建议：

1. 适合小学三年级学生在游戏教学初期选用。

2. 每次评价都要严格执行既定的游戏标准。

3. 适时增加或减少游戏的距离，强调游戏的路线正确、过程安全、准确做出结束动作的时机等。

编者提示：

1. 此游戏有视频。视频编号：钻山洞-2。

2. 视频中，教师主要采用讲解法告知学生游戏方法、规则，激发学生游戏的兴趣，适时进行表扬并指出游戏过程中的不足。

●钻山洞-3

设计思路：

为激发学生参与游戏的积极性，提高合作奔跑能力而变。

预期目标：

通过将一个人直线快速跑、钻过"山洞"改变为小组牵手合作跑的方式钻过"山洞"，提高奔跑能力和与他人合作的能力。

变化方法：

游戏形式、过程与评价标准不变。改一个人跑钻过"山洞"的形式为小组合作跑钻过"山洞"的形式。

(a) (b) (c) (d)

图 2.9-3　钻山洞 3

评价重点：

奔跑中协调配合、不松手，保持身体平衡且不跌倒，跑得快、先到达终点线的组获胜。

教学中曾经出现的问题：

学生在合作奔跑中动作不协调，有松手的现象；未能团结合作，偶有相互责怪的现象；未全部到达终点线就松手、就做游戏的结束动作。

解决问题的方法：

1. 游戏前，教师组织学生先练习几次小组牵手合作奔跑的动作，并强调小组要团结合作、相互配合、不能松手、相互鼓励、相互帮助。

2. 游戏过程中，用语言激励调动学生的积极性，鼓励学生互帮互助、团结协作。

3. 教师在游戏过程中加强规则意识教育，明确结束动作要求，不符合要求的队伍不得参评名次。

教学建议：

1. 适合小学三年级学生在游戏教学后期选用。

2. 可以适时增加跑的距离，提高游戏的运动负荷；增加分组，提高练习密度。

编者提示：

1. 此游戏有视频。视频编号：钻山洞-3。

2. 视频中,教师主要采用集中讲解的方法介绍游戏方法与规则,用师生互动的方法强调要团结合作、不能松开手,以及调动游戏的气氛,做到团结合作、勇争第一。在游戏讲评中,采用表扬的形式肯定学生的优点,采用提醒的形式指导学生要改正缺点。

●钻山洞-4

设计思路:

为提高游戏的趣味性而改变游戏方式,让游戏更有挑战性,让学生更乐于参加游戏,帮助学生达成情感目标。

预期目标:

通过改变游戏的形式,满足学生要多钻几次"山洞"的情感需求,强化在合作奔跑中快速转变角色(钻"山洞"与搭"山洞"),调动学生参与的积极性。

变化方法:

将学生分成4人一组的若干组,每个组两两牵手,两个人搭成"山洞",另两个人牵手钻"山洞"。裁判员发令后,四个人同时从起点线后出发,两个人牵手钻过"山洞"后迅速搭"山洞",让刚才搭"山洞"的两个人钻"山洞",角色不断变化并依次进行,在单位距离内完成规定的次数,先到达终点线的组获胜。

(a) 　　　　　　　　　　(b)

(c) 　　　　　　　　　　(d)

图 2.9-4　钻山洞 4

评价重点：

游戏路线正确，保持双手牵着的状态，快速完成规定的次数，按照到达终点的先后顺序判断名次。

教学中曾经出现的问题：

学生不能保持双手牵着的状态，钻"山洞"与搭"山洞"衔接不够自然流畅；学生钻"山洞"的次数不够，未完全钻过"山洞"就迅速跑出去。

解决问题的方法：

1. 游戏前，教师挑出4名学生示范游戏的方法并做详细讲解，组织学生练习几次，等较为熟练后再开始游戏。

2. 在游戏中适时提醒学生钻的次数，并指导学生做完整个流程；在游戏讲评中也要针对钻的次数不够、未完全钻过去的现象作出评价，提示学生在后面的游戏中要改正。

教学建议：

1. 适合小学三年级学生在游戏教学后期选用。

2. 适时提醒学生去主动练习体验怎样才能快速完成钻"山洞"与搭"山洞"，并力争最先到达终点。

3. 适时增加或减少奔跑的距离，适时增加或减少游戏的组数，逐渐提高游戏的适宜运动负荷。

编者提示：

1. 此游戏有视频。视频编号：钻山洞-4。

2. 视频中，教师运用边讲解边请学生一起示范的方法告知学生游戏方法、规则等；游戏过程中运用师生互动的方法，调动学生游戏的积极性和增强游戏的氛围；游戏讲评中对遵守游戏规则和努力参与游戏的组进行表扬，告知学生要学习别人的经验进行游戏。

● 钻山洞-5

设计思路：

采用"差异竞赛法"，为帮助体育弱势生提高合作奔跑的能力和体验获得游戏胜利或缩小差距而变化。

预期目标：

通过适当减少弱势队奔跑距离，增加弱势队获胜概率的方法，调动学生的积极性，提高游戏的竞争性，提高快速奔跑中钻"山洞"的水平，让强势队与弱势队都能不断挑战自我,增强团队合作意识。

变化方法:

游戏形式、过程与评价标准不变。强势队的奔跑距离不变,将弱势队的起跑线向终点线适当移动,以减少奔跑距离,进而实行差异化的练习与比赛。

(a)

(b)

(c)

(d)

图 2.9-5　钻山洞 5

评价重点:

所有人都能积极参与游戏,有获胜的信心;强势队在弱势队有一定距离优势情况下,仍能争胜;弱势队也要做到胜不骄、败不馁。

教学中曾经出现的问题:

1. 强势队会在弱势队赢得比赛后觉得游戏不公平,并向教师质疑。

2. 弱势队在距离减少的情况下,有可能再一次输,从而更加失去信心。

解决问题的方法:

1. 教师要对强势队的质疑做出积极的指导,让他们明白帮助他人进步也是很好的一件事情,这种差异竞赛法也能帮助自己提高,促进自己更快、更强,更显示出本队有团结合作的精神等。在游戏过程中,要鼓励学生坦然接受挑战。

2. 将"我们能赢"的期待效应转变为努力争胜的学习行为。如果弱势队输了,教师可以再减少距离,并让弱势队明白本队与他队的差距,利用课后时间勤加练习；如果弱势队赢了，告诉他们胜不骄、败不馁，鼓励他们在平等比赛的情况下，也要努力争胜。

教学建议：

1. 适合小学三年级学生在游戏教学后期选用。

2. 教学中要适时减少弱势队的距离和在原本减少距离较大的情况下再增加弱势队的距离，帮助弱势队既能体验到获胜的感觉，又能接受到挑战。

3. 针对游戏过程中的情况，对弱势队和强势队都进行教育引导，帮助学生养成"胜不骄、败不馁""让对方有获胜的可能，也是帮助他人的一种方式""只要努力，就有收获"等良好思想品质。

10. 截住空中球

●截住空中球-1

游戏价值：

截住空中球游戏不仅能提高学生抛（传）接球的能力，有效增强学生的上肢力量和上下肢协调用力的能力，还有利于培养团队合作的意识，养成良好的竞争行为。此游戏历史悠久，既可以作为水平二的游戏教材，也可以是后续球类、投掷类教材教学的重要辅助性内容与手段。

游戏目标：

能与同伴配合，果断判断对手防守的位置传、接准球，能快速移动截住空中的球。

游戏准备：

在场上画 4~6 个直径 5~6 米圆圈，小篮球若干。

游戏方法：

将学生分成 4~6 组，每组选派两人到圆圈内做抢球人，其余站在圈外做传球人。裁判员发令后，各组传球人用小篮球（每组一个）互相传球、接球，抢球人则积极抢、断球或将球打落在地，然后抢获。抢球人获球后，与失误的传球人交换位置，由失误者做抢球人。

游戏规则：

1. 传球人不得进圈，抢球人不得出圈。

2. 抢球人可以从传球人手中抢球，但不得发生身体接触；抢球时不得用头顶或脚踢球。

3. 传球人不得离圈 1 米以外传接球;传球时落地失误,失误者与抢球人互换位置。

(a)

(b)

(c)

(d)

图 2.10-1　截住空中球 1

教学建议：

1. 评价重点:抢球人要协同合作力争抢到球;传球人也要协同合作努力使得球不被抢到;提高传接球和抢截球的能力。

2. 要指导学生灵活多变地运用学过的传、接球方法巧妙传球;抢球人则抢占有利位置,抓住有利时机,快速移动,迫使对方失误,同时要善于判断传球人的意图,伺机截断传球;每组人数不宜过多,以提高练习密度和游戏效果,发展灵敏、速度等体能。

3. 男女生可分组比赛。抢球人运动量和强度都比较大,对体弱的学生应适当照顾,及时换人,以防止个别学生运动过度。

4. 性质类似的游戏有"抢沙包"等。

编者提示：

1. 此游戏有视频。视频编号:截住空中球-1。

2. 视频中,采用学生小组示范、教师讲解与指导的方式告知游戏名称、游戏方法,并强调游戏规则;学生游戏时,教师巡回指导,针对典型的问题进行纠错并进行强化;集中讲评时,教师针对学生游戏中的典型问题进行集体纠错,并对及时做"提示性"动作的学生给予表扬。

●截住空中球-2

设计思路：

为帮助学生更快地熟悉游戏方法，明确双方角色与任务，保障游戏过程安全而变。

预期目标：

通过将中间的抢球人变成1个人并赋予其不抢球当小裁判的权利，帮助学生尽快熟悉游戏方法与规则，做好连贯协调地抛接球动作，提高团队凝聚力和竞争力。

变化方法：

游戏形式、过程不变。将中间的抢球人数变为1人，将其任务转变为当小裁判并给予圈外的人心理暗示，帮助学生熟悉游戏路线，减少安全隐患。

(a) (b)
(c) (d)

图2.10-2　截住空中球2

评价重点：

双方能明确游戏的任务与角色，遵守规则，保证外圈同学抛接球的安全性。以单位时间内抛接球成功的次数多少判断名次。

教学中曾经出现的问题：

学生一开始不能快速抛球或者接住球，会出现球直接落地或接不住等现象；在抛球与接球过程中，有学生会踩到圆圈边线，个别会跨进中间圆圈内。

解决问题的方法：

1. 游戏前，教师要组织学生围成圆圈进行抛接球练习，强调不能踩到圆圈边线，经过一段时间练习后再进行游戏。

2. 游戏中，教师既可以巡回指导并强调不能踩线，又可以参与到游戏过程中提醒学生在看到来球时要注意积极移动，主动接球。

教学建议：

1. 适合小学三年级学生在游戏教学初期选用。

2. 每次评价既要执行既定的游戏标准，又要根据游戏实际情况进行即时评价。

3. 适时增加游戏距离、强调游戏过程安全；增加或减少每组的人数和分组的数量，提高游戏的运动负荷。

编者提示：

1. 此游戏有视频。视频编号：截住空中球-2。

2. 视频中，采用学生小组示范、教师讲解与指导的方式告知游戏变化的方法，并强调中间人的角色和游戏规则；学生游戏时，教师巡回指导，针对典型的问题及时提醒；集中讲评时，教师对获得胜利的学生给予表扬，对最后一名的组给予鼓励，希望他们在以后的比赛中获得胜利。

● 截住空中球-3

设计思路：

为激发学生参与游戏的积极性，提高学生的运动技能而变。

预期目标：

通过改变直接传球的动作方式，提高控球能力和抛（传）接球的能力，发展上肢力量和上下肢协调用力的能力。

变化方法：

游戏方法、规则、场地、器材等不变。将直接抛接球动作改为原地运球或走动中运球后的抛接球动作，以通过运球来给准确的抛接球提供合理的时机。

评价重点：

抢球人要协同合作力争抢到球；传球人要合理地运用运球动作后准确抛接球，协同合作使球不被抢到。

教学中曾经出现的问题：

1. 学生在运球时，一时忘记要拍球而直接抱着球移动。

2. 抢球人因为要抢到球而踩线或者离开中圈去抢球,传球人因为要准确地抛球(传球)、接球而不小心踩到线。

(a) (b)
(c) (d)

图 2.10-3　截住空中球 3

解决问题的方法：

1. 游戏前,教师要讲解与示范运球与抛球(传球)、接球的动作;组织学生集体练习若干次后,再进行游戏。游戏中,要时刻提醒学生不能抱球走或者跑。

2. 游戏中,教师既可以巡回指导提醒抢球人和传球人不能踩线,又可以参与到游戏过程中给学生以直观的示范,如看到来球时要注意积极移动,主动去接球和抢球时的动作方法等。

教学建议：

1. 适合小学三年级学生在游戏教学后期选用。

2. 适时扩大或者减小场地,适时增加或者减少小组人数和组数,为学生提供适宜的运动负荷。

3. 教学中,教师可以适时地拓展篮球项目的攻防知识,提高学生攻防意识和运球、传接球的能力等。

● 截住空中球-4

设计思路：

采用"减少一个抢球人"的形式，为提高游戏的趣味性和难度，帮助学生达成情感目标而变。

预期目标：

通过减少一个抢球人的方式，提高抢球人的难度和挑战性，提高传球人的积极性，满足学生情感需求，从而增加游戏的观赏性。

变化方法：

游戏过程、方法、场地、器材不变。抢球人从2人改为1人，看谁能抢到球，抢到球的人与传球人或者接球人互换，依次进行。

(a) (b)
(c) (d)

图 2.10-4 截住空中球 4

评价重点：

比谁能快速抢到球，比哪个组传球的次数多。

教学中曾经出现的问题：

1. 接球人一开始不知道怎么去抢球，不会移动、不知道尝试用多种方法去截住空中球。

2. 部分传球人不知道怎么移动，会出现挤在一起的现象。

解决问题的方法：

1. 教师通过讲解与示范告知抢球人要快速而准确地判断并移动到合适的位置以抢到球。根据学生的接受能力，可以告诉抢球人能通过真假结合的动作去抢球。

2. 教师巡回指导，参与到传、接球中去，告知学生挤在一起不易传球，也容易被他人抢到。同时，教师还要通过集中讲解的方式告知学生获得游戏胜利的技巧与诀窍。

教学建议：

1. 适合小学三年级学生在游戏教学后期选用。

2. 提醒学生开动脑筋、积极移动，通过相互配合与呼叫等方法传接好球；提醒抢球人要积极主动、快速判断并移动到较佳的位置，以抢到球。

3. 适时增加或减小场地的大小，调整到适宜的运动负荷；增加或减少各组的人数，提升或降低学生参与游戏的难度，增强游戏的趣味性以满足学生的情感需求。

编者提示：

1. 此游戏有视频。视频编号：截住空中球-4。

2. 视频中，教师采用集中讲解与示范的方法告知学生游戏方法，通过巡回指导主动参与到各小组的游戏过程中，并自觉遵守游戏规则，适时提醒学生获得游戏胜利的方法、注意事项等。

●截住空中球-5

设计思路：

采用差异竞赛的方法，为帮助体育弱势生增强参与游戏的信心而变。

预期目标：

通过强势队和弱势队互换抢球人练习，调动学生的积极性，增加弱势队的获胜概率，提高游戏的竞争性，强化强势队不断挑战自我，增强团队合作意识。

变化方法：

游戏形式、过程与评价标准不变。强势队选择1人到弱势队去做抢球人，弱势队选择2人去强势队做抢球人，各队传球人数不变，进行差异化的比赛。单位时间内，被抢球次数少的队获胜。

评价重点：

单位时间内，看哪个组被抢到的球少，少的组获胜。游戏过程中两个队都要积极主动,为同伴加油,胜不骄、败不馁。

(a)　　　　　　　　　　　　(b)

(c)　　　　　　　　　　　　(d)

图 2.10-5　截住空中球 5

教学中曾经出现的问题:

1. 强势队觉得不公平,不能理解教师的用意。

2. 弱势队在一个抢球人的情况下,有可能再一次输,从而更加失去信心。

解决问题的方法:

1. 教师要对强势队进行心理疏导,鼓励他们能接受挑战,比赛获胜是目标,但不是唯一目标,帮助他人进步也是很好的一件事情;还要告诉他们这种差异竞赛法也能帮助自己提高,促进自己更快、更强,更显示出本队有团结合作的精神等。

2. 如果弱势队输了,教师要调整距离;要让弱势队明白本队与他队的差距,利用课后时间勤加练习,将"我们能赢"的期待效应转变为努力争胜的学习行为。如果弱势队赢了,告诉他们胜不骄、败不馁,鼓励他们在平等比赛的情况下,也要努力获胜。

教学建议:

1. 适合小学三年级学生在游戏教学后期选用。

2. 教学中一要帮助弱势队体验到获胜的感觉,二要对两个队都进行教育引导,帮助学生养成"胜不骄、败不馁""让对方有获胜的可能,也是帮助他人的一种方式""只要努力,就有收获"等良好思想品质。

11. 齐心协力

● 齐心协力-1

游戏价值：

齐心协力游戏不仅能发展快速奔跑的能力，增强下肢力量，还有利于培养团结合作的意识，提高团结协作、勇于拼搏的能力。此游戏历史悠久，既可以作为水平二奔跑类、合作类的游戏教材，又可以是后续奔跑类教材教学的重要辅助性内容与手段。

游戏目标：

能相互配合，拉着报纸并且不让报纸破掉而快速跑到终点。

游戏准备：

4条以上的跑道，纸棒若干。

(a) (b) (c) (d)

图 2.11-1 齐心协力 1

游戏方法：

将学生分成人数相等且是双数的4～6组,每组两两同向而立站在跑道的起点处,用内侧手抓住卷起的报纸。

裁判员发令后,两人一同拉着报纸快速跑向终点,第1名得4分,第2名得3分,第3名得2分,第4名得1分,最后以全组得分的高低判断名次。

游戏规则：

1. 两人的手都不能离开报纸。

2. 跑动中不能踩到别人的跑道线。

教学建议：

1. 评价重点：两人密切配合；快速跑向终点。

2. 每组的人数不宜过多,可以适当调整奔跑的距离、左右同伴的间距,以便学生能够跑得直、跑得快、跑得放松；发展力量、速度和协调等体能。

3. 提醒学生要相互合作,两个人同时才能跑得快、跑得直；强调不能跑到别人的跑道上,以防止发生相撞。

4. 性质类似的游戏有"牵手跑""搭肩跑"等。

● 齐心协力-2

设计思路：

为帮助学生更快地熟悉游戏路线与游戏方法,明确"两人合作奔跑"的动作与方法,保护好报纸,保障游戏过程安全而变。

预期目标：

通过降低奔跑的速度、缩短游戏的距离,帮助学生尽快熟悉游戏行进路线、两人合作持好报纸的动作方法与游戏规则,提高团队凝聚力,培养自觉遵守游戏规则的意识。

变化方法：

游戏形式、过程不变。缩短奔跑的距离；将快速跑动作变化为快走(或慢跑)的动作,熟悉游戏路线；到达终点时报纸不损坏,减少安全隐患。

评价重点：

游戏路线正确。遵守游戏规则,报纸完好无损数量多的组为胜,且最高奖级的名次可以并列。

教学中曾经出现的问题：

学生会追求速度,不按规定的路线快走,走的路线不直；因速度不一、步伐不一致而出现报纸损坏的现象。

图 2.11-2　齐心协力 2

解决问题的方法：

1. 练习时，教师及时讲解与示范，强调快速走的路线和合作的方法。

2. 比赛时，要突出评价重点，如不比速度，只比走的路线是否正确、报纸是否损坏，路线正确、保持不损坏的组获胜。

3. 严格执行规则。在游戏中出现违反游戏规则、报纸损坏等现象时，则需做"双手摸耳朵""立正数数"等提示性动作。

教学建议：

1. 适合小学四年级学生在游戏教学初期选用。

2. 每次评价既要执行既定的游戏标准，又要根据教学现场进行即时评价。

3. 适时增加游戏距离、强调游戏过程安全；增加分组，提高练习负荷；组织差异性比赛，激发学生参与的积极性。

● 齐心协力-3

设计思路：

为激发学生参与游戏的积极性，提高曲线跑速度而变。

预期目标：

通过增加奔跑距离和将直线跑改变为曲线跑的动作方式，提高奔跑速度，培养在快速奔跑中保持身体平衡能力，培养游戏过程中主动思考问题的习惯。

变化方法：

游戏动作方式不变，适时增加跑的距离，改直线跑为绕过 2～3 个障碍物的曲线跑形式。

(a)　　　　　　　　　(b)

(c)　　　　　　　　　(d)

图 2.11-3　齐心协力 3

评价重点：

奔跑的路线正确且简便，跑得快而稳定。能在快速便捷绕过障碍的同时保持身体平衡不跌倒，速度快且报纸没有损坏的组为胜。

教学中曾经出现的问题：

学生的奔跑路线不简便、交接不便捷、身体无法保持平衡而出现跌倒、动作变形、报纸撕坏等现象。

解决问题的方法：

1. 在游戏过程中，适时进行路线、动作等对比示范，分析路线怎样最适宜、最简便，再组织学生进行体验性练习与比赛。

2. 让学生通过动作体验再告知，怎样注意控制好身体的平衡，不出现跌倒、撕坏报纸等现象。

教学建议：

1. 适合小学四年级学生在游戏教学后期选用。

2. 及时增加跑的距离，提高游戏动作强度；增加分组，提高练习负荷；组织差异性比赛，激发学生参与的积极性。

● 齐心协力-4

设计思路：

为提高游戏的趣味性和难度，采用"交接纸棒"和"绕尾法"的形式，运用条件限制学生无法违反游戏的"不得提前起跑"规则，帮助学生达成情感目标。

预期目标：

通过增加"交接纸棒"和"绕尾法"的方式，杜绝游戏犯规的现象，满足学生情感需求，调动学生参与的积极性，增强合作意识。

(a)　　(b)

(c)　　(d)

图 2.11-4　齐心协力 4

变化方法：

将游戏"积分制"的方式转变为"交接棒"集体竞速的小组评价方式。并将交接棒的动作转变为跑到对面队伍并绕过队尾再回到排头完成交接。交接动作尽量让学生去体验、去思考，找到适合自己的交接棒动作方法。

评价重点：

交接方式正确，能保持身体平衡，快速交接，报纸不损坏，按照完成的先后顺序判断名次。

教学中曾经出现的问题：

学生不知道怎样才能在规则允许的范围内缩短游戏奔跑的距离以快速完成游戏；在绕过队尾的过程中，身体不能很好得到控制，会失去重心、偶有摔倒或报纸损坏的现象；与同伴交接时不够顺畅、快速。

解决问题的方法：

1. 教师适时运用示错对比的方法，让学生直观看到怎样才能在规则允许的范围内，让队伍排得短，减少本组队员奔跑的距离。

2. 在学生游戏过程中，教师可用边讲解边示范的方法，强调并提醒学生在绕过队尾时，适当地降低速度，保持身体的平衡，不损坏报纸。

3. 将获胜的队作为典型进行示范与讲解，与学生一起思考分析怎样才能快速地完成交接，并适合自己与同伴，以获得较好的名次。

教学建议：

1. 适合小学四年级学生在游戏教学后期选用。

2. 适时提醒学生要思考并且要能做到尽量减少奔跑的路线与距离。

3. 适时增加或减少奔跑的距离，调整到适宜的练习负荷。

4. 增加或减少各组的人数，提升或降低合作难度，增强游戏的趣味性，适时提示团结合作将队伍排整齐、排紧密的好处。

● 齐心协力-5

设计思路：

采用"差异竞赛法"，为帮助体育弱势生提高奔跑能力和增强参与游戏的信心而变。

预期目标：

调动所有学生的积极性，增加弱势队的获胜概率，提高游戏的竞争性，强化快速奔跑的能力，不断挑战自我，增强团队合作意识。

变化方法：

游戏形式、过程与评价标准不变。强势队出场的顺序不变，弱势队的出场顺序针对强势队的出场顺序情况可以自行变化。

(a)　(b)　(c)　(d)

图 2.11-5　齐心协力 5

评价重点：

弱势队所有人都努力参与游戏，为同伴"加油"助威的声音响亮；强势队在弱势队可以改变出场顺序的情况下，积极主动参与，胜不骄、败不馁。

教学中曾经出现的问题：

1. 强势队觉得不公平，不能理解教师的用意。
2. 弱势队在可以改变出场顺序的情况下，有可能再一次输，从而更加失去信心。

解决问题的方法：

1. 教师要对强势队进行心理疏导，鼓励他们能接受挑战，比赛获胜是目标，但不是唯一目标，这种差异竞赛法也能帮助自己提高，促进自己更快、更强，更显示出本队有团结合作的精神等等。

2. 一开始，弱势队可能不明白这样的"差异竞赛法"，教师可以帮助其调整出场顺序，让弱势队知道这样在积分制的规则下可以提高分数。同时，也要让弱势队明白与他人的差距，利用课后时间勤加练习，将"我们能赢"的期待效应转变为努力争胜的学习行为。如果弱势队赢了，告诉他们"胜不骄、败不馁"，鼓励他们在平等比赛的情况下，也要努力获胜。

教学建议：

1. 适合小学四年级学生在游戏教学后期选用。

2. 教学中可以适时调整弱势队的出场顺序，也可以减少弱势队的奔跑距离，帮助弱势队体验到获胜的感觉，同时及时对两个队都进行教育引导，帮助学生养成"胜不骄、败不馁""让对方有获胜的可能，也是帮助他人的一种方式""只要努力，就有收获"等良好思想品质。

12. 撒网捕鱼

● 撒网捕鱼-1

游戏价值：

撒网捕鱼游戏不仅能提高学生快速奔跑的能力，发展快速反应和躲闪能力，有效增强学生的下肢力量，还有利于培养人际交往能力与团结合作的意识。此游戏历史悠久，既可以作为水平二的游戏教材，也可以是后续奔跑类教材教学的重要辅助性内容与手段。

游戏目标：

能在规定的范围内，灵活机智地躲避"渔翁"的"渔网"。

游戏准备：

在场地上画4～6个大圆圈作为"鱼塘"，在大圆圈外再画若干个与人数相等的小圆圈并在大圆圈的线后设置"渔网"若干（胶圈或呼啦圈）。

(a)　　　　　　　　　　(b)

(c)　　　　　　　　　　(d)

图 2.12-1　撒网捕鱼 1

游戏方法：

将学生分成人数相等 4～6 队，每队依着大圆圈围成"鱼塘"，并各自站在圆圈内。每队选出 2～3 人作"渔翁"，手持"渔网"站在其他组的"鱼塘"外，其余队员扮"鱼"进入"鱼塘"内。

裁判员发令后，由"渔翁"拿"渔网"进"鱼塘"捕"鱼"，既可以抓着"渔网"套"鱼"，也可抛开"渔网"去套"鱼"。捕到的"鱼"站回到小圆圈内。以单位时间内，捕到"鱼"的数量多少判断名次。

游戏规则：

1. "鱼"不能跑出"鱼塘"，也不能用手抓圈。
2. "渔翁"在"捕鱼"时，不准用"网"勒"鱼头"，手要离开呼啦圈。

教学建议：

1. 评价重点：积极灵活地躲闪；掌握躲闪的时机与方法。
2. 每次练习后可以更换"渔翁"，可以调整渔翁的数量，每队人数不宜过多，以便培养快速地躲闪能力，发展速度、灵敏、协调等能力，提高练习密度。
3. 提醒学生快速地躲闪，不能在"鱼塘"里牵、拉、推、挤别人，以免发生安全事故。
4. 性质类似的游戏有"老鹰捉小鸡""老狼，老狼，几点钟？"等。

●撒网捕鱼-2

设计思路：

为帮助学生更快地熟悉游戏路线与游戏方法，明确"渔翁"和"鱼"的动作与方法，保障游戏过程安全而变。

预期目标：

通过降低奔跑的速度、"渔翁"和"鱼"全部在自己场地内进行游戏的方式，帮助学生尽快熟悉游戏方法与游戏规则，提高团队凝聚力，培养自觉遵守游戏规则的意识和习惯。

变化方法：

游戏形式、过程不变。"渔翁"和"鱼"全部在自己场地内进行游戏，将快速跑动作变化为快走（或慢跑）的动作，熟悉游戏路线；规定"渔翁"套住"鱼"后，必须松开手以减少安全隐患。

评价重点：

游戏动作正确。遵守规则，都能做好各自角色的组为胜，且最高奖级的名次可以并列。

(a)　　　　　　　　　　　　(b)

(c)　　　　　　　　　　　　(d)

图 2.12-2　撒网捕鱼 2

教学中曾经出现的问题：

"鱼"追求速度，不采用快走或者慢跑的动作方式；"渔翁"捕到"鱼"后，未第一时间松开"渔网"。

解决问题的方法：

1. 练习时，教师讲解与示范，强调要用快速走或者慢跑的方式，不比"捕鱼"的数量，而比遵守游戏规则。同时，捕到"鱼"后要松开手，并告知学生这是为了游戏安全和顺利进行。

2. 比赛时，要突出评价重点，如不比速度、不比数量，只比是否掌握了各自的角色，遵规守纪人数多的组获胜。

3. 严格执行规则。在游戏中出现"鱼"快速跑、"渔翁"捕到"鱼"后不松手等违反游戏规则的现象时，需做"双手摸耳朵""立正数数"等提示性动作。

教学建议：

1. 适合小学四年级学生在游戏教学初期选用。

2. 每次评价既要评价一个小组完成的情况，又要评价各小组中表现好的成员。

3. 适时增加游戏的场地大小；强调游戏过程安全；增加分组，提高练习负荷；组织差异性比赛，激发学生参与的积极性。

撒网捕鱼-3

设计思路：

为激发学生参与游戏的积极性，提高跳跃能力而变。

预期目标：

通过将奔跑的动作改变为单脚跳的动作方式，提高跳跃能力，培养在跳跃中灵活躲闪和保持身体平衡能力。

变化方法：

游戏方法、规则、场地与器材等不变。"渔翁"和"鱼"均将原来的奔跑动作改变为单脚跳的动作，两只脚可以适时互换。

(a)　(b)
(c)　(d)

图 2.12-3　撒网捕鱼 3

评价重点：

单脚支撑和单脚跳移动得快而稳定，"渔翁"能抓到"鱼"，"鱼"不被"渔翁"抓到。

教学中曾经出现的问题：

学生在单脚跳跃中偶尔会出现双脚同时着地的现象。

解决问题的方法：

在游戏讲解与示范过程中，要强调所有人必须是单脚着地的动作，不能双脚同时着地。在游戏过程中，如果出现这一现象，就要停止游戏，做提示性动作。

出现三次现象后,要到圈外做提示性动作三次。

教学建议:

1. 适合小学四年级学生在游戏教学后期选用。

2. 及时增加或者减少场地的大小,提高游戏的运动负荷;组织差异性比赛,激发学生参与的积极性。

● 撒网捕鱼-4

设计思路:

为提高游戏的趣味性和难度,设置 1～3 个"复活区"的形式,里面奔跑中的"鱼"可以救"复活区"被捕到的"鱼",帮助学生达成情感目标。

预期目标:

通过在大圆圈外增加 1～3 个"复活区"的形式,增加游戏的趣味性和灵活性,满足学生情感需求,调动学生参与的积极性,增强合作意识。

变化方法:

游戏情景和评价标准不变。在大圆圈外增加 1～3 个固定的"复活区",里面奔跑的"鱼"可以避开"渔翁"去拍击"复活区"里的"鱼",以救活该"鱼"。

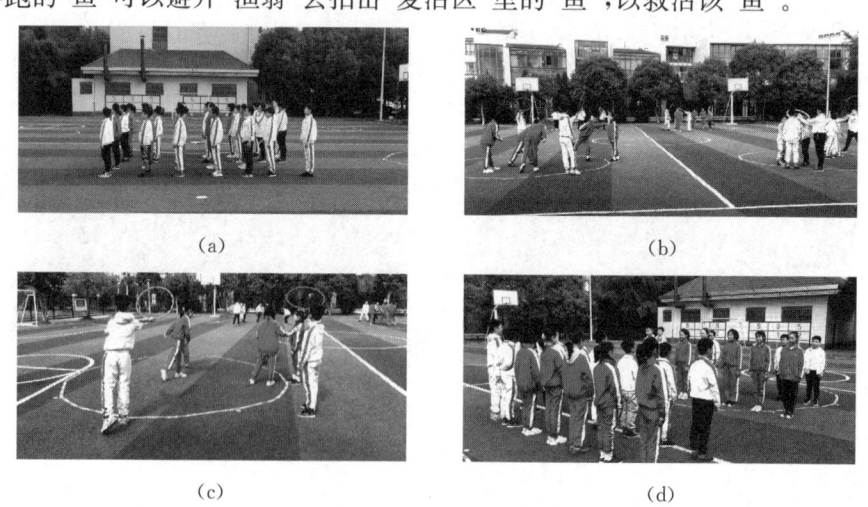

(a)　　　　　　　　　　　(b)

(c)　　　　　　　　　　　(d)

图 2.12-4　撒网捕鱼 4

评价重点:

游戏方法正确、动作正确,单位时间内捕到鱼多的组获胜。

教学中曾经出现的问题:

场地内奔跑的"鱼"去救"复活区"里的"鱼"时,不能很好地躲闪,从而被捉到;"渔翁"就在"复活区"等待"鱼"上来,而错失一些捕鱼的时机。

解决问题的方法:

1. 教师适时运用讲解与示范的方法,让学生直观看到怎样才能在规则允许的范围内捕"鱼"和不被"渔翁"捉到。强调并提醒双方要灵活应变、机智勇敢、团结合作。

2. 将获胜的组作为典型进行示范与讲解,与学生一起思考分析怎样才能在规则的范围内获得胜利。

教学建议:

1. 适合小学四年级学生在游戏教学后期选用。

2. 适时提醒学生要思考并且要灵活应变、与同伴合作,尽量完成各自的角色。

3. 适时增加或减小场地,调整到适宜的练习负荷;

4. 增加或减少各组的人数,提升或降低合作难度,增强游戏的趣味性,适时表扬获胜组的团结合作、机智勇敢的表现。

●撒网捕鱼-5

设计思路:

采用"差异竞赛法",为帮助体育弱势生提高奔跑能力和增强参与游戏的信心而变。

预期目标:

调动所有学生的积极性,增加弱势队的获胜概率,提高游戏的竞争性,强化快速奔跑与灵活躲闪的能力,不断挑战自我,增强团队合作意识。

变化方法:

游戏形式、过程与评价标准不变。强势队的人数不变,适当增加弱势队的人数,调整"渔翁"和"鱼"的数量,进行差异化的比赛。

评价重点:

弱势队所有人都积极参与游戏,努力争胜,并为同伴"加油"助威;强势队在弱势队有一定人数优势的情况下,能积极主动、勇敢顽强,胜不骄、败不馁。

教学中曾经出现的问题:

1. 强势队觉得不公平,不能理解教师的用意。

2. 弱势队在增加人数的情况下,有可能再一次输,从而更加失去信心。

(a)   (b)

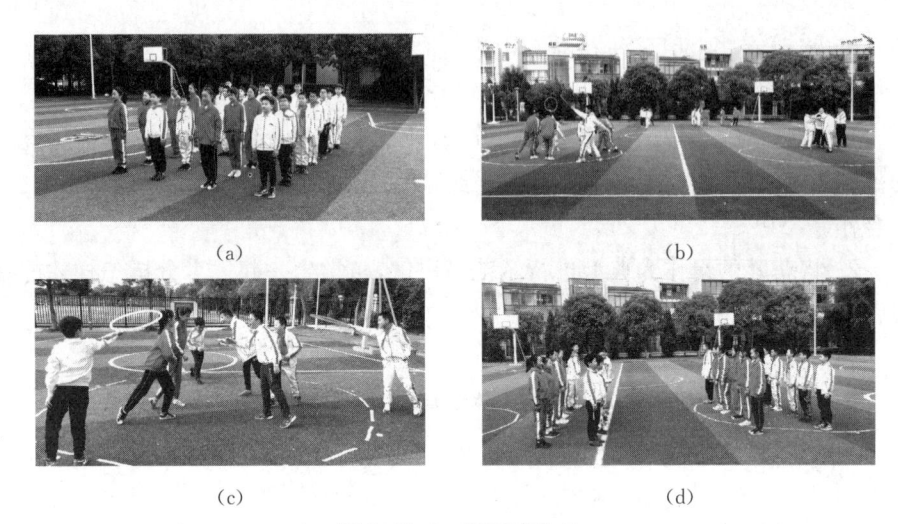

(c)   (d)

图 2.12-5 撒网捕鱼 5

解决问题的方法：

1. 教师要对强势队进行心理疏导，鼓励他们能接受挑战，只要勇敢顽强、团结合作，仍然能获得胜利。这种差异竞赛法既能帮助自己提高，促进自己更快、更强，更显示出本队有团结合作的精神等等，又能帮助他人进步，形成良好的情感交流与交往。

2. 如果弱势队输了，教师可继续调整人数，也要让其明白本队与他人的差距，利用课后时间勤加练习，将"我们能赢"的期待效应转变为努力争胜的学习行为。如果弱势队赢了，告诉他们"胜不骄、败不馁"，鼓励他们在平等比赛的情况下，也要努力获胜。

教学建议：

1. 适合小学四年级学生在游戏教学后期选用。

2. 教学中要适时增加弱势队的人数，帮助弱势队体验到获胜的感觉，同时及时对两个队都进行教育引导，帮助学生养成"胜不骄、败不馁""让对方有获胜的可能，也是帮助他人的一种方式""只要努力，就有收获"等良好思想品质。

13. 掌声响起来

● 掌声响起来-1

游戏价值：

掌声响起来游戏不仅有利于集中学生的注意力，还能提高学生快速反应能力。此游戏历史悠久,既可以作为水平二的游戏教材,也可以作为其他教材教学过程中集中学生注意力的重要辅助手段。

游戏目标:

能集中注意力,通过独立的判断快速击掌与放下。

游戏准备:

一间教室。

游戏方法:

选出一位学生做指挥者,其他学生坐在自己的座位上或站在原地。指挥者举手,大家鼓掌;指挥者手放下,掌声停止。

(a) (b) (c) (d)

图 2.13-1 掌声响起来 1

游戏规则:

1. 比掌声的节奏和响声控制程度。
2. 没有节奏和没能控制住掌声者算失误,有节奏感和掌声响亮的组获胜。

教学建议:

1. 评价重点:能集中自己的注意力;快速反应做出击掌的动作。
2. 可以将学生分成 2~4 个组分别游戏,也可以将学生分成单数组和双数组一起游戏,发展灵敏和快速反应能力。教师也可以参与游戏,或做指挥者,或做参与者,以密切师生关系。
3. 注意培养学生自觉遵守游戏规则的习惯,不随意发出声响。
4. 性质类似的游戏有"抛物笑、接物停""抛物击掌、接物停"等。

编者提示：

1. 此游戏有视频。视频编号：掌声响起来-2。
2. 视频中，教师采用集中边讲解边示范的方式，通过语言、动作、表情等让学生明白游戏方法、规则、提示性动作、注意事项等，调动学生参与游戏的积极性，营造课堂教学的愉快氛围。通过"假动作"、举过头顶等方式，加大游戏的难度，进一步提高学生的快速反应能力和游戏的趣味性。

●掌声响起来-2

设计思路：

为帮助学生更好地辨别何时做击掌与放下动作，保障游戏过程安全而变。

预期目标：

通过设计利于辨别的指挥者的动作，帮助学生尽快熟悉游戏方法与游戏规则，提高快速反应能力，培养自觉遵守游戏规则的意识。

变化方法：

游戏击掌与放下的动作形式、过程不变。将指挥者举手与放下的动作改变为抛鞋盒和拿鞋盒的动作，使学生熟悉游戏方法，避免出现手臂打到桌子的现象，减少安全隐患。

(a)　　　　　　　　　　(b)

(c)　　　　　　　　　　(d)

图 2.13-2　掌声响起来 2

评价重点：

遵守规则，快速反应做出安全规范的动作，做错的学生双手摸耳朵自我评价。

教学中曾经出现的问题：

在游戏过程中，学生坐姿不对或者过于激动，手臂不小心碰到桌子而有疼痛之感。

解决问题的方法：

指挥者要突出评价重点，在游戏过程中强调学生的坐姿以及击掌的动作和过程，提示不能碰到桌子。

教学建议：

1. 适合小学三年级学生在游戏教学初期选用。
2. 每次评价既要执行既定的游戏标准，又要根据教学实际进行即时评价。
3. 当学生适应了游戏的难度后，可以用小体积的物体让学生辨别，以增加游戏的难度、趣味性，提高学生的观察能力、注意力和快速反应的能力。

编者提示：

1. 此游戏有视频。视频编号：掌声响起来-2。
2. 视频中，教师主要采用边讲解、边示范的形式指导学生做游戏。当学生能够熟练掌握游戏后，减小物体的体积以加大游戏的难度和提高游戏的趣味性。当发现有个别学生不能很好地观察到物体或者出现调皮、不专注的现象时，请他们到前面来做游戏，让课堂教学既面向全体学生，又关注到个别学生。

● 掌声响起来-3

设计思路：

为激发学生参与游戏的积极性，提高运动技能和数学技能而变。

预期目标：

通过改变击掌与放下的信号形式和规定举过头顶击掌的动作方式，提高学生的快速反应能力和肩部的柔韧性，培养游戏过程中主动思考问题的习惯。

变化方法：

游戏方式不变。指挥者将举手与放下的信号改为"单数"（单数击掌）与"双数"（双数不击掌），要求学生所有的击掌动作要改为举过头顶形式。

评价重点：

准确辨别信号并做出正确的动作。

(a)   (b)

(c)   (d)

图 2.13-3　掌声响起来 3

教学中曾经出现的问题：

个别学生因对"单数"与"双数"不太理解或者数字的计算正确率不高，在游戏中出现做错动作的现象。

解决问题的方法：

游戏前，教师给予学生数学知识的指导，讲解清楚游戏方法与规则，针对个别学生可进行个别指导。

教学建议：

1. 适合小学三年级学生在游戏教学后期选用。

2. 及时变化数字，激发学生参与的积极性。

编者提示：

1. 此游戏有视频。视频编号：掌声响起来-3。

2. 视频中，教师采用集中讲解的方法让学生知道游戏的方法、规则等，对犯规的同学适时引导他们做提示性动作，进行集体性的指导与纠错。

●掌声响起来-4

设计思路：

为提高游戏的趣味性和难度，采用"说常规习惯"的形式，帮助学生达成情感目标而变。

预期目标：

通过改变游戏击掌与放下的信号，满足学生情感需求并促进好习惯的养成，调动学生参与的积极性。

变化方法：

游戏过程、评价标准不变。将游戏击掌与放下的信号改为"习惯的好坏"。教师报的习惯是好的，学生双手举过头顶击掌；教师报的是坏习惯，学生不击掌、抱臂坐好。

(a)　(b)

(c)　(d)

图 2.13-4　掌声响起来 4

评价重点：

快速反应，击掌与放下的动作正确。

教学中曾经出现的问题：

个别学生未抱臂坐好，而等着教师报出信号。

解决问题的方法：

教师适时停止报出信号，指导学生抱臂坐好，并适时给予表扬与鼓励。

教学建议：

1. 适合小学三年级学生在游戏教学后期选用。

2. 适时提醒学生既要学会辨别习惯的好坏，又要在日常的生活中改掉坏习惯，不让坏习惯形成，争取拥有好习惯。

编者提示：

1. 此游戏有视频。视频编号：掌声响起来-4。

2. 视频中,教师采用集中讲解与示范的方法告知学生游戏方法和规则等,针对部分学生没能抱臂坐好的现象,立刻给予提醒与指导;对反应快、做得正确的学生和做错能迅速做"提示性动作"的学生适时表扬,给予大拇指。

● 掌声响起来-5

设计思路:
采用"差异竞赛法",为帮助体育弱势生增强参与游戏的信心而变。

预期目标:
通过给强弱队不同的练习信号,调动学生的积极性,增加弱势队的获胜概率,提高游戏的难度和竞争性,不断挑战自我。

变化方法:
游戏形式、过程、评价标准不变。教师将强势队与弱势队分成左、右两队。举强势队一侧的手时可以快速一点、适时运用假动作并做得逼真一点以迷惑强势队;举弱势队一侧手时可以慢一点、适时做的假动作可以简单一点,进行差异化的比赛。

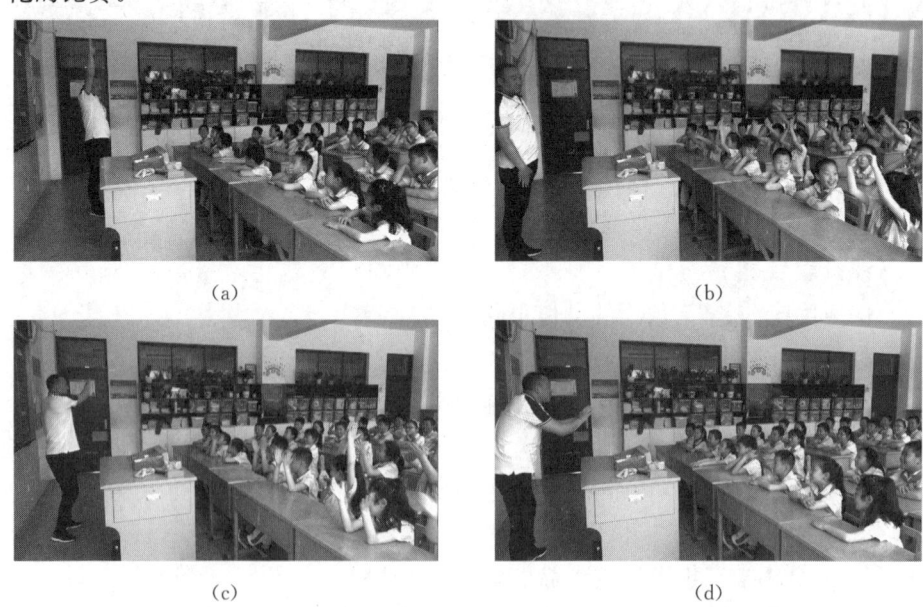

(a) (b)

(c) (d)

图2.13-5 掌声响起来5

评价重点:
快速反应做出正确的动作,做错的学生要做提示性动作。

教学中曾经出现的问题：

个别学生过于激动而形成不同的坐姿；偶有发出怪笑声的现象。

解决问题的方法：

1. 教师要适时停止游戏，让学生抱臂坐好、认真听讲、快速反应、做出正确的动作。

2. 教师可以让发出怪笑声的学生做提示性动作，并告诉他不能影响课堂教学。

教学建议：

1. 适合小学三年级学生在游戏教学后期选用。

2. 教学中要通过指挥者变化多样的左右手信号让强势队和弱势队差距显现不出来。

编者提示：

1. 此游戏有视频。视频编号：掌声响起来-5。

2. 视频中，教师用较为幽默的语言、有差异性的左右手的手势信号提高游戏的趣味性，让强势队与弱势队的差距不明显，针对个别发出怪笑声的学生用较为幽默的语言给予提醒和提示，将教学策略隐藏于无形之中。

14．放鞭炮

● 放鞭炮-1

游戏价值：

放鞭炮游戏不仅能提高学生快速反应能力，培养肢体语言与口头语言相结合、相一致的能力，还有利于集中学生的注意力。此游戏历史悠久，既可以作为水平二的游戏教材，也可以作为其他教材教学过程中集中学生注意力的重要辅助手段。

游戏目标：

能与本组同伴一致地发出声音与动作。

游戏准备：

一个教室。

游戏方法：

学生按左、右两边编成甲、乙两组坐在自己的座位上或站成两排，甲组先扮作"大鞭炮"，指挥者用左手指挥，表示放"大鞭炮"，放鞭炮信号为"嘭！

啪！"；乙组扮作"小鞭炮"，指挥者用右手指挥，放鞭炮信号为"噼里啪啦！噼里啪啦！"。

指挥者举左手一次，甲组同学放一次"大鞭炮"（嘴里发出"嘭！啪！"的响声），举几次就放几次，左手放下，立即停止；指挥者举右手一次，表示乙组同学放一次"小鞭炮"（嘴里连续有节奏地发出"噼里啪啦！噼里啪啦！"的响声），指挥者手放下，声音中止。声音响亮、控制得好的组获胜。

(a)

(b)

(c)

(d)

图 2.14-1　放鞭炮 1

游戏规则：

1. 比信号、节奏、声响的控制程度。
2. 没有节奏和没能控制住掌声者算失误，有节奏感和声音响亮的组获胜。

教学建议：

1. 评价重点：能集中自己的注意力，快速反应为本组出力；动作与声音保持一致。

2. 先慢后快，先有规律地放"鞭炮"，游戏熟练后再打乱"鞭炮"次序。可以将学生分成 2~4 个组分别游戏，也可以将学生分成单数组和双数组一起游戏，还可以增加暂停手势，以快速反应做出准确的动作，发展灵敏和上肢力量等体能。教师也可以参与游戏，或做指挥者，或做参与者，以密切师生关系。

3. 注意培养学生自觉遵守游戏规则的意识，不随意发出声响。

4. 性质类似的游戏有"抛物放炮""接物放炮"等。

第三部分 各水平段经典体育教学游戏教材简介及教法运用技巧

● 放鞭炮-2

设计思路：
为帮助学生更好地辨别何时呼喊响应的口号，保障游戏过程安全而变。

预期目标：
通过设计有利于学生辨别的动作，帮助学生尽快熟悉游戏方法与游戏规则，提高快速反应能力，培养自觉遵守游戏规则的意识。

变化方法：
游戏形式、过程不变。将指挥者举左手或者举右手的动作与指挥者的口令相结合，以帮助学生尽快熟悉游戏方法，避免出现手臂打到桌子的现象，减少安全隐患。

(a)　(b)
(c)　(d)

图 2.14-2　放鞭炮 2

评价重点：
遵守游戏规则，快速反应喊出响应的口号，喊错的学生双手摸耳朵自我评价。

教学中曾经出现的问题：
在游戏过程中，学生过于激动，手臂不小心碰到桌子或者击掌用力过猛而有疼痛之感。

解决问题的方法：
指挥者要讲解与示范并告知安全注意事项，强调学生的击掌动作和过程与嘴巴发出的声音一致，并且不能碰到桌子。

215

教学建议：

1. 适合小学四年级学生在游戏教学初期选用。

2. 每次评价既要抓住评价的重点，又要对一个小组、学生个人进行有针对性的即时评价。

3. 适时增加指挥者指挥的速度、强调游戏过程安全；组织差异性比赛，激发学生参与的积极性。

● 放鞭炮-3

设计思路：
为激发学生参与游戏的积极性，提高上肢力量和数学技能而变。

预期目标：
通过改变指挥者的手势动作和改变与"嘭啪"相对应的动作，提高学生快速反应能力、肩部柔韧性，以及上肢力量等。

变化方法：
游戏的主要方式不变。指挥者举手指（可与篮球裁判员手势相一致），举单数手指时，甲组同学放一次"大鞭炮"，举几次就放几次，并且双手击掌后侧上举用力举出拳头；指挥者举双数手指时，表示乙组同学放一次"小鞭炮"，击掌后握拳平举手臂。指挥者手放下，声音中止，动作停止。声音整齐、响亮，动作控制得好的组获胜。

(a)

(b)

(c)

(d)

图 2.14-3　放鞭炮 3

评价重点：

看准并辨别好信号，准确做出有力量的动作。

教学中曾经出现的问题：

个别学生因对单数与双数辨别不清楚，在游戏中出现做错动作的现象。

解决问题的方法：

教师在讲解与示范过程中，要讲清楚出示的手指是单数或者双数，并再次复习单数和双数的数学知识。游戏中，针对个别学生进行单独指导。

教学建议：

1. 适合小学四年级学生在游戏教学后期选用。

2. 及时变化指挥者的手势数字，逐渐提高指挥者指挥动作速率，提高游戏动作强度，增加练习负荷，激发学生的积极性。

●放鞭炮-4

设计思路：

采用"常规习惯对与错"的形式，为提高游戏的趣味性和难度，帮助学生达成情感目标而变。

预期目标：

通过改变指挥者的手势指挥为用嘴巴说"常规习惯"的方式，集中学生注意力，培养认真倾听的习惯，满足学生情感需求并促进良好习惯的养成。

(a)　　　(b)

(c)　　　(d)

图 2.14-4　放鞭炮 4

变化方法：

游戏主要过程与方法不变。改变指挥者用手势指挥的方式为用嘴巴说出"常规习惯",习惯是对的,表示甲组同学放三次"大鞭炮";习惯是错的,则表示乙组同学"小鞭炮"。指挥者做出暂停手势后,游戏结束。经过一段时间游戏后,可以转变相应的角色。声音整齐、响亮,动作控制得好的组获胜。

评价重点：

认真倾听辨别出对与错,准确做出相应动作。

教学中曾经出现的问题：

个别学生不能准确辨别习惯的对与错,反应显得有点慢。

解决问题的方法：

教师对习惯的筛选,可以由简单到复杂、由易到难,让学生适应一下游戏的变化。鼓励反应慢的学生要集中注意力去倾听和辨别,而不是看他人的反应后再做动作。

教学建议：

1. 适合小学四年级学生在游戏教学后期选用。

2. 适时提醒学生要认真倾听并记忆,坏习惯要改掉,好习惯要保持。

3. 对于反应快、做得对的学生给予表扬和鼓励;对于反应慢的、做错动作的学生要让其做提示性动作。

● 放鞭炮-5

设计思路：

采用"差异竞赛法",为帮助体育弱势生增强参与游戏的信心而变。

预期目标：

调动所有学生的积极性,分别给予强、弱队不同的练习信号,有意识地帮助弱势队获胜,提高游戏的难度和竞争性,不断挑战自我。

变化方法：

游戏形式、过程、评价标准不变。教师将学生有选择性地分为强势队与弱势队。举强势队一侧的手时可以快速一点、适时运用假动作并做得逼真一点以迷惑强势队;举弱势队一侧手时可以慢一点,进行差异化的比赛。

(a) (b)

(c) (d)

图 2.14-5　放鞭炮 5

评价重点：

快速反应呼喊出正确的信号和做出正确的动作，做错的学生要做提示性动作。

教学中曾经出现的问题：

强势队偶有发觉不公平，不能理解教师的用意的情况；弱势队取胜后，偶有沾沾自喜的感觉。

解决问题的方法：

教师要有意识地选择动作节奏，努力做到不让强势队看出来。当弱势队赢了后，有沾沾自喜的感觉时，适当加快动作速率、增加假动作，也让弱势队输几次。这样既激发所有学生的积极性，又自然而然地培养学生胜不骄、败不馁的品质，以及快速反应能力。

教学建议：

1. 适合小学四年级学生在游戏教学后期选用。

2. 教学中要通过指挥者变化多样的手势信号提高强势队和弱势队的参与积极性，让他们都能获得成功与失败的体验。

水平三

14例经典体育教学游戏教材内容及教法运用技巧举隅

1. 障碍赛跑	2. "8"字接力跑	3. 长江黄河	4. 鲤鱼跳龙门
5. 斗鸡	6. 冲过火力网	7. 小龙大战	8. 改换目标
9. 互射	10. 打龙尾	11. 印刷机	12. 运球接力
13. 拍手抓棒（室内）	14. 打节拍（室内）		

1. 障碍赛跑

● 障碍赛跑-1

游戏价值：

障碍赛跑游戏能发展学生在障碍中灵活避闪的能力，培养学生不怕困难、勇于接受挑战的意志品质，为后面学习跑奠定规则意识和技能基础。此游戏既是游戏教材，也是跑类教材学习的重要辅助性教学内容与教学手段。

游戏目标：

能克服困难，提高跨越障碍物的能力。

游戏准备：

在场地上画一条起跑线，在起跑线前10米处，与起跑线平行、间隔2米的两条线构成小沟，在小沟前10米处有4块竖起来的小体操垫，在体操垫前10米处有一根高约80厘米的栏架，在栏架前5米处有一条与起点线平行的终点线。

游戏方法：

将学生分成人数相等的四个小组，间隔2米成4路纵队站立在起跑线后。

裁判员发令后，每组排头跑出，跨过小沟，跳过体操垫，钻过栏架，绕过终点线跑步回去与第二人击掌，第二人开始跑出，依次循环进行，最先完成的小组获胜。

(a) (b)

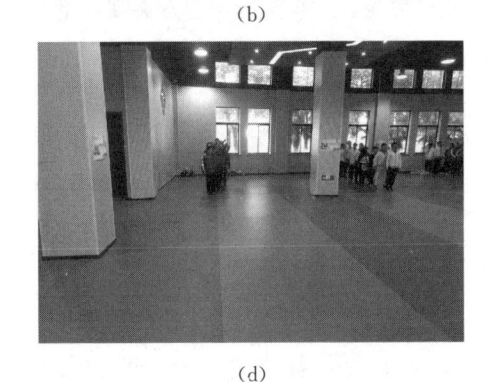

(c) (d)

图 3.1-1　障碍赛跑 1

游戏规则：

1. 后面的同学不和前面同学击掌不允许跑出。

2. 如果碰倒了障碍物，则必须回去扶起障碍物，再进行下一个项目。

3. 最后必须双脚越过终点线，才能返回。

教学建议：

1. 评价重点：不怕困难，敢于挑战；跨越障碍物的动作速度。

2. 游戏之前要教育学生不怕苦不怕累；建议学生选择适合自己跨越障碍物的方式；提醒后面的学生为前面的学生呐喊加油。

3. 检查场地是否平整，检查器材是否牢固，游戏之前做好准备活动。

4. 性质类似的游戏有"8"字绕杆跑接力赛等。

编者提示：

1. 此案例有视频。视频编码：障碍赛跑-1。

2. 视频中教师在游戏的 5 个教学程序完整的情况下，在介绍游戏方法时，采用了边讲解边示范的方法；在练习与比赛时，教师站在场地靠近学生的一侧，一方面便于观察场地上练习情况，另一方面便于了解没有练习比赛学生的动态，确保课堂教学有序安全。

●障碍赛跑-2

设计思路：

为帮助学生更快地熟悉越过障碍的方法，保障越过障碍过程中的安全而变。

预期目标：

通过降低游戏难度，进行越过单个障碍接力练习，帮助学生尽快熟悉障碍跑的路线、动作方法与游戏规则，增强团队凝聚力，培养自觉遵守游戏规则的意识。

变化方法：

游戏形式、过程不变。缩短距离，增加练习次数；动作由组合变为进行越过单个障碍游戏练习，熟悉游戏路线；规定必须错右肩击掌交接，减少安全隐患。

(a)　(b)

(c)　(d)

图 3.1-2　障碍赛跑 2

评价重点：

按规则要求做出正确的跨越障碍动作；必须错右肩击掌交接。

教学中曾经出现的问题：

学生认为游戏简单,不愿意认真练习,出现纪律松散现象;越过终点线时,没有绕过标志物就返回;击掌时,没有错右肩进行击掌,易形成迎面碰撞的安全隐患。

解决问题的方法:

1. 练习时,教育学生遵守规则,认真听讲,按要求完成练习。

2. 比赛时,要突出评价重点,如对按规则完成的学生,老师要及时表扬,对个别态度不认真的同学,要罚做提示性动作,或延长暂停时间。

3. 反复练习绕过终点线上的标志物折返的方法。

4. 进行错右肩击掌练习,对没有按规定要求击掌的,提示重新练习。

教学建议:

1. 适合小学五年级学生在游戏教学初期选用。

2. 学生都能正确完成单个障碍跨越后,再进行完整组合的障碍跑练习。

3. 先比学生遵守规则情况,再进行速度比赛。

编者提示:

1. 此案例有视频。视频编码:障碍赛跑-2。

2. 视频中教师主要采取的教学策略:先进行通过单个障碍的教学,帮助学生熟悉游戏的方法,然后再逐渐增加障碍教学,确保学生在熟悉游戏方法的前提下,安全游戏。

● 障碍赛跑-3

设计思路:

通过增加练习的次数和难度,激发学生参与游戏的积极性,为提高学生快速通过障碍的能力而变。

预期目标:

通过逐步提高练习的难度,激发学生自我挑战的热情,调动学生参与游戏的积极性和主动性;增加学生练习的机会,增强越过障碍的能力,发展下肢力量,提高快速通过障碍物的能力。

变化方法:

游戏过程和评价标准不变。障碍跑长度由近到远,增加练习的次数;障碍物个数逐渐增加,调整"小河"的宽度,变化障碍游戏难度;练习时,先易后难,有效激发学生练习的兴趣,调动课堂教学比赛氛围。

(a) (b)
(c) (d)

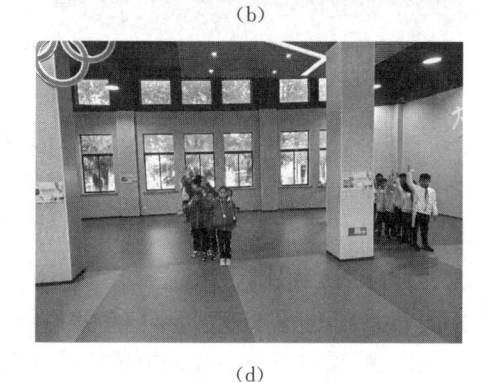

图 3.1-3　障碍赛跑 3

评价重点：

在比赛和练习中，能够较熟练地利用钻、跳和跨的方法越过障碍，不断提高通过障碍物的能力。

教学中曾经出现的问题：

1. 因练习的次数增加了，学生出现动作质量不符合规则要求，如未完全跨越"小河"、标志物回放不到位、双脚未完全越过终点线即返回等现象。

2. 少数同学不遵守纪律，在小组动作完成后，未及时做集体规定动作，未体现"规范性约束力"。

解决问题的方法：

1. 加强规则意识教育，对多次违反规则的同学，采用"规范性约束力"，如集体做统一抱臂、举右臂、摸耳朵等动作。

2. 对按规则完成的小组，及时进行正面鼓励，表扬做得既快又好的小组。

3. 强调错右肩击掌，防止伤害事故的发生。

教学建议：

1. 适合小学五年级学生在游戏教学中期选用。

2. 及时增加练习的次数和难度，提高钻、跳和跨的能力。

编者提示：

1. 此案例有视频。视频编码：障碍赛跑-3。
2. 视频中教师遵循循序渐进的原则，主要采取的教学策略：先进行多次简单重复的单个障碍教学，帮助学生熟悉游戏路线，然后再逐渐变化障碍组合教学，增加游戏难度，调动学生积极参加游戏的主动性。

● 障碍赛跑-4

设计思路：
为提高障碍跑游戏的趣味性，帮助学生达成情感目标而变。

预期目标：
通过改变小组内障碍设置的顺序，变化游戏的难度，提高障碍跑的趣味性；发展学生快速通过障碍的能力，满足学生情感需求，增强团队的合作意识。

变化方法：
游戏过程和评价标准不变。小组内相互讨论决定本组障碍的前后放置位置，再进行比赛；互换身份，改变其他小组障碍的位置，"点将式"比赛。

(a)　　　　　　　　　　(b)

(c)　　　　　　　　　　(d)

图 3.1-4　障碍赛跑 4

评价重点：

学生能敢于尝试，勇于发表见解，勇于接受挑战。

教学中曾经出现的问题：

1. 小组内讨论意见不一致，讨论时间过长，导致练习时间减少。

2. 因学生情绪激动，出现教师提示约束性动作失效，纪律差的现象。

3. 一些同学注意力分散，听不见老师的提示性要求。

解决问题的方法：

1. 规定每组讨论和调整障碍的时间，时间到而未完成的小组，先观摩其他小组游戏一次。

2. 提醒学生时刻保持注意力高度集中，关注改变的约束性动作。

3. 加强组织性和纪律性教育，对不听劝阻的同学，停止游戏一次。

教学建议：

1. 适合小学五年级学生在游戏教学后期选用。

2. 规定讨论的时间，确保在规定的时间内完成讨论，不断提高练习的时效。

编者提示：

1. 此案例有视频。视频编码：障碍赛跑-4。

2. 视频中教师主要采取的教学策略：结伴学习，生生互动，进行小组合作与探究性学习，讨论设计不同的障碍路线让同伴体验，在增加游戏趣味性的同时加强学生间的交流与竞争。

●障碍赛跑-5

设计思路：

采用"差异竞赛法"，为促进体育弱势生的进一步发展而变。

预期目标：

通过给弱势队缩短距离，让强者与弱者都能不断挑战自我，充分发挥快速通过障碍的能力；增强学生的合作能力，培养积极进取、相互激励的优秀品质。

变化方法：

游戏过程与评价标准不变。在障碍物不变的条件下，缩短弱势队起点到终点的距离。通过这样的变化方式，进行差异化的练习与比赛。

评价重点：

所有人都努力参与游戏，做到"胜不骄、败不馁"。

(a) (b)

(c) (d)

图 3.1-5　障碍赛跑 5

教学中曾经出现的问题：

因弱势队精神状态未及时调整，难以及时地转换角色，在减少障碍的个数和距离的条件下，仍不能取胜。

解决问题的方法：

1. 及时语言提醒条件的变化，提醒弱势队抓住机会，取得胜利。

2. 减少障碍的个数或缩短距离，使弱势队更容易获胜。

教学建议：

1. 适合小学五年级学生在游戏教学后期选用。

2. 及时进行教育引导，帮助学生养成"胜不骄、败不馁""一分努力，就会有一分收获""只要努力，就有可能获胜"等良好思想品质。

3. 也可以通过距离不变，减少障碍物的方式进行差异化比赛。

编者提示：

1. 此案例有视频。视频编码：障碍赛跑-5。

2. 视频中教师主要采取的教学策略：在差异让距时，让强势队与弱势队商量来决定移动最后一个障碍物的位置，以提高在差异设置的情况下进行比赛的激烈程度。

2. "8"字接力跑

●"8"字接力跑-1

游戏价值：

"8"字接力跑有利于发展学生下肢力量与身体动作的协调能力；培养团队意识与合作能力；既是体育游戏教材，也是后续学习跑类教材的辅助练习内容与教学手段。

游戏目标：

能与同伴合作，提高快速跑和弯道跑速度。

游戏准备：

每组场上画一条起跑线，线前纵向画两个大圆圈，接力棒1根。

游戏方法：

把学生分成人数相等的两队，成两路纵队面向圆圈站在起跑线后。各队第一人手持接力棒或小皮球等物。

(a)　　　　　　　　　　　　(b)

(c)　　　　　　　　　　　　(d)

图 3.2-1 "8"字接力跑 1

裁判员发令后,各队排头迅速按规定的路线跑出,绕过前方的两个圆,跑一个"8"字形回来把接力棒交给第二人,自己站到排尾。依次进行,先跑完的队获胜。

游戏规则:
1. 起跑前不得踏起跑线。发令后或接到接力棒后才能跑。
2. 必须按规定的路线跑,不得进入圆圈或跨过圆圈。

教学建议:
1. 评价重点:合作意识与配合行为;曲线变向快速跑的能力。
2. 游戏前应使学生熟悉行进路线与传接棒的方法,提醒学生首先是跑得稳,其次才是跑得快;只有小组团结合作才能获胜;圈的大小与跑的距离可调整。
3. 课前要将场地打扫干净,保障游戏安全。
4. 性质类似的游戏有"曲线接力"等。

●"8"字接力跑-2

设计思路:
为帮助学生更快地熟悉游戏方法,保障游戏过程安全而变。

预期目标:
通过减小圈径与圈距,降低安全隐患,帮助学生尽快熟悉场地与游戏方法、规则。

变化方法:
游戏形式、过程、方法不变。通过减小圈距,缩小圆圈的直径,缩短学生在"8"字图形上的路线,减少起点至"8"字图形之间距离,促进学生快速熟悉场地,避免学生在场地上出现摔倒现象。

评价重点:
以能遵守规则,按"8"字路线安全完成游戏为胜。

教学中曾经出现的问题:
部分学生掌握变小"8"字速度快,在跑中不断提高速度,导致队伍跑的速度不均匀,易出现摔倒现象。

解决问题的方法:
1. 练习时,教师注意强调和训练学生遵守游戏规则;选派能控制好跑速的学生在队伍前领跑;每组队员能控制好间距,以保持队伍整齐度为评价方式。

(a)　　　　　　　　　　　　　(b)

(c)　　　　　　　　　　　　　(d)

图3.2-2　"8"字接力跑2

2. 比赛时,教师上场参与活动,用示错法有意犯规,用行动给学生示范犯规后应该如何被罚下场(犯规后要举手示意再下场),带头遵守规则。

教学建议:

1. 适合小学五年级学生在游戏教学初期选用。

2. 教学中可先让学生集体排队练习走"8"字路线,再提升为听信号逐个快速走,然后集体快走,最后到跑接力。

●"8"字接力跑-3

设计思路:

通过变大圈距与距离提高跑的速度,帮助学生尽快达到技能目标。

预期目标:

提高学生在跑动中的身体平衡能力和跑的速度。

变化方法:

游戏方法、过程、评价标准不变。加大"8"字圈径和起跑线至"8"字图形的距离。

(a) (b)

(c) (d)

图 3.2-3 "8"字接力跑 3

评价重点：

提高学生在跑动中的身体平衡能力和跑的速度。

教学中曾经出现的问题：

跑的过程中，部分学生摔倒；追求跑步速度而忽略规定的路线出现犯规现象；个别学生不配合比赛。

解决问题的方法：

1. 不按规定路线完成跑的不记录成绩，评价时罚该队减少一人次完成。
2. 设立记录员，专门检查犯规现象。
3. 故意不配合比赛的学生，必须停赛一次，并罚场外俯卧撑 10 个。

教学建议：

1. 适合小学五年级学生在游戏教学后期选用。
2. 严格执行规则，确保按照比赛方法比赛的队伍才能得分。
3. 练习中可采用绕标志物体验靠近标志物时身体向内倾斜，提醒学生外侧手臂要积极摆动，且摆动幅度要大于内侧手臂的摆动幅度。

● "8"字接力跑-4

设计思路：
为提高游戏的趣味性和竞争性，帮助学生达成情感目标而变。

预期目标：
通过改变"8"字地形为"葫芦串"地形设置，满足学生情感需求，提高学生奔跑的能力，调动学生参与的积极性，增强学生合作意识。

变化方法：
游戏形式、过程不变。利用"葫芦串"地形进行比赛，队员能够最先用既快又稳的跑步方式完成的一方为胜。

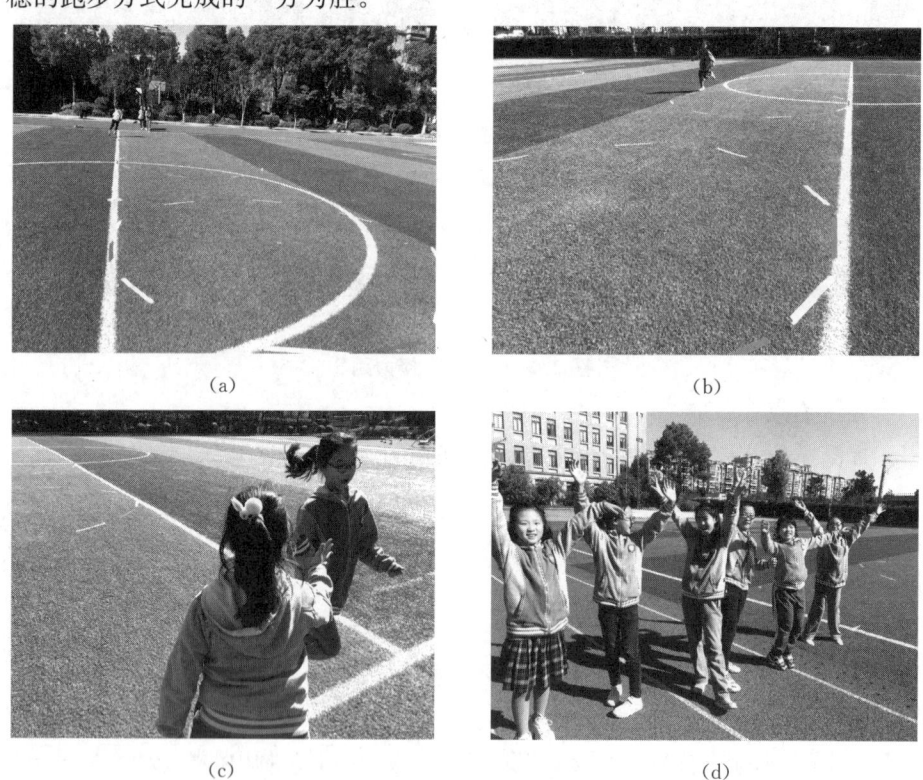

(a)　　(b)
(c)　　(d)
图 3.2-4 "8"字接力跑 4

评价重点：
能在合作中积极、顺利且快速地跑完"葫芦串"地形。

教学中曾经出现的问题：
地形距离变长，不能坚持跑完全程。

解决问题的方法：

1. 改变评价方式，由比快的比赛方式变为比全员参与比赛的评价方式。

2. 开展分层比赛，例如：1—2场地进行比快的比赛，3—4场地进行在规定时间内参与人数多为获胜的方式进行比赛。

教学建议：

1. 适合小学五年级学生在游戏教学后期选用。

2. 及时进行教育引导，帮助学生树立"乐于挑战、敢于挑战"的信念。

●"8"字接力跑-5

设计思路：

采用"差异竞赛法"，为帮助弱势队分享到成功的快乐并尽快进步（发展）而变。

预期目标：

通过弱势队自由更改出场顺序，选择让距的起跑方式推进游戏的竞争性，调动所有学生的积极性，增强团队合作意识。

(a)   (b)

(c)   (d)

图 3.2-5 "8"字接力跑 5

变化方法：

游戏形式、过程与评价方法不变。进行差异性比赛，如强势队不得更换本队的出场顺序，而弱势队可以自由更改出场顺序；或利用强势队起跑让距方式进行比赛。

评价重点：

通过弱势队自由更改出场顺序，选择让距的起跑方式推进游戏的竞争性，调动所有学生的积极性，增强团队合作意识。

教学中曾经出现的问题：

设置的让距起跑太近，弱势队很容易获胜，就会不尽力；强势队个别学生不理解，输了不服气，会闹情绪。

解决问题的方法：

1. 教师适时调整底线的距离，以增强两队的对抗性。

2. 赛前做好思想引导工作，鼓励弱势队努力，激励强势队士气；赛后表扬双方良好表现的学生，告知他们做游戏的目的，让全体同学不仅得到身体上的锻炼，而且培养良好的思想品德和社会适应能力。

教学建议：

1. 适合小学五年级学生在游戏教学后期选用。

2. 及时进行教育引导，帮助学生养成"胜不骄、败不馁""让对方有获胜的可能，也是帮助他人的一种方式""只要努力，就有收获"等良好思想品质。

3. 长江黄河

● 长江黄河-1

游戏价值：

长江黄河追逐跑游戏有利于发展学生快速跑和躲闪跑的能力；训练学生集中注意力，遵守游戏规则，感受竞赛游戏的快乐；它既是体育游戏教材，也是后续学习加速跑类教材的辅助练习内容与教学手段。

游戏目标：

能勇敢与对手竞争，快速跑回底线。

游戏准备：

在场地中间画两条平行的直线为站位线（两条线相距2米左右）。在站位线两边10～15米处分别画两条与站位线平行的横线为安全线。

游戏方法：

把学生分成人数相等的两队,背对背站在两条站位线上。一队叫"黄河",另一队叫"长江"。

游戏开始,裁判员喊"长江","长江"队迅速向安全线奔跑,"黄河"队立即转身追赶"长江"队,凡是在安全线前拍到对方的就得1分。如教师喊"黄河",则"黄河"跑,"长江"追。进行几轮以后,得分多的队为胜。

(a)　　　　　　　　　　(b)

(c)　　　　　　　　　　(d)

图 3.3-1　长江黄河 1

游戏规则：

1. 裁判员发令前,两队学生分别站在站位线上。
2. 被追的队不得越过边线和端线,要直线跑,不能曲线跑。
3. 追的同学不能推人、拉人,只需轻拍对应同学的肩或背。

教学建议：

1. 评价重点：尊重对手,不轻易放弃；反应和移动的速度要快。
2. 游戏之前教育学生要诚实,严格遵守游戏规则；要注意使双方追拍的次数相等；在游戏之前所有学生要明确自己对应的同学是哪一个。裁判员也可用手势、哨音、挥动小旗等方式代替叫号。
3. 检查场地是否平整,调整好学生之间间距,强调拍肩动作要轻柔,杜绝危险动作出现。

4. 性质类似的游戏有"叫号追人"等。

●长江黄河-2

设计思路：
为帮助学生更快地熟悉游戏方法，保障游戏过程安全而变。

预期目标：
听到口令能反应快速并行动敏捷，通过你追我赶的游戏形式提高奔跑速度。

变化方法：
游戏的方法、规则、评价方式不变。游戏以接龙的方式进行比赛并计分评价；缩短站位线和安全线距离。例如：竞赛的两队，站在同一个站位线内，并设置相同安全线，当教师喊"黄河"时，由"长江"快速追逐在一侧的"黄河"。在安全线内拍到对方肩的获得一分，快速躲避到安全线且不被拍到的一方获得一分。

(a)　　　　　　　　　　(b)

(c)　　　　　　　　　　(d)

图 3.3-2　长江黄河 2

评价重点：
听到口令能快速反应并行动敏捷，通过你追我赶的游戏形式提高奔跑速度。

教学中曾经出现的问题：

遇到强手总不能赢得比赛；追逐中"抓"对方的动作过猛，出现摔倒现象。

解决问题的方法：

1. 进行一轮比赛后，教师根据学生运动能力合理调整竞赛中的出场顺序。
2. 尊重学生个人想法，由输方的学生自主选择出场顺序。
3. 改善"抓"的动作方法，由拍肩变为取号码牌（每人背后用不干胶贴号码牌）。

教学建议：

1. 适合小学五年级学生在游戏教学初期选用。
2. 竞赛中两队间距至少 2 米，保证学生奔跑中的安全。
3. 设计不同"抓"到对方的方式，可以根据学校现有资源考虑，例如：旧报纸、A4 纸做号码牌，或者做"小尾巴"。对方取到相应物品即可判为获胜。
4. 该游戏按接龙的方式进行，并记录本队总分数，分数高的队伍为获胜队。

●长江黄河-3

设计思路：

加长站位线至安全线距离为 30 米，为达到提高跑的速度和加速跑的能力目标而变。

预期目标：

能完成至少 30 米的快速跑，从而提高快速起跑和起跑后的加速跑的能力。

变化方法：

游戏的形式、比赛方法不变。增加站位线至安全线之间的距离，增加学生奔跑的时间，从而提高学生加速跑的能力。

评价重点：

能完成至少 30 米的快速跑，从而提高加速跑的能力。

教学中曾经出现的问题：

安全线以外被"抓"的队员人数增多；

解决问题的方法：

1. 鼓励学生积极参加，并能互相鼓励，团结协助。
2. 教师根据第一次练习情况适当调整每队出场顺序，将身体素质相近的安排在一起比赛。

教学建议：

1. 适合小学五年级学生在游戏教学后期选用。

(a) (b)

(c) (d)

图 3.3-3　长江黄河 3

2. 游戏中进行多次分组和分层设计，分组可以从自然组到刻意安排组，分层从距离长度考虑。

●长江黄河-4

设计思路：
为提高游戏的趣味性和竞争力，帮助学生达成情感目标而变。

预期目标：
通过改变游戏方法，满足学生情感需求，提高学生反应的能力，调动学生参与的积极性，增强学生合作意识。

变化方法：
游戏形式、过程与评价方法不变。两方面对面站在站位线内，游戏开始，听到哨音学生转身向相反方向走，当教师喊"黄河"时，"长江"快速转身追逐对方，在安全线内拍到对方肩部获得一分。获得分数高的一方为胜。

评价重点：
通过改变游戏方法，满足学生情感需求，提高学生反应的能力，调动学生参与的积极性,增强学生合作意识。

(a)　(b)　(c)　(d)

图3.3-4　长江黄河4

教学中曾经出现的问题:

奔跑速度快的学生专门盯住弱势学生"抓",追逐中出现摔倒现象。

解决问题的方法:

1. 规定每个学生必须"抓"与自己对应的学生。
2. 比赛中教师可根据两队向场地中移动的速度叫"黄河"或"长江"。

教学建议:

1. 适合小学五年级学生在游戏教学后期选用。
2. 学生间距要调大,防止跑中无意识的碰撞现象。
3. 规定比赛中"抓"到对方后若不双手举高示意,则不计算成绩。

●长江黄河-5

设计思路:

采用合作竞赛法,为帮助弱势队分享到成功的快乐,促进他们进一步发展而变。

预期目标：

通过双人合作跑——弱势队员与强势队员手牵手合作跑方式——调动所有学生的积极性，增强团队合作意识。

变化方法：

游戏形式、过程与评价方法不变。进行合作性比赛，如：强势队员牵手弱势队员，躲避对方追逐。

(a)　　　　　　　　　　　　(b)

(c)　　　　　　　　　　　　(d)

图 3.3-5　长江黄河 5

评价重点：

通过弱势队员与强势队员手牵手合作跑方式，调动所有学生的积极性，增强团队合作意识。

教学中曾经出现的问题：

弱势队员和强势队员合作失败。

解决问题的方法：

1. 教师根据班级练习进度及时调整评价，到达安全线由获得 1 分提升到 3 分。

2. 合作追逐到对方的双人获得 6 分。

3. 规定主动与弱势队员合作的学生领先获得 1 分。

教学建议：

1. 适合小学五年级学生在游戏教学后期选用。

2. 及时教育引导，并深入队员中参与游戏，鼓励弱势队员积极参加，更鼓励强势队员牵手弱势队员，提升合作跑的意识。

4. 鲤鱼跳龙门

● 鲤鱼跳龙门-1

游戏价值：

鲤鱼跳龙门游戏能有效地发展学生的双脚跳跃能力与下肢力量，提高学生弹跳、机智灵活、果断等行为能力，培养合作意识和团队精神；此游戏是传统的体育教学内容，也是学习跳跃技能教材重要的辅助教学手段。

游戏目标：

能与同伴配合，提高跳跃和快速前后移动的能力。

游戏准备：

一片平坦的软地，报纸每组一张。

游戏方法：

三人一组，两人面向站立，双手上举，分别拿着展开报纸的一角扮作"龙门"，另一人面向报纸站立扮作"鲤鱼"。

(a) (b) (c) (d)

图 3.4-1 鲤鱼跳龙门 1

裁判员发令后，手拿报纸的两人立即下蹲，将"龙门"降下，让"鲤鱼"双脚跳起跃过"龙门"（报纸），然后两人起立将"龙门"升起，让跳过"龙门"的"鲤鱼"游回（退回到报纸的后沿）。"龙门"降下，"鲤鱼"跳过；"龙门"升起，"鲤鱼"退回。如此循环反复，在一分钟时间内，"鲤鱼"越过"龙门"次数最多的组获胜。

游戏规则：

1. 报纸被扯破、踩破后的次数不算。

2. 两人在拿报纸时手不能离开报纸。

3. "鲤鱼"游回方式不限。

教学建议：

1. 评价重点：同伴之间合作的意识和能力；不同方式的快速移动能力。

2. 游戏前应使学生熟悉"龙门"升降和"鲤鱼"游回方法，提醒拿报纸的学生拿得稳，其次，上下移动速度快；提醒可以尝试多种游回方式，只有小组团结合作才能获胜。

3. 游戏之前检查场地是否平整，检查鞋带是否系好。

4. 性质类似的游戏有"跳跃障碍接力"等。

编者提示：

1. 此案例有视频。视频编码：鲤鱼跳龙门-1。

2. 视频中教师选用报纸作为游戏的教具，采用了讲解、学生配合示范等教学方法与手段，利用分解练习法和完整练习法组织练习与比赛，以此来保障游戏教学的质量。

● **鲤鱼跳龙门-2**

设计思路：

为帮助学生更快地熟悉游戏方法，保障游戏过程安全而变。

预期目标：

通过改变"鲤鱼"起跳前站立的方向（由面对"龙门"改为侧对"龙门"），降低"鲤鱼"跳跃"龙门"难度，避免学生单脚跳跃"龙门"现象，帮助学生尽快熟悉动作方法与游戏规则，培养自觉遵守游戏规则的意识。

变化方法：

游戏形式、过程不变，跳跃方法不变。由正面跳过"龙门"，改为侧向跳过"龙门"，降低跳跃"龙门"的难度；避免学生单脚跳跃"龙门"现象，避免摔倒。

(a) (b)
(c) (d)

图 3.4-2　鲤鱼跳龙门 2

评价重点：

能按照侧向跳跃动作进行比赛。以能遵守规则，按照侧向跳跃动作进行游戏，跳跃次数多的组为胜。

教学中曾经出现的问题：

"鲤鱼"未双脚同时跳跃过"龙门"；"龙门"高度不一致，常有摔倒现象发生。

解决问题的方法：

1. 练习时，教师注意强调和训练学生遵守游戏规则，"鲤鱼"未双脚同时跳过"龙门"，第一次警告，第二次进行扣罚，减去三个成功完成数量。

2. "龙门"未能落地第一次警告，第二次进行扣罚，减去三个成功完成数量；训练学生跳过"龙门"后，落地要下蹲缓冲。

教学建议：

1. 适合小学五年级学生在游戏教学初期选用。

2. 每次评价都要严格执行既定的游戏标准。

3. 改变比赛评价，可以将比赛评价改为比"鲤鱼跳得稳"，提高游戏的安全系数。根据学生跳跃能力的变化，适时将比赛评价改变为规定数量计时进行，例如："鲤鱼跳 10 次""鲤鱼跳 15 次"，激发学生参与的积极性。

编者提示：

1. 此案例有视频。视频编码：鲤鱼跳龙门-2。

2. 视频中教师主要运用的是"条件作业法"原理，采用改变起跳前站立方向以改变跳跃方向的方法，来降低游戏动作的难度，以此来保障游戏教学的安全。

●鲤鱼跳龙门-3

设计思路：

为推进学生完成连续双脚向前跳跃动作，发展跳跃技能而变。

预期目标：

通过调整"鲤鱼"返回跳跃起点方式，加快返回速度，提高在规定的时间内完成的数量；从而提高学生跳跃能力，逐步形成连续双脚向前跳跃动作。以"在同等时间内鲤鱼跳跃龙门数量多为获胜"的评价标准，提高学生跳跃能力。

变化方法：

游戏形式、过程不变，跳跃动作不变。"鲤鱼"跳过"龙门"后，转身返回起点。比哪组学生在规定的时间内跳跃的次数多。以此来增强游戏的趣味性，从而促使学生增加跳跃数量，提高跳跃练习密度，发展学生的跳跃能力。

(a)　　　(b)

(c)　　　(d)

图 3.4-3　鲤鱼跳龙门 3

评价重点：

在规定的时间内，能以正确的跳跃动作跳过龙门，数量多的获胜。

教学中曾经出现的问题：

追求跳跃次数而忽略规定的动作方法，如：单脚跳过"龙门"。

解决问题的方法：

1. 设立记录员，专门检查犯规现象。

2. 发现"鲤鱼"未双脚同时跳过"龙门",第一次给予警告,第二次进行判罚,扣本队成功跳跃数量三次。

教学建议：

1. 适合小学五年级学生在游戏教学中期选用。

2. 明确游戏方法,训练学生按照规定动作进行游戏。比赛可以分组进行,例如:男生队先进行比赛,女生队伍为记录员协助检查犯规现象。

编者提示：

1. 此案例有视频。视频编码:鲤鱼跳龙门-3。

2. 视频中教师主要运用的是"条件作业法"原理,采用"鲤鱼跳龙门后转身返回起点"的游戏规则和动作方法,以此来提高在规定时间内完成跳龙门的次数,避免返回时撞到龙门,鼓励学生加快跳龙门的频率,以此来提高跳跃技能水平。

●鲤鱼跳龙门-4

设计思路：

为提高游戏的趣味性和竞争力,培养合作意识,帮助学生达成情感目标而变。

预期目标：

通过计时赛提高跳跃的次数,学生逐步建立双脚连续向前跳跃能力;以"鲤鱼跳过龙门次数多的组为胜"的评价标准,激发学生跳跃能力。

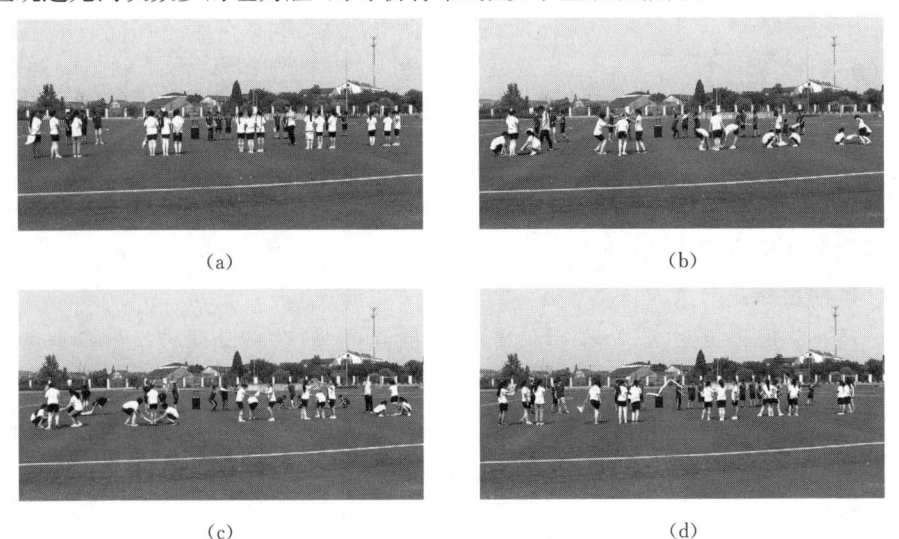

(a)　　　　　　　　　　　(b)

(c)　　　　　　　　　　　(d)

图 3.4-4　鲤鱼跳龙门 4

变化方法：

游戏形式、过程不变。在规定时间内，"鲤鱼跳龙门"数量多的一方为胜。

评价重点：

听到游戏开始信号时，鲤鱼和龙门能积极配合，在规定的时间内争取连续向前跳跃动作协调。查数各个队数量多少，综合裁判双方输赢。

教学中曾经出现的问题：

跳跃动作犯规；小组内互相抱怨不合作。

解决问题的方法：

1. 规定"鲤鱼"必须双脚同时跳跃过"龙门"。

2. 根据组内出现的问题，相互之间积极配合并能有效解决问题的组，将被评为"最佳合作组"。

教学建议：

1. 适合小学五年级学生在游戏教学后期选用。

2. 跳跃的动作方法可进行赛前练习，如：双脚并脚向前跳练习、双脚向前跳得稳、后退返回起跳点等。

编者提示：

1. 此案例有视频。视频编码：鲤鱼跳龙门-4。

2. 视频中教师根据学生爱表现、爱争先心理活动规律，主要运用讲解、示范、讨论等教学方法与手段，采用"计时赛"的形式，提高学生参与兴趣；通过"计算成功跳跃的数量"的方式培养团队合作的意识与能力。

● 鲤鱼跳龙门-5

设计思路：

降低"龙门"宽度，为帮助弱势队体验到成功的快乐、促进他们进一步发展，为帮助弱势学生尽快进步而变。

预期目标：

通过将原报纸对折，"龙门"变窄，降低跳跃的难度，调动所有学生参与游戏的积极性，增强团队合作意识。

变化方法：

游戏形式、过程与评价方法不变。进行降低难度比赛，将原报纸对折，"龙门"变窄。

(a) (b)
(c) (d)

图 3.4-5 鲤鱼跳龙门 5

评价重点：
弱势队所有人都努力参与游戏；强势队也努力争取获胜。

教学中曾经出现的问题：
设置的"龙门"太窄，学生很容易跳跃过"龙门"，就会不尽力。

解决问题的方法：
1. 教师适时调整"龙门"宽度，以增强游戏的对抗性。
2. 将不同宽度"龙门"作为挑战的关卡，鼓励每支队伍大胆尝试并勇夺第一。

教学建议：
1. 适合小学五年级学生在游戏教学后期选用。
2. 及时进行教育引导，帮助学生树立"面对不同难度勇于挑战"等良好思想品质。

编者提示：
1. 此案例有视频。视频编码：鲤鱼跳龙门-5。
2. 视频中教师主要运用的是"条件作业法"原理，采用"龙门宽度差异"的组织方法，提升对抗的强度，让弱势队增加获胜的可能性，以此来激发双方的参与激情；同时注重表扬强势队帮助弱势队的风格。

5. 斗鸡

● 斗鸡-1

游戏价值：

斗鸡游戏能有效地发展学生的单脚跳跃能力与下肢力量，提高学生弹跳、身体协调和机智灵活躲闪等能力，培养积极竞争、勇敢顽强、不怕失败的精神。此游戏是传统的体育教学内容，也是学习单脚跳跃技能教材重要的辅助教学手段。

游戏目标：

能机智地与对手争斗，在对抗中提高单脚跳稳定性。

游戏准备：

在场上画两条相距 6 米的平行线，两线中间画几个直径 2.5 米的圆。

(a)  (b)

(c)  (d)

图 3.5-1 斗鸡 1

游戏方法：

把学生分成人数相等的两队，面对面站在两线后面。游戏开始，每队各出一个人站在圆圈内。发令后，双方用双手在体前抓住脚踝处做连续单脚跳，并用肩互相顶撞，以能迫使对方站立不稳而双脚着地或退出圈外者为胜，胜者得1分。全队所有人都参与对抗一次，以积分多的队为胜。

游戏规则：

1. 不得用头撞人，不得用手推拉人。

2. 提起的脚落地或退出圈外就算失败。

教学建议：

1. 评价重点：在对抗中的机智灵活性；单脚跳的稳定性和协调性。

2. 学生人数多时可以多画几个圈，以便提高练习密度；男女应分组比赛；游戏时要鼓励学生勇敢顽强，同时又要自觉遵守游戏规则；安排对抗时尽量做到身材体重相似的学生一组。

3. 强调在对抗中动作不能过于粗暴，提醒学生身上不能有利器、配戴眼镜等。

4. 性质类似的游戏有"推人出圈"。

编者提示：

1. 此案例有视频。视频编码：斗鸡-1。

2. 此游戏教师运用了"条件作业法"原理，采用了讲解、示范、提示、鼓励等教学方法，让学生直观快速地明白了游戏的基本做法，游戏合理分组，教学效果好。

● 斗鸡-2

设计思路：

为帮助学生更快地熟悉游戏方法，保障游戏过程安全而变。

预期目标：

通过减小"斗鸡场地"，缩短学生与学生之间距离，保护学生斗鸡安全，从而使其尽快熟悉动作方法与游戏规则，培养自觉遵守游戏规则的意识。

变化方法：

游戏形式、过程不变，斗鸡动作方法不变。缩小"斗鸡场地"，减少学生"战斗"时间，缩短每局比赛时间，让每一个学生尽量多地尝试动作。

评价重点：

在对抗中的机智灵活性；单脚跳的稳定性和协调性。

教学中曾经出现的问题：

学生做"斗鸡"动作不规范；游戏过程中学生会松开抓住脚踝处的一只手。

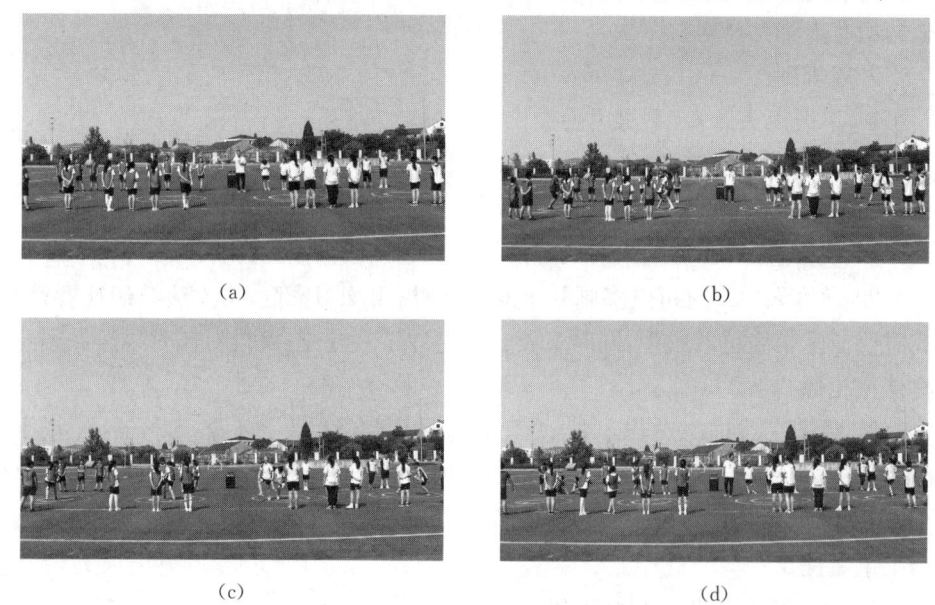

图 3.5-2　斗鸡 2

解决问题的方法：

1. 练习时，教师注意强调"斗鸡"正确的动作要求，并反复进行原地与行进间斗鸡的动作练习。

2. 比赛时，教师上场参与活动，用"示错法"有意犯规，用行动给学生示范犯规后应该如何被罚下场（犯规后要举手示意再下场），带头遵守规则。

教学建议：

1. 适合小学五年级学生在游戏教学初期选用。

2. 每次评价都要严格执行既定的游戏标准。

编者提示：

1. 此案例有视频。视频编码：斗鸡-2。

2. 视频中教师主要运用的是"条件作业法"原理，缩小"斗鸡"场地，而且注重斗鸡游戏正确动作的引导，严格执行规则，以此来保障游戏教学的安全。

斗鸡-3

设计思路：
为提高下肢力量而变。

预期目标：
通过调整"斗鸡"场地，每场"斗鸡"人数，增强学生下肢力量；以"男生不得攻击女生、可以两人及以上攻击一人，小队留下的人数多者为胜"的评价标准，激发学生下肢力量能力练习。

变化方法：
游戏形式、过程不变，"斗鸡"动作不变。学生以小组的形式参与斗鸡比赛，男生不得攻击女生、可以两人及以上攻击一人，小队留下的人数多者为胜。帮助学生控制好方向提高下肢力量，以此来增强游戏的趣味性，从而加快提高团队合作的能力。

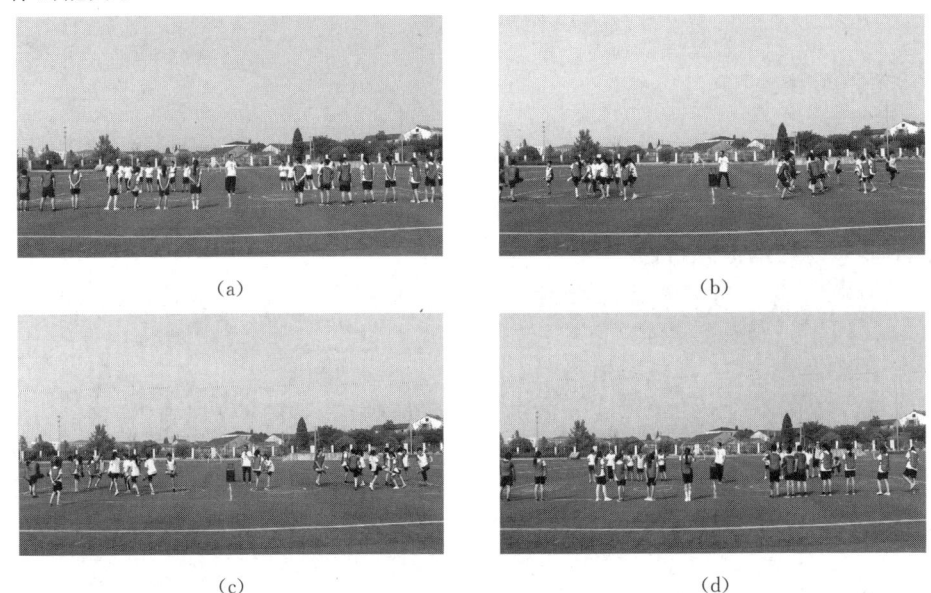

(a)　　　　　　　　　　(b)

(c)　　　　　　　　　　(d)

图 3.5-3　斗鸡 3

评价重点：
在规定的时间内，能以正确的"斗鸡"动作进行攻击，留在场地人数多的一方获胜。

教学中曾经出现的问题：
追求"斗鸡"攻击而忽略规定的动作方法；有用手推人等违规行为。

解决问题的方法：

1. 设立记录员，专门检查犯规现象，发现"斗鸡"没双手抓脚踝处，立刻判罚出局。

2. 发现有学生用手推人等违规行为，立即停止其比赛，出圈双手摸耳数数，罚停赛一次。

教学建议：

1. 适合小学五年级学生在游戏教学后期选用。

2. 明确游戏方法，训练学生按动作要求进行游戏。可设计对抗赛，一方在计时赛中比拼，另一方观看比赛的同时进行记录，专门检查犯规现象。

编者提示：

1. 此案例有视频。视频编码：斗鸡-3。

2. 视频中教师主要运用的是"条件作业法"原理，采用"斗鸡进攻要求""男生不得进攻女生"的规则约束的方法，以此来提高"斗鸡"的难度，从而提高下肢力量训练的技能水平。

● 斗鸡-4

设计思路：

为了提高学生的练习兴趣，通过增加保护垫，增强游戏的趣味性，帮助学生达到积极练习的情感目标。

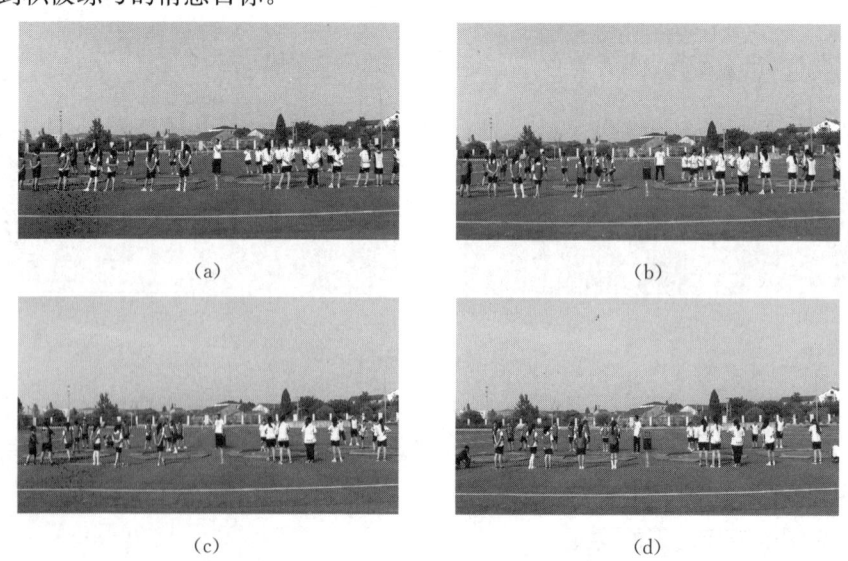

(a)　　　　(b)

(c)　　　　(d)

图 3.5-4　斗鸡 4

预期目标：

通过改变场地保护措施，增加练习的趣味性，激发学生练习积极性，培养学生敢于尝试、挑战自我的精神。

变化方法：

在游戏形式、过程和组织形式都不变的情况下，只改变场地的保护措施。发令后，双方用手抓住脚踝处做连续单脚跳，并用肩互相顶撞，以能迫使对方站立不稳而双脚着地或退出圈外者为胜。

评价重点：

练习的氛围。

教学中曾经出现的问题：

面对对手学生紧张，怕失败摔倒。

解决问题的方法：

引导学生在赛前熟悉有保护垫场地，并进行自摔练习。

教学建议：

1. 适合小学五年级学生在游戏教学后期选用。

2. 严格执行规则，不论采用哪种方式，只要将对方攻击到圈外就得分。

3. 增加分组，提高练习密度，培养学生自主组织游戏的能力。

编者提示：

1. 此案例有视频。视频编码：斗鸡-4。

2. 视频中教师主要采用的教学策略：为了提高学生参与游戏的积极性，运用了改变场地设置方法进行游戏比赛。

● 斗鸡-5

设计思路：

采用"差异竞赛法"，为弱势学生提供获胜的可能性，以此激励他们更加积极主动地参与到游戏中去，促进他们进一步发展而变。

预期目标：

比赛中弱势生在圈内因下肢无力量可以更换一次脚，激发弱势学生练习的积极性，培养他们勇于挑战的能力，增强坚持不懈的信心。

变化方法：

在游戏方法和游戏形式不变的情况下，弱势生在圈内可更换一只脚，继续参与比赛。

评价重点：

斗鸡的比赛全员参与。

(a)　　　　　　　　　　　　　(b)

(c)　　　　　　　　　　　　　(d)

图 3.5-5　斗鸡 5

教学中曾经出现的问题：

弱势生攻击不主动，更换腿速度慢反而被攻击。

解决问题的方法：

1. 在比赛圈外的场地上铺上软垫或在松软平整的场地上进行比赛。
2. 规定学生游戏比赛总时间，迫使学生主动出击。

教学建议：

1. 适合小学五年级学生在游戏教学后期选用。
2. 安排裁判员分别计分，确保做到公平公正。
3. 鼓励弱势生大胆参与，争取获胜。

编者提示：

1. 此案例有视频。视频编码：斗鸡-5。
2. 视频中教师主要采用的教学策略：采用"差异竞赛法"原理，设置弱势生赛中更换腿一次，激励其参与的积极性。

6. 冲过火力网

● 冲过火力网-1

游戏价值：

冲过火力网游戏能发展学生的投掷、空间判断与灵活躲闪的能力；培养学生机智、果断、诚实的品质；是小学生喜爱的传统投掷类游戏教材，还是后续学习投掷类技术的辅助教学内容与手段。

游戏目标：

能沉着冷静判断时机，投准移动目标；在快速移动中能灵活躲闪。

游戏准备：

在场地中央画一条长20～30米，宽1米的跑道，跑道两边8～10米处各画一条与跑道等长的平行边线，两端各用端线连接起来，成为一个长方形。小沙包（或纸球、泡沫球）若干。

(a)　　　　　　　　　(b)

(c)　　　　　　　　　(d)

图3.6-1　冲过火力网1

游戏方法：

把学生分为人数相等的两队，一队攻，一队守。攻队成一路纵队站在端线后，面对跑道。守队分成人数相等的两个小组，每人拿一个沙包在两条边线后、面对跑道均匀地散开站立。（场地图详见图3.6-1）

裁判员发令后，攻队学生一个跟一个沿着跑道向前冲，守队用沙包投击，被击中的暂时退出游戏，能安全通过的得一分。攻队往返各跑一次后，统计成绩然后轮换。最后以得分多的队为胜。

游戏规则：

1. 攻队要按次序跑，不得跑出跑道。

2. 守队攻击时不得跨进边线。

3. 只能投击头部以下身体部位，不得向头部投掷。

教学建议：

1. 评价重点：守方冷静、果断的判断能力；攻方躲闪和快速奔跑的能力。

2. 提醒学生要选择跑动和进攻的时机。攻方学生善于利用各种躲闪动作来保护自己，守方学生投掷方式不限；裁判员发令时要注意间隔时间；教育学生遵守游戏规则，尊重对手。

3. 裁判员一是要控制好进攻学生跟进的间隔时间，防止前后碰撞。二是要强调守方学生投掷击打对方的部位只能是腰部以下。

4. 性质类似的游戏有"过街老鼠人人打"等。

编者提示：

1. 此案例有视频。视频编码：冲过火力网-1。

2. 游戏时教师按男女生性别来分组，且让攻守双方穿上不同颜色的分队背心。教学中采用讲解、演示法进行介绍游戏方法与规则。游戏组织上先进行练习后再进行比赛，以此来提高游戏教学的效果。

●冲过火力网-2

设计思路：

为帮助学生更快地熟悉游戏方法，保障游戏过程安全而变。

预期目标：

通过改变游戏方法与规则，攻方可以利用护具保护头部进行躲闪，这样避免了"子弹"打到头部，增强了学生的安全意识，也可以帮助学生尽快熟悉游戏方法与游戏规则，增强团队战斗力和凝聚力，培养自觉遵守游戏规则的意识。

变化方法：

游戏形式、过程不变，投掷方法不变。给攻方增加"护具"，保护学生快速而安全通过封锁线，减少安全隐患。

(a) (b) (c) (d)

图 3.6-2 冲过火力网 2

评价重点：

遵守游戏规则的情况。

教学中曾经出现的问题：

学生不遵守游戏规则，乱投或者不承认自己被击中；打到攻方学生的护具（头部）。

解决问题的方法：

1. 注意强调和训练学生要遵守游戏规则，按规则先练习攻防后，再进行比赛。比赛时，教师要及时提醒与处理不遵守游戏规则的学生。
2. 比赛时，打到攻方学生的护具（头部）时，暂停游戏一次。

教学建议：

1. 适合小学五年级学生在游戏教学初期选用。
2. 每次评价都要严格执行既定的游戏标准。
3. 在教师启发下，开动脑筋，攻方可采用折叠体操垫作为护具，运用变速跑、各种跨跳等动作躲闪;守方则要防止一开始就把"子弹"打光,积极参与游戏。

编者提示:

1. 此案例有视频。视频编码:冲过火力网-2。

2. 视频中教师主要运用的是"条件作业法"原理,采用小塑料篮作为护具保护学生头部的方法,避免头部被砸中的危险,增强了学生的安全感。注重了游戏起始信号的运用,以此来提高游戏教学的安全。

●冲过火力网-3

设计思路:

为提高守方学生投掷的命中数量而变。

预期目标:

通过给守方规定投掷动作,增加"子弹"数目,提高守方队员肩上投掷的练习密度,激发学生参与的积极性。

(a)

(b)

(c)

(d)

图 3.6-3　冲过火力网 3

变化方法:

游戏形式、过程不变。给守方队员增加 2 到 3 枚"子弹"。规定使用肩上屈肘投掷的方法进行游戏。

评价重点：

能以正确的投掷动作完成练习，命中率高。

教学中曾经出现的问题：

不按规定的动作投出"子弹"；攻方队员被击中不承认失败；攻方队员通过火力网时速度很慢，影响游戏的进程。

解决问题的方法：

1. 练习时，注意强调用正确的动作进行投掷，对乱投的组扣分和减少子弹。

2. 适时给学生进行诚信教育，表扬自觉举手承认被击中者，增加1－2次游戏机会；不举手承认被击中者，下场做提示性动作，如站在场边摸耳站立说规定用语，提醒自己"我要遵守规则"。

3. 教师利用倒数数的方法，来提示攻方队员尽快通过火力网。凡是在规定时间内没有冲过火力网的学生，一律判为被打中者。

教学建议：

1. 适合小学五年级学生在游戏教学后期选用。

2. 在双方对抗时注意提醒学生灵活躲闪。

3. 游戏前应对学生讲清楚规则和要求，并进行"战前"的动员，留出一定时间给攻守双方商量"战斗"方略，充分激发他们的"战斗"热情。攻队可作为蓝军，守队作为红军。教师作为指挥员，统一命令。在游戏开始前，攻、守各队可以研究作战方案，研究出如何"消灭"对方和不被对方"消灭"的策略。以此来增强游戏的趣味性，从而发展学生的投掷能力，调节游戏的节奏和活跃氛围。

编者提示：

1. 此案例有视频。视频编码：冲过火力网-3。

2. 视频中教师主要运用的是"建构主义理论"的基本原理，在组织游戏时，主要采用引导与启发的方法，让学生分组讨论，攻守双方斗智斗勇。巧妙利用倒数数的方式来提示攻方队员尽快通过火力网，以此提高了游戏教学效果。

● 冲过火力网-4

设计思路：

为提高游戏的趣味性和竞争力，帮助学生达成情感目标而变。

预期目标：

通过改变攻、守方人数，提高游戏的趣味性，强化学生快速奔跑与躲闪的能力,调动学生参与的积极性,增强合作意识。

变化方法:

游戏路线、过程不变。改变攻、守方队员人数,由原来攻、守方人数相等,改变成攻方人数少,守方人数多的场景,增加击中目标的次数,激发学生的参与热情,提高游戏的趣味性,满足学生情感需求,培养学生合作意识、规则意识。

(a)　　　　　　　　　　　　　(b)

(c)　　　　　　　　　　　　　(d)

图 3.6-4　冲过火力网 4

评价重点:

守方击中目标的人数和次数;攻防勇敢躲闪,变换冲过火力网方法的能力。

教学中曾经出现的问题:

因守方人数增加,攻方不敢冲过火力网;守方不能把握时机,子弹还没用完,攻方已全部通过。

解决问题的方法:

1. 教师以身示范,带领学生一起冲,激发学生敢于冲的信心,培养勇敢精神。
2. 引导守方预估和评判攻方人员全部通过的时长,把握好投"弹"时机。

教学建议:

1. 适合小学五年级学生在游戏教学后期选用。
2. 调整攻方、守方通过的人数,这样给守方的学生足够的击中目标的机会,培养学生的机智与协同作战的能力。也大大地调动起学生的参与积极性和参与热情,增强游戏的趣味性。

编者提示:

1. 此案例有视频。视频编码:冲过火力网-4。
2. 视频中教师主要运用了引导法、示范法。采取的教学策略是:通过调整攻、守方人数,提高守方命中次数,增强游戏的对抗性,提高趣味性;以身示范带头冲过火力网,增强学生的信心。

●冲过火力网-5

设计思路:
采用"差异竞赛法",为帮助体育弱势生,促进他们进一步发展而变。

预期目标:
通过改变守方投掷线,规定男生用左手投掷,女生用右手投掷,增加弱势队和弱势生的获胜概率,提高游戏的竞争性,调动所有学生的积极性,强化学生快速投掷的能力,发展上下肢力量,让强势队与弱势队都能不断挑战自我,增强团队合作意识。

(a) (b)
(c) (d)

图 3.6-5 冲过火力网 5

变化方法：

游戏形式、过程与评价标准不变。根据学生能力改变投掷线与中线的距离，规定男生用左手投掷，女生用右手投掷。尽量保证不同能力的学生都有分可得，增加弱势队和弱势生的获胜概率，可以激发学生的练习兴趣，极大地调动了学生的参与积极性。

评价重点：

弱势队同学能团结合作，努力争取胜利；强势队能站在指定的投掷线后，按规定的动作投掷。

教学中曾经出现的问题：

刚开始游戏时男生进行让距又采用非惯用手进行投掷，成功率很低；部分学生不按规定的投掷线站位，超线投出"子弹"；强势队对"不平等"的游戏规则表示不满，输了不服气。

解决问题的方法：

1. 及时改变动作或调整男生的投掷线，让他们也有获胜的可能。

2. 规定超线投掷算犯规，打中他人除需鞠躬致歉外，还要暂停一轮游戏。

3. 赛前做好思想引导工作，鼓励强势队，告知他们这样做游戏不仅是帮助弱势队同学得到身体上的锻炼，还能培养他们良好的思想品德和社会适应能力。

教学建议：

1. 适合小学五年级学生在游戏教学后期选用。

2. 及时进行教育引导，帮助学生养成"胜不骄、败不馁""让对方有获胜的可能，也是帮助他人的一种方式""只要努力，就有收获"等良好思想品质。

编者提示：

1. 此案例有视频。视频编码：冲过火力网-5。

2. 视频中教师主要运用的是"条件作业法"原理，采用"动作差异与投掷距离差异"的组织方法，提升对抗的强度，提高弱势生参与的积极性。

7. 小龙大战

● 小龙大战-1

游戏价值：

小龙大战游戏有利于激起学生"比"的欲望，调动"比"的行动，能有效地发展学生的投掷能力与上肢力量，提高反应速度与机智、灵活、果断等行为能力，培养团队合作意识。此游戏既是传统的体育游戏教材,也是学习投掷技术教材重要的辅助教学手段。

游戏目标:

能勇敢、快速地将本方的"小龙"用肩上投掷的方法投到对方场地。

游戏准备:

在空旷的场地上画两条长 25 米以上的平行线(间距宽 8~10 米)作为边线,中间画一条中线,每人一只"小龙"(带有飘带的纸球)。

游戏方法:

将学生平均分成甲、乙两组,分别站在中线的两边,面向对方,每人手持一个"小龙"做好投掷的准备。

裁判员发令后,双方队员将手中的"小龙"用肩上投掷的方法向对方场地投出,随后不断地捡起本方场地上落下来的"小龙",再迅速投向对方的场地,直到裁判员发出结束的信号为止。分别统计各方场地上的"小龙"数量,少者为胜。

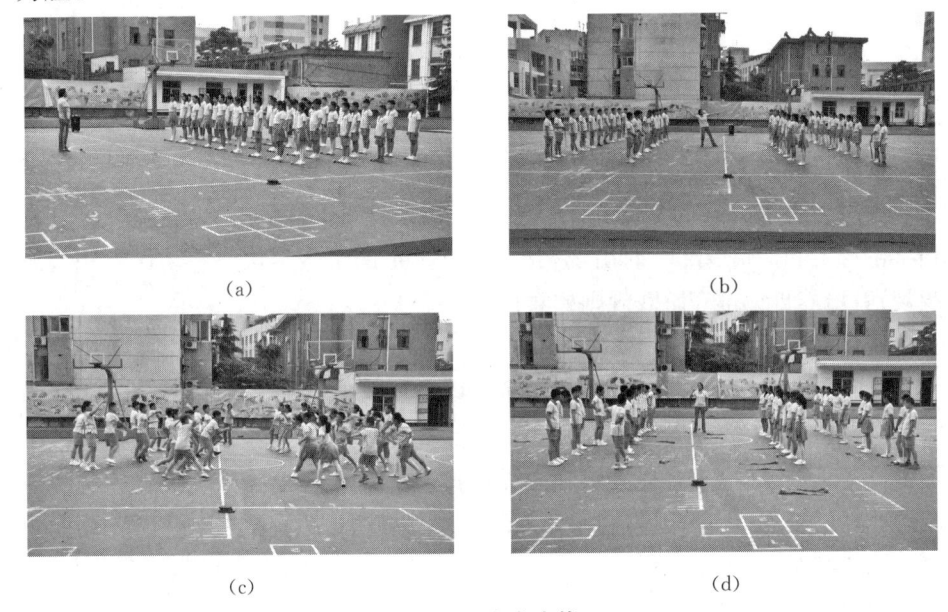

图 3.7-1 小龙大战 1

游戏规则:

1. 手持"小龙"向对方投掷时,必须从肩上出手,越过对方同学的头顶,直接打到对方的头部算犯规。

2. 场地上没有底线,"小龙"投得越远越好。

3. 落在本方边线外的"小龙",属对方犯规,计算时将对方的"小龙"数乘以 3。

教学建议：

1. 评价重点：互投过程中的积极拼搏行为；投球方法与取胜战术的灵活运用。

2. 提醒学生可以在教师规定动作的基础上选择多种投掷方法；有风时，将强势队安排在顶风的一边，弱势队安排在顺风的一边；建议学生合理分工。

3. 游戏之前充分做好专项准备活动，不允许将球投掷到对方学生的头部。

4. 性质类似的游戏有"看谁投得多"等。

编者提示：

1. 此案例有视频。视频编码：小龙大战-1。

2. 视频中教师选用"泡沫球加飘带"作为主要游戏教具，采用了分解练习法和完整练习法组织练习与比赛，以此来保障游戏教学中肩上投掷动作的质量。

● 小龙大战-2

设计思路：

为帮助学生更快地熟悉游戏方法，保障游戏过程安全而变。

预期目标：

通过增加"界河"的宽度、减少场上人数、划分投掷区等方法，避免"小龙"打到学生身上和捡拾"小龙"时出现相撞等现象，帮助学生尽快熟悉动作方法与游戏规则，培养自觉遵守游戏规则的意识。

变化方法：

游戏形式、过程与规则不变。两条边线的中间画一条 3 米宽的分隔线作为"界河"，延长学生快速安全躲闪时间，降低"小龙"砸人的概率；分组比赛时减少场上竞赛人数；把投掷竞赛区域分为"前场、中场、后场"，学生按投掷能力选择区域游戏，且"投掷区"即为捡拾"小龙"区域，尽量缩短学生捡拾"小龙"时跑动的距离，避免相撞。

评价重点：

能按区域捡拾与投出"小龙"。以能遵守规则，按竞赛区域游戏，场内"小龙"数量少的组为胜。

教学中曾经出现的问题：

学生跑到别人的竞赛区域捡拾"小龙"，常有冲撞现象发生；投掷动作变形。

(a)　　　　　　　　　　　　　　　　(b)

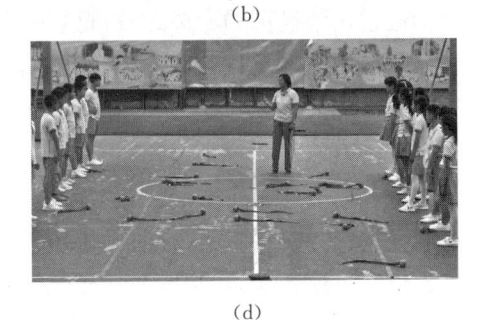

(c)　　　　　　　　　　　　　　　　(d)

图 3.7-2　小龙大战 2

解决问题的方法：

1. 练习时，教师注意强调和训练学生遵守游戏规则，凡在别人的竞赛区域捡拾"小龙"的，犯规第一次予以提醒；第二次就要下场做提示性动作（如立正数数，稍息摸耳等）后再上场；第三次犯规，下场后只能当"助理裁判"（帮着裁判员做辅助性工作）。

2. 比赛时，教师上场参与活动，采用"示错法"先有意犯规，再用行动给学生示范犯规后应该如何下场（犯规后要举手示意再下场），带头遵守规则。

教学建议：

1. 适合小学六年级学生在游戏教学前期选用。

2. 每次评价都要严格执行既定的游戏标准。

3. 适时增加"界河"的宽度，可以将学生分成男子组、女子组进行比赛，减少比赛场地上学生的人数，提高游戏的安全系数。根据学生投掷能力提前划好竞赛区域，减少学生比赛时在场地内来回奔跑相撞的现象，提高学生投掷的远度，激发学生参与积极性。

编者提示：

1. 此案例有视频。视频编码：小龙大战-2。

2. 视频中教师主要运用的是"条件作业法"原理，采用增加"界河"距离，划分捡球区域的方法；注重游戏起始与结束信号的运用，严格执行规则，以此来保障游戏教学的安全。

小龙大战-3

设计思路：

为加快学生投掷的出手速度，控制好投掷的出手角度和方向而变。

预期目标：

通过调整投掷的距离和投掷的角度，帮助学生加快出手速度，控制好出手角度；以"小龙"过底线多，在两条边线内多，用时少的组为胜的评价标准，发展学生的投远的能力。

变化方法：

游戏形式与动作不变。在"界河"上方拉一条有一定高度的横绳，帮助学生控制好投掷方向和出手角度；学生边投"小龙"边大声数数，投完6个"小龙"后，迅速离开游戏场地，站到两条边线后面的规定区域。比哪组学生最先完成。投过底线多的组被评为"超能组"。在游戏场地上画出两条游戏底线，要求"小龙"投过底线不得捡拾，目的鼓励学生投远。以此来增强游戏的趣味性，从而促使学生加快投掷速度，控制好投掷角度，发展学生的投掷能力。

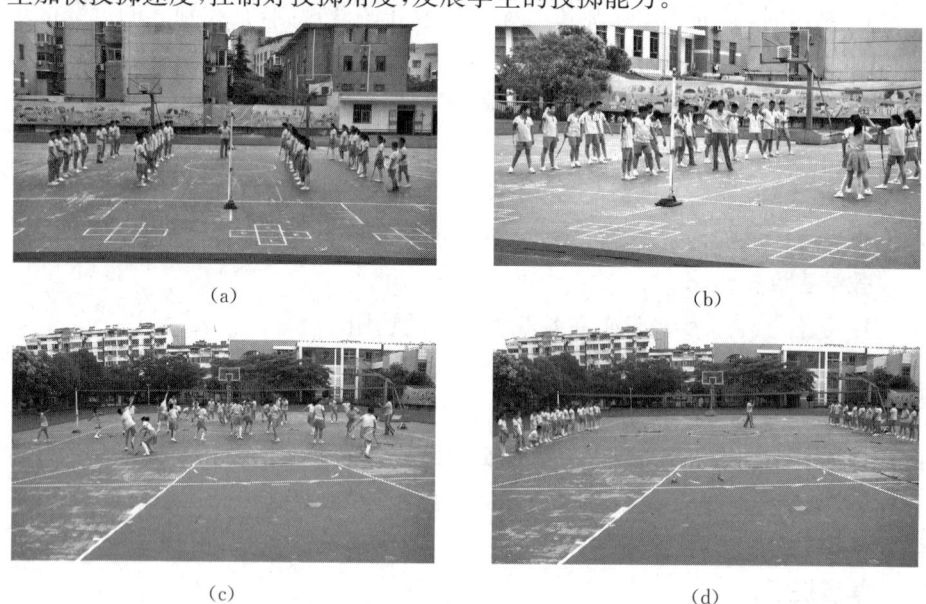

图3.7-3 小龙大战3

评价重点：

规定时间内，比越过横绳"小龙"的数量，以正确的投掷动作完成每一次练习，"小龙"过底线1个加3分，得分高者名次列前。

教学中曾经出现的问题：

追求投掷次数而忽略规定的动作方法；"小龙"投出边线或从横绳底下过的；"小龙"打到对方同学的头部；听到游戏结束信号，手上还有"小龙"。

解决问题的方法：

1. 设立记录员，专门检查犯规现象，计算各组得分。

2. 发现"小龙"没从肩上出手投出、投出边线和"小龙"从横绳底下过的，必须加投 2 个；投出边线算对方得 2 分；如用双手在空中接住"小龙"，本队多得 2 分。

3. 打到对方头部，要赔礼道歉，还要加对方 2 分。

4. 发出的比赛结束信号要有"预备"与"停"的信号，要有一定的时间间隔，当"停"的信号响起时（可采用倒数 5 个数的方法），手上还有"小龙"的，加对方 3 分。故意不停止比赛的学生，必须停赛一次。

教学建议：

1. 适合小学六年级学生在游戏教学中期选用。

2. 明确游戏方法，训练学生按信号指令进行游戏。在中间架设一个有一定高度的球网，或拉一条粗横绳，这样既能防止"小龙"直接击中对方同学的头部，又能训练学生投掷时的出手角度；设置投掷底线，要求"小龙"过底线不能捡回，比"小龙"越过底线的数量；有风时，将强势队安排在顶风的一边，弱势队安排在顺风一边。横绳的高度两端不一样。

编者提示：

1. 此案例有视频。视频编码：小龙大战-3。

2. 视频中教师主要运用的是"条件作业法"原理，采用"小龙投出边线不算数，还要给对方加分""小龙投出底线加分"的规则约束和"在投掷线前一定距离内拉一个高度适宜的横绳"的方法，以此来限制投掷的方向与角度；以"边喊数边投小龙，看谁先完成"方式，鼓励学生加快投掷速率，以此来提高出手时的投掷速度。

● 小龙大战-4

设计思路：

为提高游戏的趣味性和竞争力，帮助学生达成情感目标而变。

预期目标：

通过改变动作方法、规定投掷次数和场地设置，满足学生情感需求，提高协调投掷的能力，调动参与的积极性，增强合作意识。

变化方法：

游戏形式、过程不变。学生自选投掷动作，可采用上手投、下手投、背后投、旋转投、多人合作投等方法比赛。游戏也可以采用部分队员捡拾或空中截接"小龙"给其他投掷能力强的队员投的合作交换比赛形式。规定队员比赛的投掷区域必须在"界河"线后，"小龙"从横绳上方飞过，投过底线的"小龙"不得捡拾。空中截接"小龙"多，场地内"小龙"少的一方为胜。

(a)　　(b)

(c)　　(d)

图 3.7-4　小龙大战 4

评价重点：

听到游戏结束信号时，能立即停止比赛，做到双手叉腰或站到指定区域。查数双方场内、场外和过底线的"小龙"数量，综合评判胜负。

教学中曾经出现的问题：

投掷方法单一；不能勇敢地接对方投过来的"小龙"；小组内分工不合作。

解决问题的方法：

1. 规定每人必须采用 2 种以上方式投"小龙"。

2. 开展"勇敢者"评比，看谁接到对方投过来的"小龙"，还能再投回"小龙"的数量多。

3. 组织学生进行"如何利用各人优势，争取胜利"的组内讨论，然后确定组内的"投掷手"和"拦截手"，合理分工合作完成游戏。

教学建议：

1. 适合小学六年级学生在游戏教学后期选用。

2. 教师引导学生动脑筋,鼓励大家选用非常规的方法进行投掷,如下手投、左手投、双手前抛、背后投、旋转投等。

3. 要在两边场地各设立一名助理裁判。为严格执行规则,减少数"小龙"的时间,最好能设助理裁判,负责监督和计算成绩,以便于利用有限的时间,增加投掷次数,提升教学效益。

编者提示：

1. 此案例有视频。视频编码：小龙大战-4。

2. 视频中教师主要运用学生心理活动规律,采用"自由选择投小龙的动作方法以及可以拦截对方小龙"的形式,提高学生参与兴趣;通过"勇敢接球、投与捡分工合作"的方式培养团队合作的意识与能力。

● 小龙大战-5

设计思路：

采用"差异竞赛法"帮助弱势队体验成功的喜悦,为促进他们进一步发展而变。

预期目标：

通过增加弱势队投掷人数,选择中线投掷的方法,提高游戏的竞争性,调动学生的积极性,增强团队合作意识。

变化方法：

游戏形式、过程、评价方法不变。进行差异性比赛,如：强势队必须采用肩上投"小龙"的动作,而弱势队可以肩上、下手投"小龙",也可以拦截对方投掷的"小龙"等;强势队减少比赛人数;比赛时让强势队队员站在"界河"线后面投掷,弱势队队员站在"界河"中线后投掷。

评价重点：

弱势队所有人都努力参与游戏;强势队也努力争取获胜。

教学中曾经出现的问题：

设置的投掷线太近,学生很容易将"小龙"投过线,就会不尽力;设置的太远,"小龙"过底线的太少,大部分学生就会失去兴趣;个别强势队学生不理解,输了不服气,会闹情绪。

(a)   (b)

(c)   (d)

图 3.7-5　小龙大战 5

解决问题的方法：

1. 教师适时调整底线的距离，以增强投掷的对抗性。

2. 赛前做好思想引导工作，鼓励弱势队努力，激励强势队士气；赛后表扬双方良好表现的学生（特别是强势队风格高的），告知他们做游戏不仅能让全体同学不仅得到身体上的锻炼，还能培养良好的思想品德和社会适应能力。

教学建议：

1. 适合小学六年级学生在游戏教学后期选用。

2. 及时进行教育引导，帮助学生树立"胜不骄、败不馁""让对方有获胜的可能，也是帮助他人的一种方式""只要努力，就有收获"等良好思想品质。

编者提示：

1. 此案例有视频。视频编码：小龙大战-5。

2. 视频中教师主要运用的是"差异竞赛法"原理，采用"人数差异、动作差异与投掷距离差异"的组织方法，提升对抗的强度，让弱势队增加获胜的可能性，以此来激发双方的参与激情；同时注重表扬强势队帮助弱势队的风格。

8. 改换目标

●改换目标-1

游戏价值：

改换目标游戏有利于增强下肢爆发力、提高快速奔跑与灵活躲闪的能力，培养学生团体合作意识，既是传统的体育游戏教材，也是跑类教材重要的辅助性教学内容与教学手段。

游戏目标：

通过游戏的练习，学生能果断地变换目标，提高快速反应能力。

游戏准备：

根据学生人数在场地画几个直径 8~10 米的圆圈，每个圆圈平均站立 8~10 个学生，间隔一臂左右面向圆心站立。

游戏方法：

每组选一人为追者，另一人为逃者，相互间隔一段距离站立。裁判员发令后，追者立刻去追拍逃者。拍着后，逃者变为追者，游戏继续进行。追拍时，逃者可以跑到任何一个同学身前靠紧站立，被靠紧的这个同学就变成逃者，迅速躲闪，引走追者。

(a)　　(b)

(c)　　(d)

图 3.8-1　改换目标 1

游戏规则：

1. 追者能拍人，不许推人、拉人。

2. 逃者必须靠紧站在同学前方，站在后面、侧面无效，只有靠紧站稳了，后面的同学才可以逃。

3. 逃者逃跑时不能远离圆圈。

教学建议：

1. 评价重点：能准确判断，有预见性；快速移动和躲闪能力。

2. 每组人数不宜过多，以 8～10 人为宜。让每个学生都有追和逃跑的机会；对实在追不到的学生要及时调换；建议学生运用多种移动形式逃避追捕。

3. 检查场地是否平整，在穿越学生间隙时，不能碰撞，不能拽拉学生。

编者提示：

1. 此案例有视频。视频编码：改换目标-1。

2. 视频中教师主要采取的教学方法是边示范边讲解动作方法与游戏过程；组织男、女生分别进行自主练习，培养组长的组织能力与学生自觉遵守规则的意识；巡视时，发现错误动作，及时纠错。

●改换目标-2

设计思路：

为帮助学生更快地熟悉游戏方法，保障游戏过程安全而变。

预期目标：

通过降低游戏难度和强化男女生不同的贴换方式，帮助学生尽快熟悉行进路线、动作方法与游戏规则，增强男女生的合作意识。

变化方法：

学生分组进行，部分学生将跑改为快走的方式进行游戏；男、女学生在追逃的过程中确定追者只能触碰逃者的手或臂，男、女生逃者在贴换时快走加手上动作进行阻挡，帮助下一位逃者迅速逃出；逃者在进行贴换时口中喊"换""走""到"等口令，帮助下一位逃者迅速交换并快速出逃。

评价重点：

男、女生追者触碰到逃者身体的部位，逃者在进行贴换时必须要说出口令"换"。

教学中曾经出现的问题：

逃者在贴下一位逃者时总忘记呼口令；部分逃者不能及时触碰下一位逃者

的手或臂，逃者在贴换时不能及时做到快走加手上动作进行阻挡；追者在追逃时过于追求速度，不按规定的路线跑。

(a)　　　　　　　　　　　　　　(b)

(c)　　　　　　　　　　　　　　(d)

图 3.8-2　改换目标 2

解决问题的方法：

1. 严格执行规则，凡不呼口令就贴的学生均立即退出游戏，在场边做提示性动作（如：深蹲 3 个、边绕线边呼 10 个"换"来提醒自己游戏中必须遵守游戏规则）后，才能继续参与游戏。

2. 教师邀请表现好的 1~2 名学生示范给其他学生看，要求同学们在接下来的游戏中严格要求逃者做到互换时触碰下一位逃者的手或臂，快走时能够做到利用手上动作阻拦追者。

3. 采用竞赛的方法，如前几次比赛不比速度，只训练遵守游戏规则，如确定追者触碰到逃者身体的部位，逃者在进行贴换时必须要有口令"换"，动作规范人数多的队获胜。等大部分学生基本掌握规则后，再比速度。

教学建议：

1. 适合小学五年级学生在游戏学习初期选用。
2. 每次评价都要严格执行既定的游戏标准。
3. 及时增大或缩小站位圈的大小，增加或减少各组的人数，提高游戏的强度和练习负荷；组织差异性比赛，激发学生参与的积极性。

编者提示：

1. 此案例有视频。视频编码：改换目标-2。

2. 视频中教师主要采取的教学策略：采用激励法，对游戏中表现好的学生以肢体语言激励（如：给予表现好的学生掌声、竖大拇指等）；利用优秀的学生示范来引导全体学生明白在游戏中遵守游戏规则的重要性；采用差异性比赛，身体素质较好的男、女生在追逃时如果遇到身体素质较弱的男、女生逃者，要用单脚跳的方式或快走的方式来追。

● 改换目标-3

设计思路：
为激发学生参与游戏的积极性，提高动作与快速反应的能力而变。

预期目标：
通过增加练习的组别，提升追逃轮换的次数，锻炼动作敏捷与快速反应的能力。

变化方法：
游戏方法、过程与规则不变，将2大组改为4小组。

(a)　　(b)

(c)　　(d)

图 3.8-3　改换目标 3

评价重点：
在遵守规则的基础上比贴换的次数。

教学中曾经出现的问题：

1. 游戏过程中少数学生出现互相碰撞的现象。

2. 学生在游戏过程中贴换的次数增多,逃者贴换下一个逃者时,会造成目标丢失和目标混乱的情况。

解决问题的方法:

1. 严格执行规则,逃者在贴换下一名逃者时必须要有保护性的动作(如:双手打开、右手叉腰),游戏中必须遵守游戏规则才能继续参与游戏。

2. 规定学生跑动路线(如:1组同学跑内圈、2组同学跑外圈),确保每组在规定的范围内进行追逃。

教学建议:

1. 适合小学五年级学生在游戏学习后期选用。

2. 及时增加场地的距离,加大游戏动作强度。

3. 增加游戏组别,提高练习密度。

编者提示:

1. 此案例有视频。视频编码:改换目标-3。

2. 视频中教师主要采取的教学策略:采用直观法,运用边说边做的方式,演示动作方法(逃者右手叉腰掩护下一位逃者);教师示错,示范危险性的动作(如推人、撞人等),指导学生在游戏中避免危险事故发生。

● 改换目标-4

设计思路:

为提高游戏趣味性,帮助学生达成情感目标而变。

预期目标:

通过改变不同要求的贴换方法,满足学生情感需求,调动学生参与的积极性,增强男女生配合的意识。

变化方法:

游戏路线、过程和评价标准不变。一人追一人逃,规定女生跑时可以跑到旁边任何一组随意贴换,男生必须跑过2人或者3个人以上才可以贴换;或者在逃者贴换的过程中,男生作为逃者必须贴换女生而女生作为逃者必须贴换男生。

评价重点:

男生必须贴换女生,女生必须贴换男生;贴换的次数。

教学中曾经出现的问题:

部分学生追逃时,出现拍人、推人、拉人等不良现象;逃者转身速度慢,常常被追拍到；同学间配合不默契。

(a) (b)

(c) (d)

图 3.8-4　改换目标 4

解决问题的方法：

1. 严格执行规则，凡拍人、推人、拉人者均立即退出游戏，在场边做提示性动作（如：立正数数，边拉耳朵边提醒自己要遵守游戏规则，不做危险动作）后，才能继续参与游戏。

2. 教师上场示范如何转身逃跑，或请转身快的同学介绍经验。

3. 采用评分的方法，没有被追拍到的双方就各得一分，如被追拍到，则双方各扣一分，最后比各队的得分总数，分数高者为胜。

教学建议：

1. 适合小学五年级学生在游戏学习后期选用。

2. 及时增大或缩小站位圈的大小，增加或减少各组的人数，调整到适宜的运动负荷。

编者提示：

1. 此案例有视频。视频编码：改换目标-4。

2. 视频中教师主要采取的教学策略：采用直观法，运用边说边做的方式，演示动作方法（逃者张开双臂掩护下一位逃者）与技巧（边做动作边喊"换！"，以提示下一位逃者），再组织学生游戏体验，逐步掌握游戏方法与技巧；利用性别差异，改变游戏原有的自由选择下一位逃者的方式，改为男、女生必须互换，以及采取差异人数的方法激发参与游戏的激情。

第三部分 各水平段经典体育教学游戏教材简介及教法运用技巧

● 改换目标-5

设计思路：
采用"差异竞赛法"，为帮助体育弱势生，促进他们进一步发展而变。

预期目标：
让学生能不断挑战自我，增加动作较慢学生的自信心。

变化方法：
游戏路线、过程不变。规则改为：男、女生各一组时，规定弱势生采用跑的方法，强势生则采用侧滑步的方法进行游戏；男、女生混合编组时，男生采用单脚跳，女生采用快步走的方式进行游戏。

(a) (b) (c) (d)

图 3.8-5　改换目标 5

评价重点：
遵守规则；不怕失败，积极参与。

教学中曾经出现的问题：
部分强势生不按规则采用"侧滑步"和"快走"的方式去赢；少部分弱势生在游戏中不动脑筋，没有采用有利于自己的动作方法，常常输，不能获得成功的体验。

解决问题的方法：
1. 严格执行规则，强势生追逃动作不对时，均立即退出，在场边做提示性动

277

作(如,原地跳一跳、踏步走一走)后,才能继续参与游戏。

2. 教师上场示范弱势生的动作方法,用行动提示弱势生如何去争取获胜。规定弱势生输两次算一次。

3. 游戏中教师不要用弱势生与强势生去称呼学生,而采用"这一组同学"和"另一组同学"等柔性教学用语,激励学生更加积极参与游戏。

教学建议:

1. 适合小学五年级学生在游戏学习前期选用。

2. 每次评价都要严格执行既定的游戏标准。

3. 及时增大或缩小站位圈的大小,增加或减少各组的人数,调整到适宜的运动负荷。

编者提示:

1. 此案例有视频。视频编码:改换目标-5。

2. 视频中教师主要采取的教学策略:利用性别差异,改变游戏原有的自由选择下一名逃者的方式,改为男、女生必须互换与男生"单脚跳"和女生"快步走"的方式,激发所有学生参与游戏的激情;利用灵敏程度差异,采用"侧滑步"与"跑"的不同方法进行追逃;强势生追到逃者两次算1次,弱势生追到逃者1次算两次。

9. 互射

● 互射-1

游戏价值:

互射游戏有利于发展学生的上肢力量,提高投准能力,在灵活躲闪中,增强动作协调、身体灵敏的能力;运用小组合作方式,讨论游戏方案,培养团队和竞争意识;可以用作投掷课程教学的辅助性练习。

游戏目标:

能勇敢地保护自己;快速地用软式排球击中对方。

游戏准备:

画一个15×8米的长方形,短线叫端线,长线叫边线,在边线上画一条中线,将场地平均划分为两块。在中线两侧6米处,各画一条与中线平行的线,称为限制线。限制线和中线之间的区域为攻击区,限制线和端线之间的区域为俘虏区。准备软式排球若干。

游戏方法：

将学生平均分成 2 组,各自站在本方攻击区内,每组选出一个队长,队长拿一只软式排球。

裁判员发令后,队长持球掷向对方任意人员膝关节以下部位,这时对方的所有人员想方设法躲避,也可以争取接住来球,然后回击对方,球在哪边出界,就由哪边的同学去捡球。听裁判员发令后,在攻击区投掷对方,被打中的同学就成为对方的俘虏,站到对方的俘虏区内。本队队员除了攻击对方队员外,如果本队有人被俘虏,也可以抛高球给被俘虏的同伴,这时对方成员可以拦截来球,被俘的人如果在俘虏区能接到球,则表示被营救,可以回到本队之中继续游戏。如此往来攻击,最后俘虏对方人员多的一方获胜。

图 3.9-1　互射 1

游戏规则：

1. 互射时双方成员不得离开攻击区。
2. 被俘人员不得出俘虏区接球。

教学建议：

1. 评价重点:勇敢拼搏精神,灵活地躲闪、快速地反击的能力,投掷的准确性。

2. 教师组织部分学生边示范边讲解,然后再组织学生正式开始练习;人数较多时,可以多分几个组,提高练习密度;提示学生在攻击时要注意配合。

3. 充分做好准备活动,强调砸球部位不能超过膝关节以上部位。

4. 性质类似的游戏有"砸碉堡"等。

编者提示：

1. 此案例有视频。视频编码：互射-1。

2. 视频中教师选用软式排球作为游戏教具，采用了讲解、示范、分解练习等方法组织练习与比赛，以此来保障游戏教学的质量。

● 互射-2

设计思路：

为帮助学生更快地熟悉游戏方法，保障游戏过程安全而变。

预期目标：

通过强化游戏规则（软式排球必须掷向对方队员的膝关节以下部位），学习保护与帮助的方法，灵活闪躲，保护头部不被掷中；帮助学生尽快熟悉游戏方法与规则等；游戏过程中，学生相互帮助，增强团队意识，提高灵敏协调能力。

变化方法：

游戏形式不变，过程不变。缩短抛球距离，每人依次投球，熟悉游戏方法，遵守游戏规则，减少安全隐患。

(a) (b)
(c) (d)

图 3.9-2 互射 2

评价重点：

能遵守游戏规则，主动捡球，掷向对方队员膝关节以下部位；注意闪躲，保护好头部。

教学中曾经出现的问题：

球掷向膝关节以上部位；学生为了躲避球（接到球），而撞到一起；学生分工不明确，站位不均匀。

解决问题的方法：

1. 练习时，让学生先学习投掷方法，确保每一个学生都能学会正确的投掷方法。

2. 在对方抛高球给被俘虏同伴时，本方队员可以分区域站立做好拦截球的准备。

3. 缩短抛球距离。小组长带领成员讨论好分工合作的策略，每人依次投球。

教学建议：

1. 本游戏适合五年级学生游戏初期使用。

2. 严格遵守游戏规则，强调要按规定部位投掷球。

3. 游戏前，充分做好准备活动，学会在游戏中进行自我保护、互相帮助和正确的投掷方法。

编者提示：

1. 此案例有视频。视频编码：互射-2。

2. 视频中教师主要运用的是"条件作业法"原理，缩短抛球距离。练习时采用先学习投掷动作的方法，比赛时利用增大俘虏区的范围的方法。教学中教师使用"温馨提示语"，适时提示学生用双手护膝、做到令行禁止，严格执行规则，以此来保障游戏教学的安全。

● 互射-3

设计思路：

为了激发学生参与游戏的积极性，体验成功的乐趣，提高投准、灵敏协调能力而变。

预期目标：

通过学习投掷软式排球的方法，不断改变投掷的移动目标，增加投掷的难度，强化学生的上肢力量和反应速度，发展灵敏协调能力，激发学练的兴趣。

变化方法：

游戏范围和过程方法不变。每组在小组长的带领下，不断改变策略，逆时针、交叉方向移动站位，改变投掷目标，锻炼学生的掷准能力和躲避目标的灵敏能力。增加游戏的难度和趣味性，激发学生思考，提高小组合作能力。

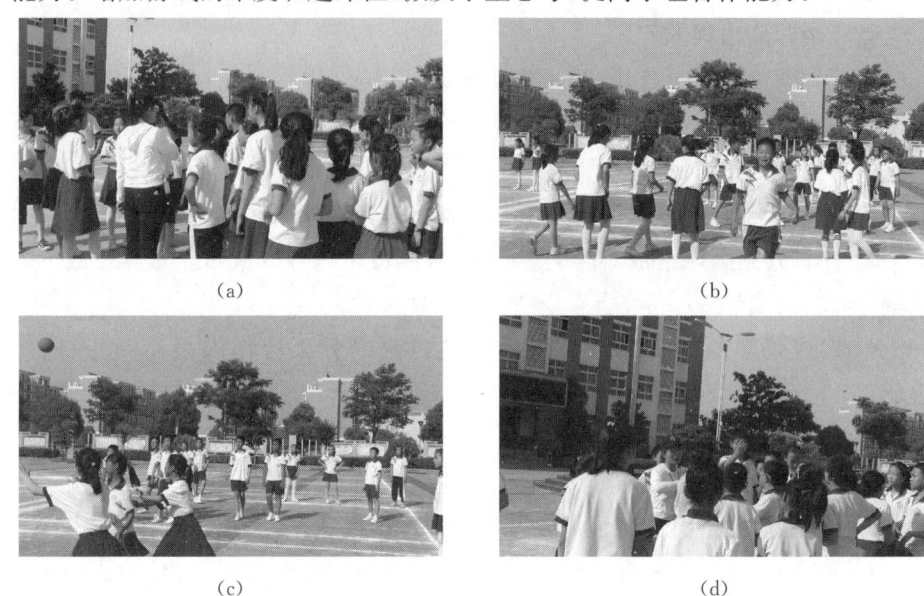

(a)　　　　　　　　　　　　　(b)

(c)　　　　　　　　　　　　　(d)

图 3.9-3　互射 3

评价重点：

在规定的时间内，投掷准确，小组合作营救的情况。

教学中曾经出现的问题：

学生为了接住球，离开进攻区接球；俘房区距离较远，部分学生抛球力量不足，被俘人员在俘房区外接球。

解决问题的方法：

1. 离开进攻区接球的队员，被停赛一次，要求站到边线外，摸耳站立数数等。
2. 比赛前，统一加强投掷动作练习。比赛中，及时提示游戏规则。

教学建议：

1. 本游戏适合五年级学生游戏练习中期和发展综合能力时使用。
2. 为增加游戏的技术难度，比赛时队员逆时针、交叉方向移动站位。
3. 严格遵守游戏规则。游戏前，教师指导学生使用正确的投掷方法。游戏中，教师引导学生用双手保护好自己。

● 互射-4

设计思路：

为提高学生参与游戏的积极性，帮助学生达成情感目标而变。

预期目标：

通过改变游戏中俘虏营救方法，满足学生情感需求，调动学生参与的积极性，增强合作意识。

变化方法：

游戏路线和评价标准不变。游戏过程由之前被俘虏的学生自我营救，改变成如果攻方掷中对手，可以营救一名攻方的俘虏，从而发展学生团结合作的意志品质。

图 3.9-4　互射 4

评价重点：

充分做好准备活动，强调掷球部位不能超过膝关节以上。

教学中曾经出现的问题：

学生为追求快速掷中对方队员，频繁掷中对方膝关节以上部位；学生超线投掷，或被掷中不承认，无法保证游戏的公平性。

解决问题的方法：

1. 比赛时，严格执行评价重点所提的标准，掷中对手膝盖以上部位的学生自动成为俘虏，站到对方俘虏区。

2. 语言提示学生在争取快速营救同伴时要注意遵守游戏规则，不得超线，如若违规，停赛一次。

教学建议：

1. 适合小学五年级学生在游戏学习后期选用。

2. 练习时，明确告知学生"掷"的部位，教师组织示范讲解。

3. 人数较多时，可以多分几个组，提高练习密度；运用"要素置换法"，激发学生参与的积极性。

● 互射-5

设计思路：

采用"差异竞赛法"，为帮助体育弱势队，促进他们进一步发展而变。

预期目标：

通过增加弱势队的人数，增加获胜概率的方法，提高游戏的竞争性，调动所有学生的积极性，强化学生的投掷能力，发展学生上肢力量和投准能力，让强势队与弱势队都能不断挑战自我，增强团队合作意识。

变化方法：

游戏形式、过程与评价标准不变。强势队的比赛人数减少，弱势队的比赛人数相应增加，进行差异化的练习与比赛。

图 3.9-5 互射 5

评价重点：

弱势队所有人都努力参与游戏，相互配合，灵活闪躲，快速反击；强势队获胜不骄傲，失败不气馁。

教学中曾经出现的问题：

1. 因人数分配不合理，没能达到强势队与弱势队都能努力争胜的预期目标。

2. 弱势队人数过多时，轻而易举获得胜利；弱势队人数过少时，始终不能获胜。

解决问题的方法：

1. 让强势队来设计弱势队和强势队的人数分配，再进行比赛；或让弱势队从强势队里挑选一人当"裁判"，再比赛。

2. 及时微调弱势队人数，让其感到有获胜的可能，将"我们能赢"的期待效应转变为努力争胜的动作行为。

教学建议：

1. 适合小学五年级学生在游戏学习后期选用。

2. 及时调整弱势队和强势队人数，让他们都有机会体验游戏成功的快乐。

3. 教师可以采取抽出几名强势队学生充当裁判或监督员的办法，以此增加弱势队的人数比例，或缩短弱势队投掷线，减少投掷距离。

10. 打龙尾

●打龙尾-1

游戏价值：

打龙尾游戏有利于发展学生的投掷力量、快速躲闪与灵敏协调的能力，培养学生机智、诚实的品质和团结协作的集体主义精神，是小学生喜爱的传统投掷类游戏教材，还是后续学习掷准类技术的辅助教学内容与手段。

游戏目标：
能与同伴合作，提高躲闪能力和投准能力。

游戏准备：
在场上画两个直径8～10米的圆圈，软式排球若干。

游戏方法：

把学生分成人数相等的两组4队，一队在圈内排成一路纵队，排头的学生做"龙头"，后面的人双手扶前一人的两肩或腰部，排尾做"龙尾"，一队学生站在圈外。

游戏开始，圈外一队的任意一名队员开始用软式排球投击"龙尾"，这时"龙尾"应灵巧地躲闪来球,"龙头"可以用手阻挡,掩护"龙尾"。如"龙尾"被击中,则换做"龙头",排尾的学生自然接替做"龙尾",游戏继续进行。圈外任何人都可以向圈内投掷。规定时间(1.5至2分钟)到后统计被打中的人数,然后两队交换进行,最后以被击中人数最少的队为胜。

(a)　　　　　　　　　(b)

(c)　　　　　　　　　(d)

图 3.10-1　打龙尾 1

游戏规则：

1. 圈外的队员应站在线上投球。

2. 不得把"龙尾"圈在队伍里面。

3. 躲闪时如果中间脱节,就算被击中一次,由失误者到排头做"龙头"。

教学建议：

1. 评价重点：在投掷和躲闪中表现出的合作意识,投准与灵活躲闪水平。

2. 建议学生在投掷和躲闪过程中要有主动给别人提供帮助的意识；根据学生人数适当分组,一般每组学生以 8~10 人为宜。

3. 检查场地是否平整,要求只能朝腰部以下部位投掷。

4. 性质类似的游戏有"老鹰捉小鸡"等。

●打龙尾-2

设计思路：

为帮助学生更快地熟悉游戏方法，保障游戏过程安全而变。

预期目标：

通过增加圈的直径，提高打中龙尾难度；规定打龙尾队伍"打"的次数，保障龙队准备时间；从而帮助学生尽快熟悉动作方法与游戏规则，培养自觉遵守游戏规则的意识。

变化方法：

游戏形式、过程不变，打龙尾的方法不变。增加圈的直径，保障龙尾学生快速安全躲闪的时间，降低打中龙尾的概率；规定打龙尾队伍"打"的次数，保障龙队准备时间；避免龙队成员摔倒。

(a)　　　　(b)

(c)　　　　(d)

图 3.10-2　打龙尾 2

评价重点：

以能遵守规则，按竞赛区域游戏，在规定的时间内龙尾被打中的次数少的组为胜。

教学中曾经出现的问题：

打龙队个别学生总拿不到球；龙队在躲闪中出现中间脱节现象。

解决问题的方法：

1. 龙队训练时：教师注意强调和训练龙队的合作意识，可以由龙队集体原地踏步、集体跳，逐步过渡到集体转向行走的练习，通过不断增加动作难度，推进每一个学生积极保障龙队不受攻击影响的完整性。打龙队训练时：从每一个都有序进行投掷练习到根据所站位置，球在谁面前谁就快速投掷的合作方式进行练习，将逐个投掷过渡到计时记录本队投掷次数的练习，强化队员合作意识。

2. 比赛时，教师参与活动，用"示错法"有意犯规，用行动给学生示范犯规后应该如何退出（犯规后要举手示意再退出游戏），带头遵守规则。

教学建议：

1. 适合小学五年级学生在游戏学习初期选用。

2. 每次评价都要严格执行既定的游戏标准。

3. 适时增加圈的直径，可以将学生分成男子组比赛、女子组比赛，提高游戏的安全系数，激发学生参与的积极性。

● 打龙尾-3

设计思路：

为提高龙队学生反应能力、躲闪速度的技能目标而变。

预期目标：

通过增加打龙队软式排球数量，加大龙队躲闪的密度，提高龙队反应的能力；以"在规定时间内被打到龙尾最少的组为胜"的评价标准，提高学生反应能力。

变化方法：

游戏形式、过程不变，投掷软式排球数量改变。打龙队学生可以同时投掷两个球或者三个球，增加龙队的躲闪密度和强度，帮助打龙队学生提升投掷准确率，以此来增强游戏的趣味性，提高学生的躲闪速度，发展学生的反应能力。

评价重点：

在规定的时间内，被打到龙尾最少的组为胜。

(a) (b)

(c) (d)

图 3.10-3　打龙尾 3

教学中曾经出现的问题：
龙队脱节现象严重。

解决问题的方法：
1. 设立发令员，专门控制比赛进度。
2. 软式排球落地后，学生必须根据就近的原则捡球，并听发令后再继续比赛。

教学建议：
1. 适合小学五年级学生在游戏学习后期选用。
2. 明确游戏方法，训练学生听信号游戏。

● 打龙尾-4

设计思路：
为提高游戏的趣味性和竞争性，帮助学生达成情感目标而变。

预期目标：

改变动作方法，由龙头指定打龙尾人，具体可指定打龙者号码的单双号，打龙者自己的单双号码被指定时才可打龙尾。满足学生情感需求，提高学生协调的能力，调动学生参与的积极性，增强学生的合作意识。

变化方法：

游戏形式、过程不变。采用龙头叫号的方法，打龙学生根据号码方可打龙尾。在规定时间内被打到龙尾少的一方为胜。

(a)

(b)

(c)

(d)

图 3.10-4　打龙尾 4

评价重点：

游戏开始，当听到龙头叫号时，打龙队能积极配合将球给相应的单双号学生来打龙尾。

教学中曾经出现的问题：

叫号的声音不清晰，打龙队未能按照号码打龙尾。

解决问题的方法：

1. 规定叫号的学生清晰喊号，例如："单号""双号"。

2. 开展"速度王"评比，看谁能快速听号拿球并打到龙尾。

教学建议：
1. 适合小学五年级学生在游戏学习后期选用。
2. 叫号的学生可以不断更换叫号的形式，如中文、英文、代号等。

● 打龙尾-5

设计思路：
采用"差异竞赛法"，为帮助弱势队分享到成功的快乐，促进他们进一步发展而变。

预期目标：
通过规定"弱势队龙头"可以脱节保护龙尾，拦截来球，调动所有学生的积极性，增强团队合作意识。

变化方法：
游戏形式、过程与评价方法不变。进行差异性比赛，如："弱势队龙头"可以脱节保护龙尾，拦截来球，调动所有学生的积极性。

(a)　　　　　　　　　　(b)

(c)　　　　　　　　　　(d)

图 3.10-5　打龙尾 5

评价重点：

弱势队所有人都努力参与游戏；强势队努力争取获胜。

教学中曾经出现的问题：

个别强势队学生不理解，输了不服气，会闹情绪。

解决问题的方法：

1. 教师适时调整龙头脱节离队的次数，以增强对抗性。

2. 赛前做好思想引导工作，鼓励弱势队努力，激励强势队士气；赛后表扬双方有良好表现的学生（特别是强势队风格高的），告知他们做游戏的目的不仅是让全体同学得到身体上的锻炼，还要培养他们良好的思想品德和社会适应能力。

教学建议：

1. 适合小学五年级学生在游戏学习后期选用。

2. 及时进行教育引导，帮助学生养成"胜不骄、败不馁""让对方有获胜的可能，也是帮助他人的一种方式""只要努力，就有收获"等良好思想品质。

11. 印刷机

●印刷机-1

游戏价值：

印刷机游戏能有效地发展学生的协调配合能力，提高学生腹肌力量，发扬团队精神。此游戏是体育教学体能练习内容，是学习体育技能教材的重要身体素质练习手段。

游戏目标：

能与同伴配合，快速完成仰卧起坐。

游戏准备：

小体操垫和报纸若干。

游戏方法：

三人一组，两人相对蹲于垫子两侧，双手一正一反拉着展开的报纸（称作"印刷纸"）两端，并平整地将报纸按在垫子上，扮作"印刷工"；另一人仰卧在垫子上，将腰背以上部位贴着"印刷纸"，两腿自然弯曲，两手放于胸前（或头的两侧）扮作"印刷机"。

裁判员发令后，"印刷机"迅速抬起上体（即做仰卧起坐）开始工作，两名"印刷工"快速交叉双臂，将"印刷纸"翻转到另一面（记作第一次翻转），并平整地按在垫子上,使"印刷纸"一侧边沿与"印刷机"腰部接触,同时口头传递给"印刷机"信号(如:印!好!报数等),此时"印刷机"上体开始下落,用背部以上任一部位触及"印刷纸",当再一次抬起时,"印刷工"又将"印刷纸"再翻回(记作第二次翻转)。如此循环反复,在一分钟内翻转次数最多的组获胜。

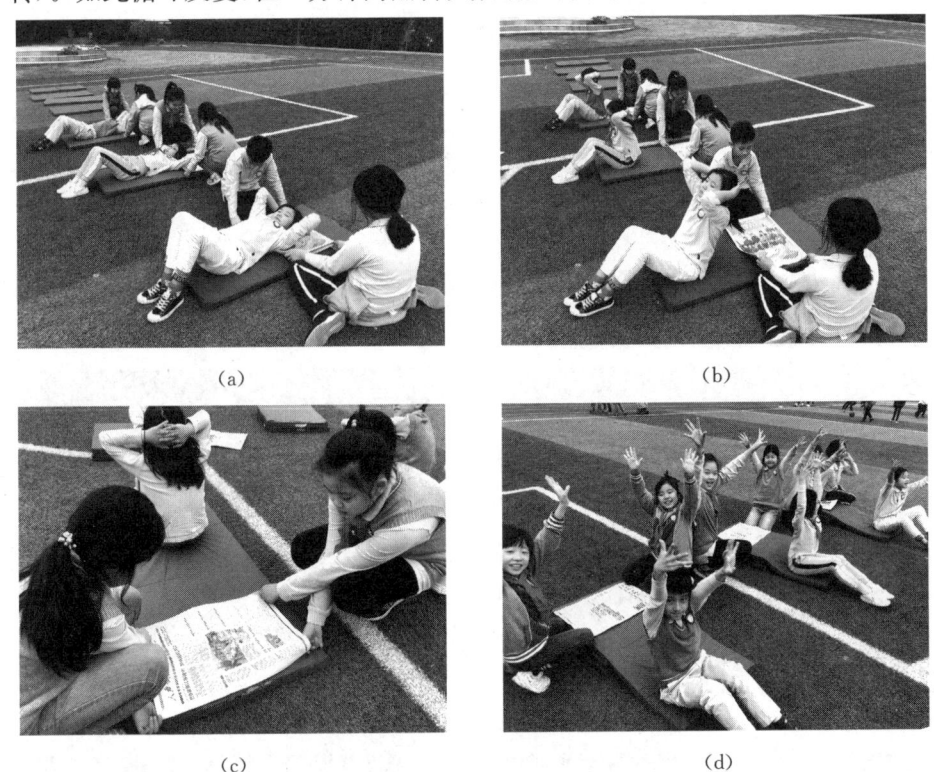

(a) (b)

(c) (d)

图 3.11-1　印刷机 1

游戏规则:

1. 报纸展开而不能折叠。

2. 印刷机身体下落后腰背部以上没能触及报纸或报纸没有翻转、扯断、打皱折叠、压破等当作印刷失败,均不得计数,但可更换报纸继续进行。

教学建议:

1. 评价重点:与同伴合作意识,快速完成仰卧起坐情况。

2. 游戏之前复习仰卧起坐的正确动作;每组适当多准备一些废旧报纸;建议学生之间要相互鼓励。

3. 充分做好准备活动,提醒学生练习时注意不要把头后部撞到地面上。

4. 性质类似的游戏有"仰卧起坐接力赛"等。

● 印刷机-2

设计思路：
为帮助学生更快地熟悉游戏方法，保障游戏过程安全而变。

预期目标：
通过将垫子变为坡度垫，根据学生完成情况增加或减小坡度垫高度，避免"印刷机"无法按正确动作完成"印刷"，帮助学生尽快熟悉动作方法与游戏规则，培养自觉遵守游戏规则的意识。

变化方法：
游戏形式、过程不变，"印刷"方法不变。将平垫改为坡度垫，降低"印刷"难度，减少"印刷"动作不正确的概率。

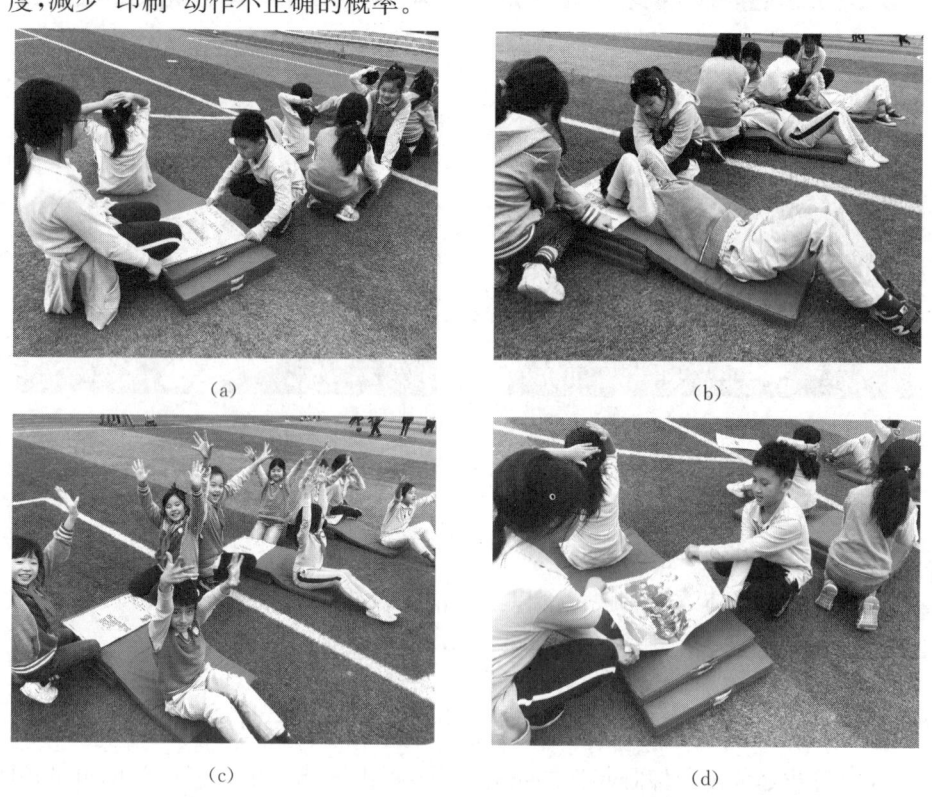

(a)　(b)
(c)　(d)

图 3.11-2　印刷机 2

评价重点：
按正确动作完成"印刷"，帮助学生尽快熟悉动作方法与游戏规则，培养自觉遵守游戏规则的意识。

教学中曾经出现的问题：

坡度垫的高度设置过高，完成得太简单，导致学生参与的积极性不高。

解决问题的方法：

1. 练习时，合理选择坡度垫，并指导学生正确选择坡度垫高度。

2. 比赛时，由比数量改为比一致性，听口令统一完成"印刷"并评比小组动作的正确性。

教学建议：

1. 适合小学五年级学生在游戏学习初期选用。

2. 结合"印刷机"的机器声音，例如录制统一印刷背景音乐，比赛在音乐背景下进行。

●印刷机-3

设计思路：

为加快学生"印制"速度，控制好"印刷机"动作而变。

预期目标：

通过调整比赛时间，加快"印制"速度，控制好"印刷机"动作；以"印刷完成数量多的组获胜"为评价标准，提高学生综合动作能力。

变化方法：

游戏形式、过程不变，"印刷机"动作不变。学生从短时间计时比赛开始，待提高比赛的规则意识后，逐步加长比赛的时间，从而发展学生的综合动作能力。

评价重点：

在规定的时间内，能以多的数量并正确运用"印刷机"动作完成每一次练习，该队加分。

教学中曾经出现的问题：

印刷纸翻转的速度跟不上"印刷机"的速度。

解决问题的方法：

1. 练习时，印刷纸可以选择书包作为练习道具，提高两人手臂力量。

2. 比赛中，给能喊统一口令翻转印刷纸的队伍加1分。

教学建议：

1. 适合小学五年级学生在游戏学习后期选用。

2. 明确游戏方法，训练学生分不同工种游戏。在游戏中，可以先进行翻转印刷纸比赛,推进双人合作的熟练度。

(a) (b)

(c) (d)

图 3.11-3 印刷机 3

● 印刷机-4

设计思路:

为提高游戏的趣味性和竞争力,帮助学生达成情感目标而变。

预期目标:

通过改变动作节奏,满足学生情感需求,提高学生协调配合的能力,调动学生参与的积极性,增强学生的合作意识。

变化方法:

游戏形式、过程不变。采用听音乐节奏的方法,学生根据不同节奏来完成印刷机工作,规定的时间内能配合音乐节奏完成动作的队获胜。

评价重点:

听到游戏音乐信号时,合作完成相应节奏的印刷工作,失误率少的队伍为赢家。

(a)   (b)

(c)   (d)

图 3.11-4　印刷机 4

教学中曾经出现的问题：

音乐节奏找不准。

解决问题的方法：

1. 练习时，集体根据音乐节奏做拍手动作，找到节奏的重点。

2. 开展"节奏王"评比，看谁能在规定时间内保持跟准节奏点，完成动作。

教学建议：

1. 适合小学五年级学生在游戏学习后期选用。

2. 集体学习为音乐节奏打拍子，例如：根据音乐节奏拍手、跺脚、拍垫子或者说口令。

● 印刷机-5

设计思路：

采用"差异竞赛法"，为帮助弱势队分享到成功的快乐，促进他们进一步发展而变。

预期目标：

将弱势队的"印刷纸"由报纸更换为体操垫，降低"印刷机"印制的难度，易于翻转并操控印刷纸，调动所有学生的积极性，增强团队合作意识。

变化方法：

游戏形式、过程与评价方法不变。进行差异性比赛，如：弱势队更换报纸为体操垫，降低"印刷机"印制的难度，易于翻转印刷纸，确保其可操控，调动所有学生的积极性，增强团队合作意识。

(a)　　　　　　　　　　(b)

(c)　　　　　　　　　　(d)

图 3.11-5　印刷机 5

评价重点：

弱势队所有人都努力参与游戏；强势队也努力争取获胜。

教学中曾经出现的问题：

个别强势队学生不理解，输了不服气，会闹情绪。

解决问题的方法：

1. 教师适时分组、分层进行比赛，以增强"印刷机"比赛的对抗性。

2. 赛前做好思想引导工作，鼓励弱势队努力，激励强势队士气；赛后表扬双方表现良好的学生(特别是强势队风格高的)，告知他们做游戏的目的不仅是让全体同学得到身体上的锻炼,还要培养他们良好的思想品德和社会适应能力。

教学建议：

1. 适合小学五年级学生在游戏学习后期选用。

2. 及时进行教育引导,帮助学生养成"胜不骄、败不馁""让对方有获胜的可能,也是帮助他人的一种方式""只要努力,就有收获"等良好思想品质。

12. 运球接力

● 运球接力-1

游戏价值：

运球接力游戏有利于发展学生在快速奔跑中的运球、控球能力,为全面发展学生的身体素质奠定基础;推动学生积极合作,享受运球所带来的乐趣。此游戏是传统的体育游戏,也是学习篮球运球技术教材重要的辅助教学手段。

(a)　(b)　(c)　(d)

图 3.12-1　运球接力 1

游戏目标：

能相互配合，用正确的方法快速运球争取胜利。

游戏准备：

在场上画两条间隔2米的平行线，作为传球区。前面15米处并排放4个标志物。

游戏方法：

把学生分成人数相等的4个队，各队排成一路纵队站在传球区后（对准前面的标志物），各队排头手持一个小篮球。裁判员发令后，各队排头立刻运球前进，到达标志物时运球绕过标志物，然后运球回到传球区，将球传给第二人，自己站到排尾。第二人接球后按同样方法做。依次进行，最后一人做完后将球传给排头，排头接球后将球举起。先把球举起的队名次列前。

游戏规则：

1. 发令后或接到传球后才能开始运球前进。
2. 运球必须绕过标志物，只能在传球区内传球。
3. 不得持球跑，运球失误，应从失误地点重新开始运球。

教学建议：

1. 评价重点：与同伴的合作行为，灵活运用各种行进间运球的方法。
2. 本游戏应该在教师先传授篮球行进间的运球技术之后进行；强调游戏时不要单纯求快，必须掌握正确的在行进间运球的方法；游戏时应规定运球行进的路线，如按逆时针方向绕过标志物，避免各队相互干扰。
3. 检查场地是否平整，提醒学生在绕过标志物时不要碰撞到标志物。
4. 性质类似的游戏有"运球迎面接力"等。

●运球接力-2

设计思路：

为帮助学生更快地熟悉游戏方法，保障游戏过程安全而变。

预期目标：

通过规定运球次数，减少场上运球时间的方法，避免出现场内捡拾球时相撞等现象，帮助学生尽快熟悉动作方法与游戏规则，培养自觉遵守游戏规则的意识。

变化方法：

游戏形式、过程不变，运球方法不变。规定运球次数，去程运球两次、返程运球两次,学生根据自己的跑动速度和控球能力完成行进间运球,尽量减少掉球现象,降低学生捡拾球概率,避免相撞。

(a)

(b)

(c)

(d)

图 3.12-2　运球接力 2

评价重点:

能按区域比赛。能遵守规则,按竞赛区域游戏,在场内完成全部运球并先把球举起的队名次列前。

教学中曾经出现的问题:

学生跑到别人的竞赛区域捡拾球,常有冲撞现象发生。

解决问题的方法:

1. 练习时,教师注意强调和训练学生从原地运球到行进间运球的技能,通过考核完成行进间运球的小队先获得比拼机会,并先行进行小队练习运球接力。

2. 比赛时,教师上场参与活动,用"示错法"有意犯规,用行动给学生示范犯规后应该如何退出(犯规后要举手示意再退出),带头遵守规则。

教学建议:

1. 适合小学五年级学生在游戏学习初期选用。

2. 每次评价都要严格执行既定的游戏标准。

3. 适时增加运球接力中运球次数,可以将学生分成男、女子组比赛,提高游戏的安全系数。

●运球接力-3

设计思路：

为提高学生连续运球能力，控制手腕手指发力而变。

预期目标：

通过增加往返运球次数，增加手腕手指发力练习密度，提高学生运球能力。

变化方法：

游戏形式、过程不变，运球动作不变。学生单程运球要达到至少10次，转弯处运球加一分。比哪组学生最先完成，以此来增强游戏的趣味性，从而提高学生手腕手指发力练习密度，发展学生的运球能力。

(a) (b) (c) (d)

图 3.12-3　运球接力3

评价重点：

在比赛中能按照要求完成单程至少10次运球，并且转弯处运球加一分。

教学中曾经出现的问题：

学生追求运球次数的达成率，导致掉球现象增多。

解决问题的方法：

1. 设立记录员，专门记录每人运球次数、转弯处是否运球。
2. 发现无掉球现象加一分。

教学建议：

1. 适合小学五年级学生在游戏学习后期选用。
2. 明确游戏方法。及时根据记录员记录告知队伍得分情况，激励每一个学生积极合作勇夺第一。

●运球接力-4

设计思路：

为提高游戏的趣味性和竞争力，帮助学生达成情感目标而变。

预期目标：

通过改变运球路线，满足学生情感需求，提高学生运球的能力，调动学生参与的积极性，增强学生合作意识。

(a)　　　(b)

(c)　　　(d)

图 3.12-4　运球接力 4

变化方法：

游戏形式、过程不变。由原直线往返运球变为"S"形路线进行接力比赛,能最快完成运球并高举篮球的一方为胜。

评价重点：

能按照 S 形路线进行运球接力。

教学中曾经出现的问题：

S 形路线的转弯度小,掉球现象多。

解决问题的方法：

1. 对 S 形路线进行分层设计,场地上设置大 S 路线和小 S 路线供学生根据队员能力进行自主选择。

2. 开展"球王"评比,看谁运球中无掉球现象。

教学建议：

1. 适合小学五年级学生在游戏学习后期选用。

2. 分层编组,既可根据运球能力分组,也可分为男女组或自由组合组。

3. 要在两边场地各设立一名助理裁判,负责监督和计算成绩,及时反馈,激发学生们参与的积极性。

●运球接力-5

设计思路：

采用"差异竞赛法",为帮助弱势队分享到成功的快乐,促进他们进一步发展而变。

预期目标：

通过双人牵手、形一人运球,提高游戏的竞争性,调动所有学生的积极性,增强团队合作意识。

变化方法：

游戏形式、过程与评价方法不变。比赛时必须双人牵手、一人完成运球接力。

评价重点：

能按照双人牵手、一人运球的动作要求完成比赛。

教学中曾经出现的问题：

两人配合不默契;同时捡球增加了互相碰撞现象。

解决问题的方法：

1. 练习中双人进行往返跑练习、双人运球单程练习等,增加双人配合的练习时间。

2. 规定双人比赛中的工作分配,一方负责运球而另一方负责捡球,未按照规定进行的扣罚一分。

(a) (b)
(c) (d)

图 3.12-5　运球接力 5

教学建议：

1. 适合小学五年级学生在游戏学习后期选用。

2. 及时进行教育引导,帮助学生养成"团结就是力量,就是智慧"等良好思想品质。

13. 拍手抓棒

● 拍手抓棒-1

游戏价值：

拍手抓棒游戏能有效锻炼神经系统快速反应能力与动作速率,提高上肢小肌群的力量;培养创新意识与竞争能力;可作为增强上肢小肌肉群力量和协调能力的辅助性练习内容或校内全员运动会比赛项目。

游戏目标：

能快速准确地拍手抓棒，争取游戏的胜利。

游戏准备：

自制实心纸棒一根，长短、大小和重量不限。

游戏方法：

双脚分开站立，双手掌心向下，体前握棒。裁判员发令后，双手同时将棒向上提起，然后双手同时松开棒在空中击掌一下，再掌心向下迅速抓住棒为成功一次。连续进行，累计成功的次数，次数多者胜。

(a)　　　　　　　　　　(b)

(c)　　　　　　　　　　(d)

图 3.13-1　拍手抓棒 1

游戏规则：

1. 丢棒后要让裁判员听到拍手声。

2. 提棒的高度不超过头顶部，两手同时抓棒。

3. 比赛时间一分钟。

教学建议：

1. 适宜年段：小学五年级学生。

2. 评价重点：积极拼搏的态度，反应速度和手臂上下移动的速度。

3. 教育学生不怕失败，失败之后立即重来；可以进行游戏的拓展训练，击掌次数由少变多。

4. 游戏之前先活动手指手腕关节；教育学生不能拿纸棒打闹。

5. 性质类似的游戏有"抛球击掌"等。

编者提示：

1. 本游戏有视频。视频编码：拍手抓棒-1。
2. 视频中教师运用了直观演示教学法，使游戏动作直观形象地展现在学生面前，激发了学生的学习兴趣，培养了自主学习的能力；适时使用了多媒体辅助教学、诱导性练习、"单字提示语"（提、松、拍、抓）等教学方法与技巧。

●拍手抓棒-2

设计思路：

为帮助学生尽快熟悉游戏方法，保障游戏过程的安全而变。

预期目标：

通过降低游戏难度，帮助学生尽快熟悉游戏动作方法，培养自觉遵守游戏规则的意识与行为。

变化方法：

游戏规则不变，动作方法改为：提棒后松手，但不拍手就抓棒。将"松手抓棒"作为"拍手抓棒"的诱导性游戏。

(a)　(b)　(c)　(d)

图 3.13-2　拍手抓棒 2

评价重点：

会向上提"一字棒"后再抓棒；遵守规则的组为胜。

教学中曾经出现的问题：

部分学生持棒时出现掌心朝上握棒的错误动作；担心棒会掉而不松手。

解决问题的方法：

1. 利用图文、语言和视频相结合的演示与提示，让学生明确是掌心朝下握棒。

2. 纠错时采用语言提示并强化动作过程，如：边做动作边大声说出"提、松、抓"来强化动作概念。

教学建议：

1. 适合五年级的学生，在进行拍手抓棒游戏学习的前期作为诱导性游戏选用。

2. 在教学中教师可以让学生先体验坐姿的持棒－松手－抓棒的动作，再体验坐姿的持棒－提棒－松手－抓棒的动作，最后完成站姿的持棒－提棒－松手－抓棒的动作。在练习中进行师生互动式的边喊边做，重点强化学生"一字提棒"的动作要求。

编者提示：

1. 此案例有视频。视频编码：拍手抓棒-2。

2. 视频中教师遵循了循序渐进的原则，除了采用三种动作方法来教学外（一是坐姿的持棒-松手-抓棒的动作游戏，二是坐姿的持棒-提棒-松手-抓棒的动作游戏，三是站姿的持棒-提棒-松手-抓棒的动作游戏），还运用了多种诱导性练习，如：让学生动脑筋给游戏取名、单字提示（提、松、抓）等，先让学生练习"松手抓棒"，将动作要求降低，再让学生学习"拍手抓棒"的基本方法。教学中主要运用了多媒体辅助等教学方法与技巧，逐步为学生"拍手抓棒"后期的学习做了铺垫。

●拍手抓棒-3

设计思路：

为激发学生参与游戏的积极性，培养快速准确的拍手抓棒能力而变。

预期目标：

通过改变棒上拍手的次数与位置，提高上肢的快速动作能力；培养不怕困难，勇于挑战的精神。

变化方法：

方法与规则不变，增加拍手的次数和改变拍手的位置。

评价重点：

动作准确快速，能完成规定动作与次数；遵守游戏规则，动作准确速度快的组为胜。

教学中曾经出现的问题：

提棒过高的棒下拍手或用力不均；难度增大，掉棒次数增多，心理压力变大。

(a)　　　　　　　　　　　　(b)

(c)　　　　　　　　　　　　(d)

图 3.13-3　拍手抓棒 3

解决问题的方法：

1. 视频、图示和语言提示相结合，让学生明确动作要求，先徒手听信号（提、松、拍、抓）练习，再进行有棒练习。

2. 教师反复给予学生不同声音和不同信号的语言提示，提高学生的反应速度和辨别能力。

教学建议：

1. 适合小学五年级的学生，在学会基本拍手抓棒游戏的后期选用。

2. 在教学中教师可以让学生先尝试体验再针对学生出现的问题或难题组织教学。

3. 教学中利用口诀进行关键动作的提示，先徒手进行师生互动练习再持棒练习，最后再组织比赛与评价。

编者提示：

1. 此案例有视频。视频编码：拍手抓棒-3。

2. 视频中教师采用"对比教学法"，运用了两个小视频。一个是"拍手抓棒"的棒上拍手两次的动作视频，目的是为学生建立正确的动作概念；另一个是纠错视频，即针对该游戏学生会普遍存在棒下拍手两次或提棒过肩的错误而进行的指导。还运用讲解示范法，提高"拍手抓棒"动作要求，即改变拍手的位置和增加拍手的次数，让学生观察找出该游戏动作和基本的拍手抓棒动作方法的异同后再让学生体验练习,充分利用教学口诀、优生展示与评价等引导性的教学方法。

● 拍手抓棒-4

设计思路:

为提高游戏的趣味性,培养学生发散性思维能力与创新意识而变。

预期目标:

通过分组合作探究,能用手拍身体的不同部位后再抓棒,培养创新意识和合作的能力。

变化方法:

方法与规则不变,但改变拍手位置,用手拍击身体的不同部位再抓棒。

(a)　　　　　　　　　　(b)

(c)　　　　　　　　　　(d)

图 3.13-4　拍手抓棒 4

评价重点:

能用手拍头、肩膀、体侧、后腰、面部等部位后再抓棒;方法与种类多的组胜。

教学中曾经出现的问题:

学生在用手拍击身体的不同部位的时候容易掉棒;在完成用手拍击身体的不同部位游戏前,用于思考的时间过长。

解决问题的方法:

1. 在比赛的规则中规定比赛者有两次机会来完成动作,两次都失败则算对方赢。

2. 限定时间,可规定 5 秒或 10 秒内完成,否则算作对方获胜。

教学建议:

1. 适合五年级的学生,在学会基本拍手抓棒游戏的后期选用。

2. 可以先进行小组的合作探究再进行小组推荐或比赛,最后进行男女生代表的比赛,比赛中让学生观众当裁判员。

编者提示:

1. 此案例有视频。视频编码:拍手抓棒-4。

2. 视频中教师主要运用了小组合作探究、教师语言激励与指导、优生代表比赛以及多媒体辅助等教学方法与手段,让学生在"拍手抓棒"游戏中,使用了多种方法与途径,如:用手拍击身体头部、肩部和体侧等不同部位,从而引发学生的思考与创造。

●拍手抓棒-5

设计思路:

采用"差异竞赛法",为帮助体育弱势生获得成功的体验而变。

预期目标:

通过提高"强者"拍手动作的难度,保持或降低"弱者"拍手动作的难度,让"强者"与"弱者"都能不断挑战自我,体验到成功的喜悦。

(a) (b)

(c) (d)

图 3.13-5　拍手抓棒 5

变化方法：

游戏胜负判断等标准不变。改变动作方法。"强者"和"弱者"采用不同的难度动作，速度快者为胜。如"强者"在头上拍手或棒上拍手两次，"弱者"则体前拍手或棒上拍手一次，在规定的时间内比次数，多者为胜。

评价重点：

动作准确快速，遵守规则；能努力争胜，进步幅度大者为胜。

教学中曾经出现的问题：

"强者"在比赛中总是赢，"弱者"总是输，"弱者"的自信心受挫；"弱者"在差异比赛中获胜变为"强者"，"强者"变为弱势后则心理压力变大，不服气闹情绪。

解决问题的方法：

1. 继续增加"强者"难度，规定"强者"头顶拍手两次，"弱者"还是棒上拍手一次；或动作方法与过程不变，但改变规则，"强者"与"弱者"采用不同次数的标准比赛。如双方都用棒上拍 1 次手再抓棒的动作比赛，但"强者"需拍 20 次，"弱者"只需拍 15 次，先完成规定次数者为胜。或第 2 次比赛比进步幅度，进步大者为胜。

2. 当"强者"变成"弱者"时，除适时进行教育引导外，还可以适当进行动作难度和次数的调整，如让双方都用同一动作比赛 1 次，或第一次比赛胜者需增加 2 次拍手抓棒，才能在第二次比赛中获胜等，尽量让双方都能体验到成功的乐趣。

教学建议：

1. 此游戏适合于小学五年级的学生，在学会基本拍手抓棒游戏的后期选用。

2. 教学中要合理地判定"弱者"和"强者"，双方自愿遵循差异竞赛的原则，在比赛过程中需要教师灵活地做出调整，努力促进体育弱势生的发展。

编者提示：

1. 此案例有视频。视频编码：拍手抓棒－5。

2. 视频中教师先是以提问的方式激起同学们挑战的欲望，然后再宣布比赛方法与规则；能关注到"强者"与"弱者"的情况，而适时进行动作难度和次数的调整。学生发言和教师的归纳总结让游戏的主题得到了升华，使学生不仅知晓了游戏的锻炼价值，增强了规则意识，还培养了扩散性思维的能力，了解到帮助弱者的方法，起到"关注每一个学生"的教学效果。

14. 打节拍

● 打节拍（室内）-1

游戏价值：

打节拍游戏能培养学生的动作节奏感，提高动作协调性与动作速率，培养人际交往能力与团队合作意识。此游戏是室内体育游戏，既能吸引学生注意力，活跃课堂气氛，又是室内体育锻炼和健康知识的辅助性教学内容与调节手段。

游戏目标：

能与同伴保持一致的节奏打出不同的节拍。

游戏准备：

一个教室。

(a)　　　　　　　　　　　　(b)

(c)　　　　　　　　　　　　(d)

图 3.14-1　打节拍 1

游戏方法：

双手按规定的节奏击打课桌、双腿、双肩等。

游戏规则：

每个练习中做错一次，需起立举手示意1次。

教学建议：

1. 评价重点：节奏是否合适；动作是否正确。

2. 每次练习前要让学生跟随模仿老师动作，学生自己体会；可以按小组进行对抗赛，统计错误学生人数，错少者为胜；关闭好门窗，避免声音太大影响其他班级。

3. 游戏之前检查口袋里、桌面上是否有尖锐物品，提醒学生拍打时不要太用力。

4. 性质类似的游戏有"节拍操"等。

编者提示：

1. 本游戏有视频。视频编码：打节拍-1。

2. 上课教师在教学中适时使用了讲解示范教学、音乐伴奏练习、手势提示等方法与技巧。

●打节拍(室内)-2

设计思路：

为保护学生手掌部位，保障游戏过程的安全而变。

预期目标：

通过改变双手拍打身体部位，使学生克服拍打课桌怕疼畏难的心理，保障教学安全。

变化方法：

游戏的节奏不变，对双手拍打物进行改变，"砰、砰"时双手拍打大腿正面，"啪"时双手胸前击掌，减少安全隐患。

评价重点：

拍打部位正确，节奏准确、统一。遵守规则，节拍打得整齐、响亮且较快的组获胜。

教学中曾经出现的问题：

变化伊始，少数学生打节拍动作生疏，跟不上全班节奏；练习一段时间后学生参与的积极性减弱。

解决问题的方法：

1. 教师指挥打手势节奏由慢到快逐渐变化，引导学生逐步熟悉变化的动作方法。

2. 采用小组竞赛方法，比赛中两组交替连续打节拍，更快、更齐、更响的小组获胜，以此激发学练的兴趣和活跃课堂气氛。

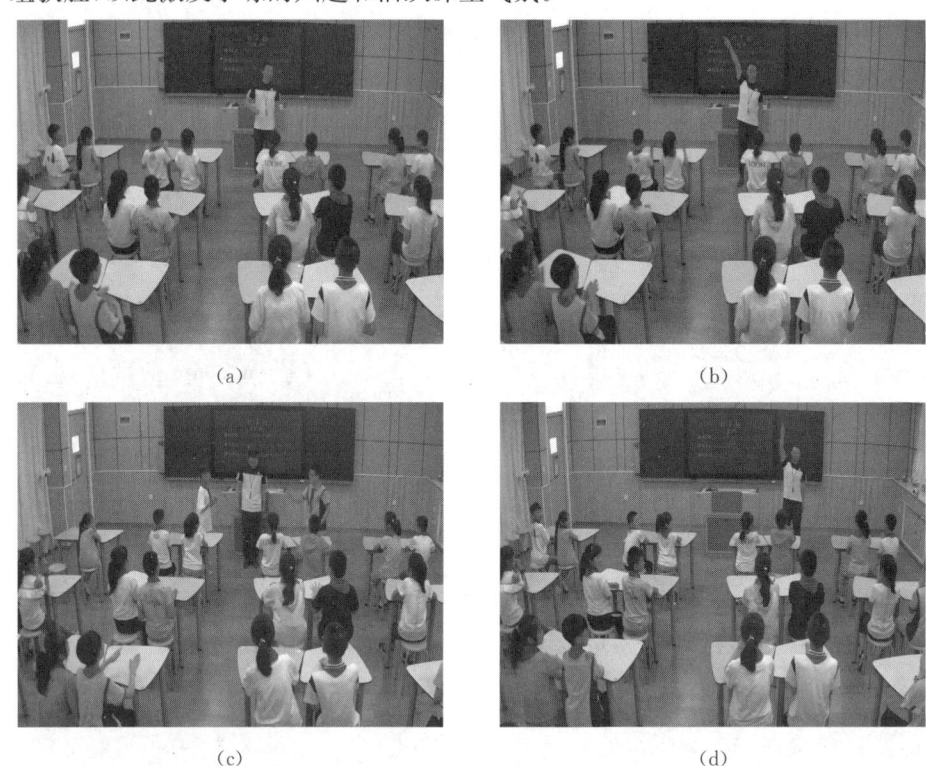

图 3.14-2　打节拍 2

教学建议：

1. 适合小学六年级及中年级的学生，在游戏学习的初期使用。
2. 引导学生开动脑筋说出拍打身体不同部位。
3. 先模仿练习再看教师手势练习，最后进行分组对抗赛。
4. 评价的重点是打节拍的节奏快速、整齐、响亮。

编者提示：

1. 此案例配有视频。视频编码：打节拍-2。
2. 视频中教师主要运用了"规避风险"的原理，由开始的拍课桌变成了拍腿和拍肩打节拍的两种游戏变化方法，以消除学生怕疼的心理，激发学生的学练兴趣，活跃课堂气氛；采取了两组交替连续打节拍的办法，以更齐、更响的小组获胜的评判标准来增加游戏的对抗性。

● 打节拍(室内)-3

设计思路：
为激发学生参与游戏的积极性，提高学生打节拍的节奏感而变。

预期目标：
通过改变打节拍动作方法、轮次和快慢节奏，培养学生的动作节奏感，发展动作协调性。

变化方法：
"砰、砰"时拍腿，"啪"时双手在头上击掌，教师的指挥节奏由慢到快，或时快时慢。

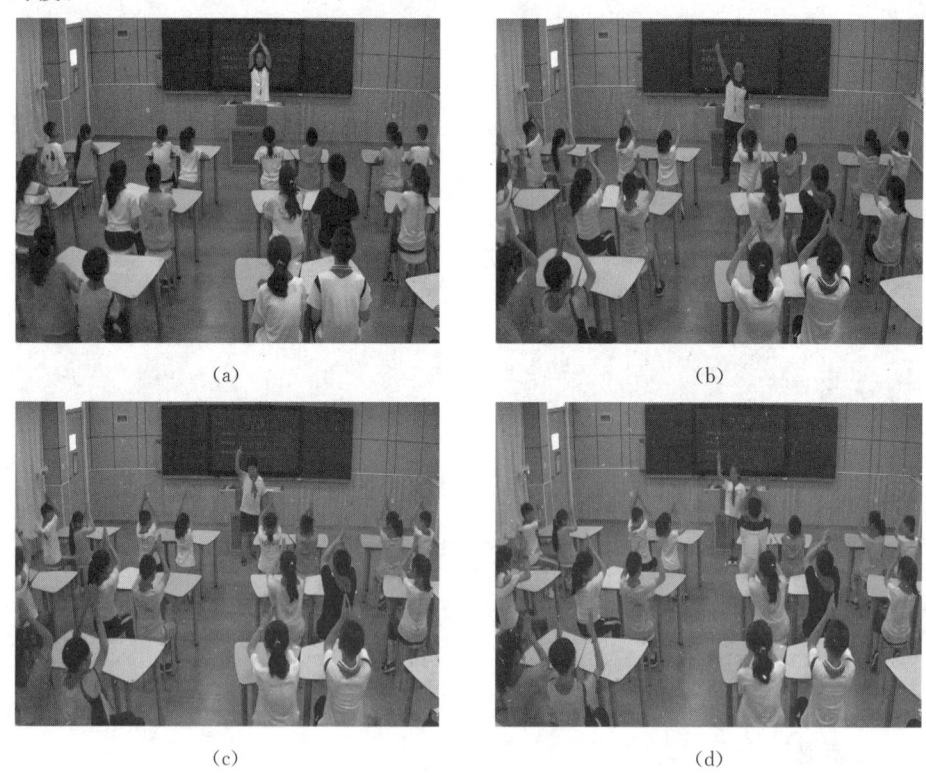

(a) (b)
(c) (d)

图 3.14-3　打节拍 3

评价重点：
打节拍的动作到位和节奏正确。

教学中曾经出现的问题：

变化伊始部分学生跟不上全班整体节奏;打节拍节奏较快时学生头上击掌动作不到位。

解决问题的方法:

1. 教师带领学生由慢到快地打节拍,引导学生熟练掌握新动作方法。

2. 集体纠错和个别指导相结合,强调"啪"时头上击掌动作。

教学建议:

1. 适合小学六年级的学生,在学会打节拍游戏的后期选用。

2. 在教学中教师先讲解示范再组织学生模仿练习,变换节奏环节上可以让学生上台当小老师用手势指挥全班一起打节拍。

3. 学生可以先坐着打节拍,熟练后可以站着打节拍,或开始时学生可以在胸前击掌,熟练后可以在头顶上击掌,以此逐渐增加游戏的难度。

4. 教师坐到学生的位置参与游戏,师生同乐。最后再组织比赛与评价。

编者提示:

1. 此案例配有视频。视频编码:打节拍-3。

2. 视频中教师按照动作技能的形成规律,游戏动作的变化遵循循序渐进的原则,如:动作节奏由慢到快、动作难度由易到难等;积极参与游戏过程,选择学生当小老师时既有男生也有女生,体现公平性,有效激发了学生兴趣。

●打节拍(室内)-4

设计思路:
为提高游戏趣味性,帮助学生达成情感目标而变。

预期目标:
通过改变动作方法,满足学生情感需求,利用双人、多人合作打节拍,调动学生参与的积极性,增强合作意识。

变化方法:
游戏评价标准不变。动作方法由一人打节拍改为两人面对面配合打节拍和分组多人合作打节拍。

评价重点:
同伴间能相互配合,保持一致的节奏。

教学中曾经出现的问题:
合作打节拍时同伴之间节奏不一致;多人合作打节拍时,同伴座位间距过短或过长,导致击掌动作不能顺利完成。

解决问题的方法：

1. 学生边呼节奏"砰砰、啪"边练习合作打节拍。

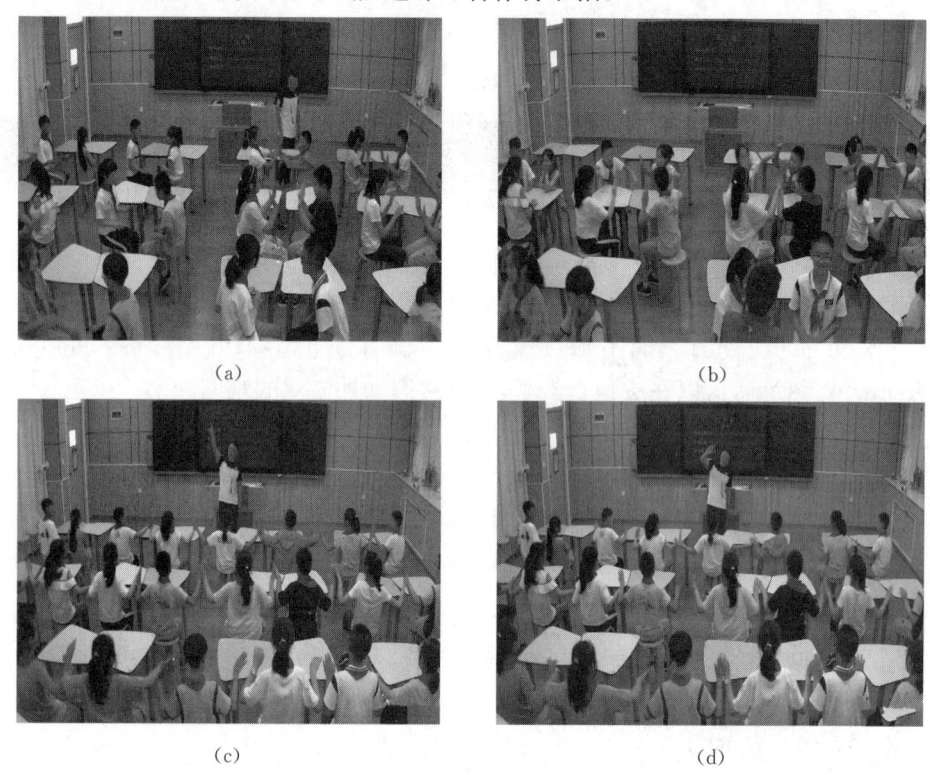

(a)　　　　　　　　　　　　　　(b)

(c)　　　　　　　　　　　　　　(d)

图 3.14-4　打节拍 4

2. 在练习时师生先试练一次，让学生调整好击掌时左右间距的长短，以击掌双方不会碰撞为宜。

教学建议：

1. 适合小学六年级的学生，在学会打节拍游戏的后期选用。

2. 由双人合作打节拍到四人合作打节拍再到以横排为小组的多人合作打节拍，逐步增加学生人数，提升合作难度，增强游戏的趣味性。

编者提示：

1. 此案例配有视频。视频编码：打节拍-4。

2. 视频中教师采用统一指挥的原则，如在进行多人合作打节拍游戏比赛时，利用手势控制节奏的快慢，较多地注意了节拍的节奏变化，使游戏更具挑战性；在分组比赛时，以小组所有成员节奏统一、击掌响亮为评价重点。

打节拍（室内）-5

设计思路：
采用"差异竞赛法"，为帮助体育弱势生，促进他们进一步发展而变。

预期目标：
通过让弱势队跟随有变化规律的节奏打节拍，增加获胜概率的方法，提高游戏的竞争性。调动所有学生的积极性，让强势队与弱势队都能不断挑战自我，增强团队合作意识。

变化方法：
游戏形式、过程与评价标准不变。比赛中，教师给予强势队无规律地快慢变化节奏的手势，让其打节拍；而给予弱势队有规律地变化节奏的手势，让其打节拍，进行节奏变化有差异的比赛。

(a)

(b)

(c)

(d)

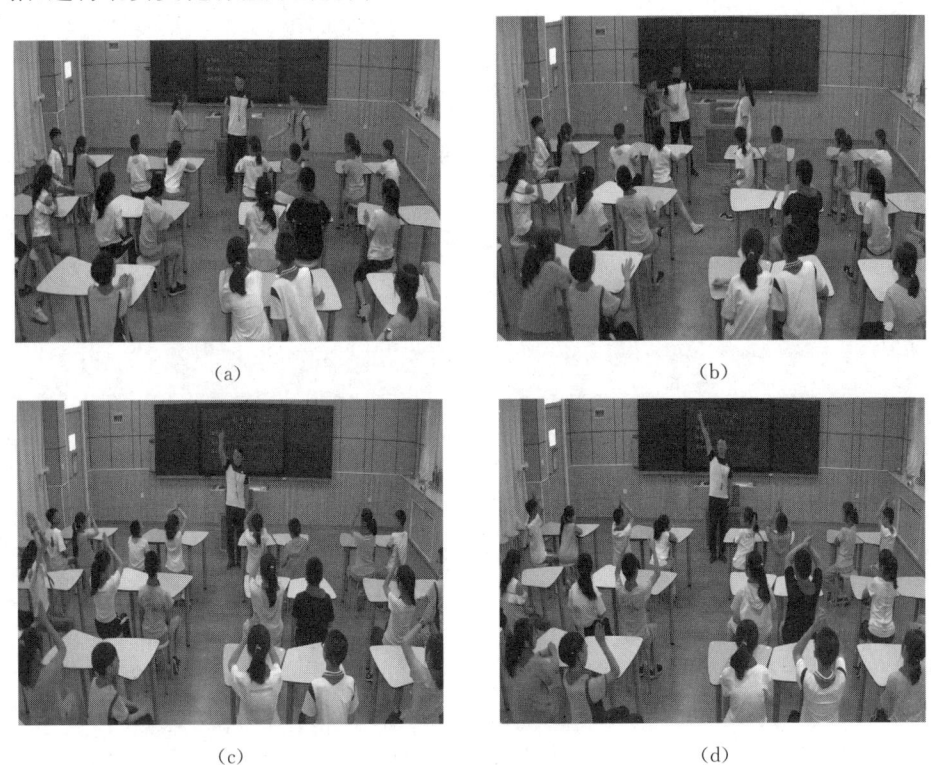

图 3.14-5　打节拍 5

评价重点：
遇到失败不气馁，仍然努力争取进步。

教学中曾经出现的问题：

游戏动作方法和规则不难，强势队和弱势队节奏变化过大，弱势队轻易就获胜；节奏变化不明显，强势队在比赛中仍然是强势队，弱势队仍然是弱势队，弱势队的自信心受挫。

解决问题的方法：

1. 提升弱势队节奏变化的难度，把评价重点放在挑战自我（小组），超越自我（小组）上。

2. 灵活地调整强势队与弱势队比赛的动作难度、节奏快慢和次数多少等，如让强势队在头顶上击掌，让弱势队在胸前击掌，让双方都有获胜的希望。

教学建议：

1. 适合小学六年级的学生，在学会打节拍游戏的后期选用。

2. 教学中要合理地判定弱势队和强势队，双方自愿遵循差异竞赛的规则，在比赛过程中需要教师不断灵活地做出调整，努力促进体育后进生的发展。

编者提示：

1. 此案例有视频。视频编码：打节拍-5。

2. 视频中教师进行适切性教育，采取提问方式激起同学们挑战的欲望后，再适时宣布比赛规则；关注到强势队与弱势队互相的变化，及时进行动作难度和次数的调整。

水平四

12 例经典体育教学游戏教材内容及教法运用技巧举隅

1. 十字接力
2. 趣味测向
3. 夹球抛远大战
4. 手忙脚乱
5. 投篮比赛
6. 实心球打靶赛
7. 二龙戏珠
8. 端线篮球
9. 转动的时钟
10. 简易三步球
11. 手心手背(室内)
12. 比巧劲(室内)

1. 十字接力

●十字接力-1

游戏价值：

十字接力游戏有利于发展学生快速奔跑的能力，增强下肢力量，改善上下肢协调用力的能力，帮助学生掌握弯道跑技术和传接棒技术；培养学生团结合作精神，锻炼坚持比赛不怕失败的意志品质。此游戏历史悠久，既是体育游戏的教材，也是弯道跑和接力跑教学的重要辅助手段。

游戏目标：

能与同伴合作，将弯道跑和传接棒技术运用到游戏之中，发展奔跑能力。

游戏准备：

在场地上画一个直径 10～15 米的圆圈，通过圆心再画两条互相垂直的线组成一个十字，十字线延长到圈外 1 米，作为起跑线。接力棒若干。

游戏方法：

将学生分成人数相等的 4 个小组，分别站在圈内十字线上，每队排头手持接力棒站在起跑线后。

裁判员发令后，各队排头沿圆圈按逆时针方向奔跑，第二人立即站到起跑线后等候接棒。排头跑完一圈后将棒传给第二人，自己站到本队队尾。依次进行，以先跑完的队为胜。

游戏规则：

1. 在跑步过程中不得跨进圆圈或踩线。

(a) (b) (c) (d)

图 4.1-1　十字接力 1

2. 接力棒如掉到地上，必须在掉棒之处捡棒，拾起后再跑，不许抛接棒。

3. 超越别人时，必须从外侧（右边）超越。

教学建议：

1. 评价重点：与同伴的合作行为，弯道跑和传接棒技术。

2. 游戏前带领学生复习弯道跑和传接棒的动作；提醒学生可以运用多种传接棒方法；人数较多时分为多个圆同时进行练习。

3. 检查场地是否平整，提醒交棒人交棒后要离开跑道，不要和他人发生碰撞。

4. 性质类似的游戏有"弯道跑接力"等。

编者提示：

教师主要采取的教学策略：采用讲解、示范、组织学生练习的方式；提示学生利用弯道跑技术减少奔跑的时间，强调交棒的稳定性。

●十字接力-2

设计思路：

为帮助学生更快地熟悉游戏路线与游戏方法，明确交接棒的动作与方法，保障游戏过程安全而变。

预期目标：

通过减缓学生行进的速度，降低交接棒时的难度，帮助学生熟悉游戏路线和游戏方法。

变化方法：

游戏形式、过程不变。由跑动变为大步走，在走动中进行十字接力游戏。

(a)　　　　　　　　　(b)

(c)　　　　　　　　　(d)

图 4.1-2　十字接力 2

评价重点：

路线正确；遵守规则；大步走的姿态优美，态度积极。

教学中曾经出现的问题：

学生大步走的过程中态度不积极，动作懒散；交接棒时出现面对面交接棒的情况。

解决问题的方法：

1. 跟学生说明采用大步走练习方式的意图，示范讲解大步走的具体要求，将走动的姿态和态度表现作为评比的重要内容。

2. 要求接棒的学生必须背对交棒的学生，否则接棒的学生原地停 10 秒。

教学建议：

1. 适用于初一学生，宜于游戏教学前期使用。

2. 在根据游戏标准进行评价的同时,也需要根据学生在游戏中的具体表现,表扬学生的闪光点。

3. 可以提出时间限制,刺激学生积极进行大步走交接棒。

编者提示:

教师主要采取的教学策略是利用运动技能形成规律的原理,由"走"代替"跑"进行游戏,采用"降低速度"的练习方式,保障学生安全地完成游戏。

● 十字接力-3

设计思路:
为满足学生交接棒学习的需求,提高交接棒动作的规范性而变。

预期目标:
通过规定左、右手交替传递交接棒,学生能明确自己交接棒的站位位置,采用适合自己的交接棒方式,快速有效地完成接力。

图 4.1-3 十字接力 3

变化方法:
游戏形式不变。规定采用左、右手交替传接棒的方式,排在奇数位的学生右

手传接棒,排在偶数位的学生左手传接棒,交接棒的方式不限。

评价重点:

左右手交接棒;交接棒流畅;遵守比赛规则。

教学中曾经出现的问题:

学生没有用规定的手传接棒;原地等棒;出现踩线、从左侧超越等情况。

解决问题的方法:

1. 比赛前要求学生确定好自己传接棒是左手还是右手,按照右左右左的顺序依次排列,并在原地进行传接棒练习,比赛时同组队员要相互提醒使用哪只手交接棒。

2. 示范讲解接棒的队员要在交棒队员靠近自己时缓慢向前跑动起来,为接棒学生规定启动的大概距离。

3. 规定出现犯规情况时,每出现1次则在该队总时间中加10秒,出现影响其他队伍比赛的犯规时,直接判成绩无效。

教学建议:

1. 适用于初一学生在游戏教学的后期选用。

2. 在比赛前要求学生和前后两棒的队友确定好各自的交接棒方式,避免交接棒时出现失误。

3. 还可以变化为规定上挑式或下压式的交接棒方式进行比赛。

编者提示:

教师主要采用的教学策略:采用错位站立,进行左右手交接帮助学生形成正确的交接棒动作。不规定交接棒的具体方式,让学生自主确定,锻炼学生之间沟通协作的能力。

● 十字接力-4

设计思路:

为男生和女生分别进行比赛提供条件,激发男女生练习的积极性而变。

预期目标:

通过调整学生分组,分成男女各2组,增加学生间沟通的机会,激发学生练习的兴趣,锻炼学生坚持比赛、不怕失败的意志品质。

变化方法:

游戏路线、交接棒方式不变。将学生分组调整为2组男生2组女生,男生和男生比,女生和女生比。

(a) (b) (c) (d)

图 4.1-4　十字接力 4

评价重点：

积极沟通，交接棒的安排合理；练习的积极性；耗时的长短。

教学中曾经出现的问题：

组内沟通不够，交接棒位置安排混乱；学生跑完后坐在地上；弯道跑技术利用得不够好。

解决问题的方法：

1. 要求学生沟通安排好组内交接棒的时间，明确相互间的位置和采用交接棒的方式。

2. 讲解跑完后不能坐在地上的原因，同时要求每个队员尊重比赛的同学，用积极的态度对待比赛。

3. 强调弯道跑动作要点，组织学生进行弯道跑练习。

教学建议：

1. 适合初一学生在游戏教学中后期使用。

2. 在学生练习的过程中，强调弯道跑技术要点，帮助学生掌握身体向圆心倾斜，外侧手臂由内向外摆动，内侧手臂小幅摆动的技术要点；强调稳定地进行交接棒，提醒接棒队员及时上道做好准备。

3. 还可以变化为男队多1个人（重复）比赛,男女四个队伍进行评比。

编者提示：

教师主要采用的教学策略：由学生自主安排交接棒顺序和方式,培养学生自主练习能力。

●十字接力-5

设计思路：

采用弱势队和强势队组合的方式进行比赛,为帮助弱势队提升队伍实力而变。

预期目标：

通过队伍的重新整合,将队伍实力分配得更加均衡,激发所有学生的练习积极性,帮助弱势队的学生有机会获得成功的体验,从而体会团队合作的重要性。

(a) (b) (c) (d)

图4.1-5　十字接力5

变化方法：

游戏交接棒方式不变。将弱势队和"最强势队"合并成一大组,分别站在场地中一条直线的两端,另外两队合并成一大组,站在另一直线的两端,由跑一圈后进行交接棒变成跑半圈后进行交接棒,以两个大组最后一名学生完成游戏的先后决定胜负。

评价重点:
遵守规则,积极参与的态度,时间上的差距。

教学中曾经出现的问题:
跑动路线出现错误;运动量较小。

解决问题的方法:
1. 组织学生练习,熟悉路线,同一直线上的队员在比赛时相互提醒。
2. 增加交接棒次数,根据学生体能情况每个人交接棒2~3次。

教学建议:
1. 适用于初一学生游戏学习的后期使用。
2. 教师可以替换弱势队中体能较差的学生,帮助弱势队获得成功体验。
3. 比赛前规定好交接棒的方式,避免由于组内人员太多而出现交接棒混乱。

编者提示:
教师主要采用的教学策略:采用综合组间差距的办法,保障队伍实力的均衡。

2. 趣味测向

●趣味测向-1

游戏价值:
趣味测向游戏有利于帮助学生识别地图,学会辨认方向,提高快速奔跑的能力,改善速度素质和耐力素质;能够激发学生练习的积极性,培养坚持不懈的意志品质,提升学生之间相互鼓励相互帮助的合作能力。此游戏作为新兴项目,能够激发学生的练习兴趣,通过不断达成目标,缓解学生在奔跑中的疲劳感,能够作为速度跑和耐力跑的辅助练习手段。

游戏目标:
能完成规定的任务,提高在自然地形中奔跑的能力。

游戏准备:
根据校园里的自然环境,选择8个典型标志物(标志物前要有空场地)作为标志点,邻近各点之间相距20~30米为宜(根据学校场地而定),标志点之间尽量相互看不见,注意隐蔽性。在每个点的 1~2 米范围内挂上 3~5 根不同颜色的水笔或蜡笔,各组在操场中间设立一个"大本营"为起点(场地布置见图)。

游戏方法：

将学生分成四个小组,分别站在各自的大本营中,每人手持一张记录表。裁判员发令后,学生各自从大本营出发,边跑边寻找目标(悬挂在各标志点的水笔),寻找到后在表格上涂填对应的颜色。在规定的时间内,完成"测向"任务(表格全部涂填完)先回到大本营者为胜。

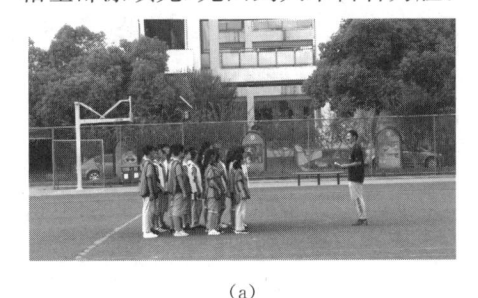

(a)　　　　　　　　　　　　(b)

(c)　　　　　　　　　　　　(d)

图 4.2-1　趣味测向 1

游戏规则：

1. 在规定的时间内完成。(根据场地大小,一般以 5~8 分钟为宜)
2. 不能将测向目标(水笔或蜡笔)取下带回。
3. 寻找目标的顺序按表格中颜色顺序而定。

教学建议：

1. 评价重点:能坚持完成任务,耐久跑能力。
2. 游戏前简介测向运动的基本常识;根据学生人数和学校实际场地情况安排标志点以及间距。
3. 游戏前做好准备活动,在下坡、房屋直角转弯等不安全场地,安排专人定位提醒,保障游戏安全。
4. 性质类似的游戏有"测向接力"等。

编者提示：

教师主要采取的教学策略：制作了 8 张不一样的路线图，确保每组的跑动顺序不一样；组织学生选取自己图中的第一个标志点进行练习，让学生熟悉游戏方法，节约体力，减少练习时间；利用检查员检查学生在跑动中是否出现顺序错误或其他作弊情况，确保比赛公平性。

● 趣味测向-2

设计思路：

为避免学生离开教师的视野，降低地形的复杂程度，确保练习的安全而变。

预期目标：

通过将目标点设置在开阔地，能够让学生的练习完全处于教师的视线内，降低地形的复杂程度，保障学生在跑动过程中能安全地完成练习。

变化方法：

游戏形式不变。将所有隐藏的标志点移到面对大本营方向的可视范围内。

(a)　　　　　　　　　　(b)

(c)　　　　　　　　　　(d)

图 4.2-2　趣味测向 2

评价重点：

跑动过程安全有序；团队间相互帮助，努力练习，能坚持到底。

教学中曾经出现的问题：

学生看图时会弄错标志点，导致跑动距离增加；组内学生体能状况不一，体能好的学生只顾自己快速奔跑,对队内弱势学生的帮助不够。

解决问题的方法:

1. 给学生时间观察理解手中的图表,组内进行讨论,明确行进方向。

2. 以组内团队配合、互相帮助作为评价要求,对于只顾自己快速跑而不顾队友的同学提出批评与改进建议。

教学建议:

1. 本游戏适用于初二学生,适宜在游戏学习前期使用。

2. 在比赛中明确安全要求,避免碰撞、拥挤,强调团队精神,以小组全部到达大本营的先后顺序为小组成绩。

3. 可以变化为缩短点与点间的距离,改跑动为走动,确保练习的安全性。

编者提示:

教师主要采用的教学策略:将隐藏的标志点摆放在空旷的区域,降低地形的复杂程度,确保安全。在比赛开始前更换组与组之间的图表,让每次测向练习都有新鲜感。

●趣味测向-3

设计思路:

为促进学生耐力素质发展,培养学生吃苦耐劳的品质而变。

预期目标:

通过增加部分标志点与大本营的距离,增加练习量,促进耐力素质的发展,培养吃苦耐劳、挑战自我的精神。

变化方法:

游戏过程不变。增加3～4个标志点与大本营的距离。

评价重点:

坚持完成比赛,积极努力拼搏;积极帮助他人的精神。

教学中曾经出现的问题:

个别学生体能不够,出现消极应付的现象;检查员在标志点附近懒散无事。

解决问题的方法:

1. 加强鼓励,指导学生调整呼吸,摆动手臂,要求组内队友搀扶帮助,强化评比中重点是比坚持的态度。

2. 明确检查员的任务:为同学们加油,用标记笔为到达标志点的同学记录,负责标志点的变换等。

(a) (b)

(c) (d)

图 4.2-3　趣味测向 3

教学建议：

1. 适宜在进一步提升初二学生耐力素质时使用。

2. 增加的距离要适中，距离增加过多时，学生的体能状态无法满足其进行多次练习。

3. 在每次练习时组与组之间需要交换平面图。

4. 可以变化为标志点的位置不变，采用规定时间内完成测向跑。

编者提示：

教师主要采用的教学策略：通过加大练习量的方法促进学生耐力素质的提升。

● 趣味测向-4

设计思路：

为了提高学生的练习兴趣，活跃练习气氛，通过规定标志点之间的移动动作，增强游戏的趣味性，帮助学生达到积极练习的情感目标而变。

预期目标：

在各标志点提示学生完成不同的体育动作，提高练习的趣味性，促进学生积极练习。

变化方法：

游戏方式、路线不变。在到达各标志点后根据提示做出相应的规定动作行进到下一个标志点。

(a) (a)

(c) (d)

图 4.2-4 趣味测向 4

评价重点：
完成动作的质量，认真参与的态度。

教学中曾经出现的问题：
学生到达各标志点后完成提示动作的质量不高；标志点间的距离太远导致学生完成规定动作的时间过长。

解决问题的方法：
1. 带领学生练习相关的动作，明确各动作的要求，比赛中比动作质量不比跑动时间。
2. 根据学生的体能状态缩短标志点间的距离，保障学生能够通过自身努力完成练习。

教学建议：
1. 本游戏适合初二学生，适宜在游戏学习后期使用。
2. 严格执行要求，规定动作必须按要求完成，检查员要协调教师一起监督学生练习。
3. 也可以通过增加标志点提升练习的趣味性。

编者提示：
教师主要采用的教学策略：为了提高学生参与游戏的积极性，规定了单脚跳、双脚跳、螃蟹走、后脚跟走、前脚掌走等多种移动方式进行游戏比赛。

● 趣味测向-5

设计思路：
采用"差异竞赛法"，为帮助弱势队减少奔跑时间和增强参与游戏的信心而变。

预期目标：
通过减少弱势队的目标点数量，帮助他们获取胜利，体验成功的喜悦。

变化方法：
游戏方式不变。弱势队减少图表中的最后1个目标点。

(a) (b)

(c) (d)

图 4.2-5　趣味测向 5

评价重点：
守规则；强者不抱怨，勇于挑战；弱者不放弃，积极努力。

教学中曾经出现的问题：
多个小组希望练习中少一个标志点；强势队输了后不能欣然接受结果；弱势队减少1个标志点后仍然无法获得较好名次。

解决问题的方法：
1. 根据练习的实际情况确定实力较弱的队伍，可以为2～3个队伍减少1个标志点。

2. 做好强势队的思想工作，赞扬他们耐力出众，引导他们正确对待比赛胜负,以提升自己的耐力水平作为自己的目标。

3. 引导弱势队积极努力,正确看待比赛结果,做到胜不骄、败不馁,正视和其他队伍的差距,通过课内外的认真练习,争取早日战胜对手。

教学建议:

1. 本游戏适合初二学生在游戏学习后期使用。

2. 根据弱势队中队员的体能状况,可以和检查员进行位置交换,提高弱势队的获胜概率。

3. 可变化为标志点数量一样,弱势队先出发 15 秒左右后强势队再出发。

编者提示:

教师主要采用的教学策略:采用"差异竞赛法"原理,减少弱势队的目标数量,缩短跑动距离,激励弱势队的参与积极性。

3. 夹球抛远

● 夹球抛远-1

游戏价值:

夹球抛远大战游戏有利于发展学生下肢、腰腹力量与身体动作的协调能力;培养团队意识与合作能力;此游戏既是体育游戏教材,也是后续学习跳跃类教材的辅助练习内容与教学手段。

游戏目标:

能积极参加游戏,提高夹球抛远的距离和准确性。

游戏准备:

在场地上画长 10~15 米,宽 4~5 米的长方形,中间画两条间隔 2 米宽的中线作为界河。每人一只软式排球或纸球。

游戏方法:

将学生分成人数相等的甲队和乙队分别站在各自区域内,每人双脚夹一软式排球或纸球。

裁判员发令后,各队队员将脚上夹的球抛向对方区域,球抛出后,可以再用双脚夹起本场地中任意的球继续游戏,规定时间(2 分钟)内看哪组场地内的球少,则哪组获胜。

(a) (b)

(c) (d)

图 4.3-1　夹球抛远 1

游戏规则：

1. 夹球抛时不许踩到界河的两条边线，否则算无效球，不得分。

2. 进攻时必须双脚夹球跳移动，如果球没有抛到对方区域内，需自己去捡回球。

教学建议：

1. 评价重点：准确的判断和积极拼搏精神，夹球抛的远度和准确性。

2. 游戏前应讲解示范游戏方法及要领，组织学生练习一会儿后再进行正式比赛；强调遵循游戏规则。

3. 游戏前做好专项准备活动，提醒学生捡球时避免碰撞。

编者提示：

1. 此案例有视频。视频编号：夹球抛远大战-1。

2. 视频中教师主要采用的教学策略：采用讲解、示范法让学生了解动作方法，组织学生练习，让学生体会双脚夹抛球的动作要领；鼓励学生积极移动，尽快将球抛过界河，寻找人少的空隙夹抛球。

● 夹球抛远-2

设计思路：

为帮助学生熟悉夹球抛的方法，提高夹球抛远能力，保障游戏过程安全有序进行而变。

预期目标：

通过利用不同形式的夹球抛远练习，帮助学生尽快掌握控制球的方法，提高控制球的能力，培养学生勇于探究尝试的积极性。

变化方法：

游戏动作不变，将夹球抛远改为夹球跳起向上抛球并接住球；将团体对战的形式变为个人比赛的形式，计时 1 分钟，抛接球 1 次得 1 分。

(a)　　　　　　　　　　　　　(b)

(c)　　　　　　　　　　　　　(d)

图 4.3-2　夹球抛远 2

评价重点：

夹球抛接高度高的名次列前；1 分钟抛接次数多者，名次列前；表扬积极尝试，不怕失败的学生。

教学中曾经出现的问题：

学生夹球抛起的高度不够，接球就不规范；存在球碰地后接球、计数时不真实的情况。

解决问题的方法：

1. 根据学生夹球抛远水平的提高，不断提高夹球抛远的高度，未达到高度的接球不计分。

2. 各组分先后进行比赛，1 组练习 1 组监督，确保抛接动作规范，个数真实有效。

教学建议：

1. 此游戏适用于初中一年级学生在游戏学习前期使用。

2. 组织学生散点站立,避免练习时混乱造成碰撞;练习抛远时,可以组织学生朝不同方向夹球抛远,避免拥挤碰撞;鼓励腰腹力量不强的学生积极练习。

3. 可以继续变化为一抛一接或对抛对接,提升抛接难度。

编者提示:

1. 此案例有视频。视频编号:夹球抛远-2。

2. 视频中教师主要采取的教学策略为:积极鼓励学生在规定时间内多抛接。

● 夹球抛远-3

设计思路:

为了满足学生夹球抛远的学习需求,激发学生参与游戏的积极性,提高学生夹球抛远的能力而变。

预期目标:

增加夹球抛远的远度,提高夹球抛远的难度,要求学生尽全力夹球抛远,加大腰腹的锻炼效果,培养学生全力以赴参与比赛的认真态度,增强学生遵守比赛规则的意识。

变化方法:

游戏形式、过程不变,加宽界河的距离,提升学生夹球抛远的难度。

(a) (b)
(c) (d)

图 4.3-3 夹球抛远 3

评价重点：

夹抛球的远度和高度；积极参与进攻，能够快速将本场地内的球抛到对面；能够积极为夹抛球能力强的队友提供纸球。

教学中曾经出现的问题：

学生抛球过界河的成功率不高；能力较差的学生出现畏难情绪，从而消极参与；学生抛球过后，会盯住自己的球，不能积极地去捡场地内其他的球继续游戏。

解决问题的方法：

1. 调整界河到合适宽度，便于大部分学生努力练习都能抛过界河，个别学生可以制定单独的小界河。

2. 强调是团队比赛，不要盯住某一个球，自己场地内的球都需要尽快抛到对面。

教学建议：

1. 本游戏需要在学生具备了一定的夹抛球能力的情况下进行，否则会有较多学生无法将球抛过界河。

2. 确保比赛中球抛过界河才算有效，避免手拿球。

3. 可以分多个场地进行比赛。

编者提示：

1. 此案例有视频。视频编号：夹球抛远-3。

2. 视频中教师主要运用的教学策略：有效合理地发挥小组长的作用。

● 夹球抛远-4

设计思路：

为了提高学生夹抛球的准确度，增强游戏的趣味性，帮助学生达到情感目标而变。

预期目标：

通过规定夹抛球的距离，将同学设定成明确的抛击目标，激发学生努力抛准的练习兴趣，帮助学生尽快掌握控制抛球方向的能力，培养学生积极尝试、不怕失败的精神。

变化方法：

游戏动作不变，将游戏形式变成2人1组，1人静止站立，1人夹抛球，抛中1次得1分，计1分钟击中的个数。

(a) (b)
(c) (d)

图 4.3-4 夹球抛远 4

评价重点：

1分钟击中的次数；1分钟夹抛球的次数；比努力程度，鼓励积极的学生。

教学中曾经出现的问题：

静止队伍的学生会在球抛过来时不由自主地躲避；学生在练习中会超越起始线，缩短抛球距离。

解决问题的方法：

1. 判定躲避的学生被球击中。

2. 判定抛球前越线犯规的学生击中无效，并减1分。

教学建议：

1. 本游戏可以在学生初步具备夹抛球能力后进行，有利于提升学生抛球的远度和准确度，在比赛前要多组织学生练习。

2. 夹抛球学生和目标学生之间的间距要合适，要符合学生夹抛球的能力，球飞向头部时学生可以用手挡一下。

3. 进一步提升难度时，可以指定抛击小腿、大腿或躯干，进一步提高抛击的准确性。

编者提示：

1. 此案例有视频。视频编号：夹球抛远-4。

2. 视频中教师主要采用的教学策略：表扬鼓励1分钟之内夹抛次数多的学生。

● 夹球抛远大战-5

设计思路：

采用"差异竞赛法"，为了提高女生战胜男生的能力，帮助女生树立信心，促进女生进一步发展而变。

预期目标：

通过缩短男生场地区域的底线和界河的距离，帮助女生能够有机会直接得分，规定比赛结束时男生区域内的球要比女生区域内的少才算获胜，帮助女生获取数量上的优势，激发男女生练习的积极性，培养男生勇于挑战的能力，增强女生的参与感，进一步提升团队的凝聚力。

变化方法：

游戏方法、形式不变，缩短男生区域底线和界河的距离；夹抛球过程中，球抛过底线则此球不允许被捡，直接计入最终各自场地球的个数中；规定男生场地内球数比女生场地少5～8个才算获胜。

(a) (b)

(c) (d)

图 4.3-5　夹球抛远 5

评价重点：

比各团队的努力程度；遵守比赛规则。

教学中曾经出现的问题：

学生会忽视球过底线后不能再捡这条规则，放任球出界或出界后再去捡球；男生对要比女生场地内少5~8个球才算获胜有意见。

解决问题的方法：

1. 强调尽量安排学生防守底线，以防球滚出底线；捡1个过底线的球则在最终成绩上加2个球。

2. 明确男女学生的体质是存在客观差异的，引导男生积极勇敢地接受挑战。

教学建议：

1. 本游戏适用于男女生夹抛球有差距，但差距并不大的情况。

2. 安排裁判监督比赛，规则的制定尽力有助于女生获胜。

3. 可以在此基础上变化成女生多，男生少的对战练习。还可以将强势队男生加入女生队，弱势队女生加入男生队，以提高弱势队获胜的概率。

编者提示：

1. 此案例有视频。视频编号：夹球抛远-5。

2. 视频中教师主要采用的教学策略：直接上场参与女生组的比赛。

4. 手忙脚乱

● 手忙脚乱-1

游戏价值：

手忙脚乱游戏有利于发展学生下肢、腰腹力量与身体动作的协调能力；培养团队意识与合作能力；既是体育游戏教材内容，也是后续学习跳跃类教材内容的辅助练习内容与教法手段。

游戏目标：

三人能相互配合，有序移圈和跳跃。

游戏准备：

在场地上画长16~20米、宽2米的跑道若干条，分别为起点线和交换线；胶圈或呼啦圈若干。

游戏方法：

将学生按照3人一组分成若干个组，每组成员编号为1、2、3，每组成纵队在起点线上面向场地站立，每人一只胶圈。

裁判员发令后，3人立即将手中的圈摆平放在自己前面地上，要求两人移圈一人跳圈，1号跳圈，2、3号负责把自己的圈移到1号前面，1号连续跳圈，直到1号跳过交换线后，换2号从交换线往回跳，1、3号移圈；2号跳过起点线后，换3号跳，1、2号移圈，到达终点线后三人共同举圈，先举圈的组为胜。

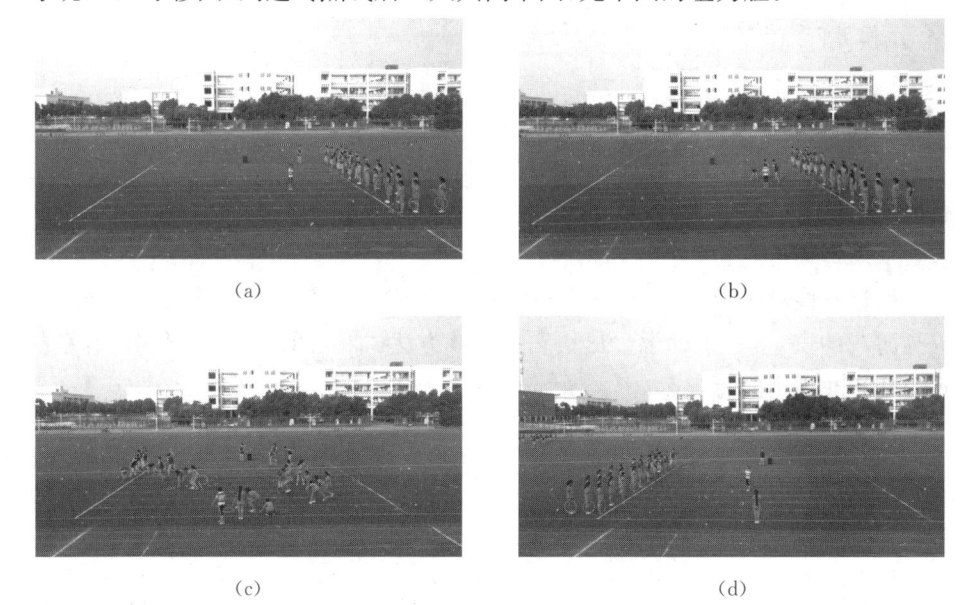

图 4.4-1　手忙脚乱 1

游戏规则：

1. 跳圈人跳过交换线后，必须换人跳圈。

2. 圈放在地上等人跳过后，移圈人才能拿圈向前移。

3. 移圈过程中不能阻碍其他学生跳圈，影响其他组的学生要回到起点重新开始跳。

教学建议：

1. 评价重点：同伴间的相互配合，立定跳远的动作质量。

2. 讲解游戏有关内容之后，三人一组自由组合，自选场地练习，体会有序配合的感觉；提醒学生在摆放胶圈时，间隔距离要根据跳圈学生的跳跃能力而定；移圈人要等跳圈人出圈后才能从两边移圈向前摆放，不要急于拿圈，以防绊住跳圈人的脚；男女生分开比赛。

3. 充分做好准备活动，检查胶圈上是否有尖锐物品。

4. 性质类似的游戏有"移花接木"等。

编者提示：

1. 此案例有视频。视频编号：手忙脚乱-1。

2. 视频中教师主要采取的教学策略：教师选用不同颜色胶圈将学生进行分

组,组织练习,便于教师和学生裁判区分组别;讲解、示范、组织学生练习,熟悉游戏规则;组织学生当裁判保障游戏安全、有序进行。

●手忙脚乱-2

设计思路:

为帮助学生更快地熟悉跳圈方法,提高跳跃能力,保障游戏过程安全有序进行而变。

预期目标:

通过变换跳圈形式,避免学生脚踩圆圈的现象,降低学生脚部受伤的概率,提高游戏的安全性,帮助学生尽快熟悉游戏方法,加强同伴之间的合作,培养自觉遵守游戏规则的意识。

变化方法:

在移圈方法不变的情况下,先跳 6 个圈,再跳 9 个圈,然后逐步增加,减少安全隐患。

(a)

(b)

(c)

(d)

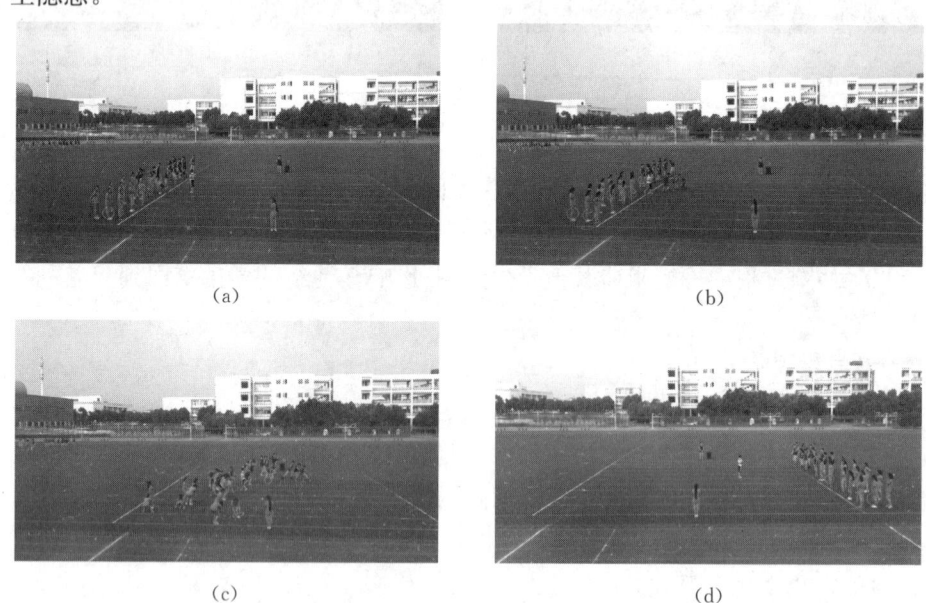

图 4.4-2　手忙脚乱 2

评价重点:

脚不碰到圈,跳远动作质量高。移圈距离合适,取放动作规范。

教学中曾经出现的问题:

移圈学生控制不好圈的距离;相邻两组学生移圈时有碰撞。

解决的方法：

1. 提醒移圈学生根据跳圈学生的跳跃能力放置合适的距离。
2. 相邻两组放圈同学把圈放场地中间，避免相邻两组同学移圈时有碰撞。

教学建议：

1. 此游戏适用于初中阶段，能够增强学生腿部力量。
2. 组织学生三人一组纵向在场地起点线后中间站立，避免练习时相邻两组学生发生碰撞。

编者提示：

1. 此案例有视频。视频编号：手忙脚乱-2。
2. 视频中教师主要采用的教学策略：使用"条件作业法"原理，规定跳过圈，避免踩到圈，保障安全；1号跳圈，规定2号在1号左侧、3号在1号右侧移圈，避免移圈的2名学生在移动过程中发生碰撞；移圈距离合适，配合默契。

●手忙脚乱-3

设计思路：

为满足学生跳跃的学习需求，激发学生参与游戏的积极性，提高学生跳跃能力而变。

(a)　　　　　　　　　　　(b)

(c)　　　　　　　　　　　(d)

图 4.4-3　手忙脚乱 3

预期目标：

通过抬高胶圈的高度，增加跳跃的难度，促进学生尽力跳，提高对学生腰腹和腿部的锻炼效果，培养学生全力以赴参与比赛的认真态度，增强学生遵守比赛规则的意识。

变化方法：

在游戏形式、过程不变的情况下，抬高胶圈的高度（离地20厘米以上），提升学生跳跃的难度。

评价重点：

跳圈的远度和高度，放圈学生的配合程度。

教学中曾经出现的问题：

移圈学生移圈时对高度和远度控制不好；跳圈学生出现胆怯心理，不敢跳，出现垫跳动作。

解决的方法：

1. 提醒移圈学生根据跳圈学生的跳跃能力控制圈的高度和远度。

2. 放圈的高度由低到高，尝试成功后逐渐抬高胶圈，规范跳跃动作。

教学建议：

1. 此游戏适用于初中阶段学生在游戏学习中期使用。

2. 确保比赛中胶圈离开地面跳跃才算有效。

3. 可以继续变化放圈高度，提升跳跃难度。

编者提示：

1. 此案例有视频。视频编号：手忙脚乱-3。

2. 视频中教师主要采用的教学策略：使用"条件限制法"，规定胶圈离地20 cm以上跳过才算有效；提醒移圈学生安全第一，放置时的高度和远度合适；鼓励学生挑战更高的高度。

●手忙脚乱-4

设计思路：

为了提高移圈学生的练习兴趣，活跃练习气氛，增强游戏的趣味性而变。

预期目标：

通过规定移圈学生每次都需要将胶圈从脚下向头上穿过一次再放圈，激发移圈学生的练习兴趣，鼓励学生迅速、灵活地完成移圈动作，培养学生积极尝试、不怕失败的精神。

变化方法：

在跳跃动作不变、移圈顺序不变的情况下，增加移圈动作，要求移圈学生每次都需要将胶圈从脚下向头上穿过再放圈。

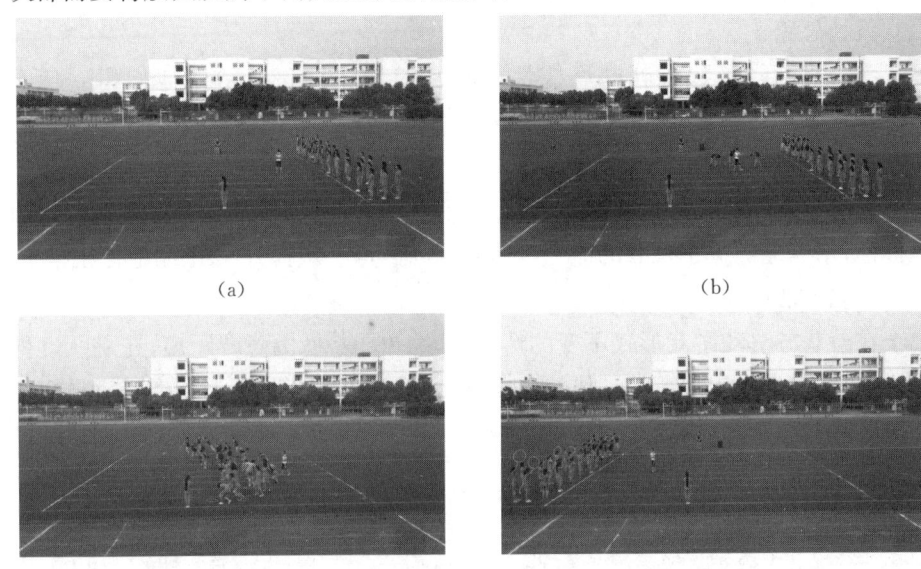

(a)　　　　　　　　　　　　　　(b)

(c)　　　　　　　　　　　　　　(d)

图 4.4-4　手忙脚乱 4

评价重点：
移圈学生穿圈放圈的速度和放圈位置；表扬动作灵活、放圈合适的学生。

教学中曾经出现的问题：
移圈学生在将圈从脚下穿过时重心不稳，碰到其他学生；移圈速度变慢。

解决的方法：
1. 熟练将圈从脚下向头上穿过动作，站稳后再移动。
2. 动作熟练后加快移圈速度。

教学建议：
1. 本游戏可以在学生熟悉了手忙脚乱主游戏后再进行，有利于提升学生的练习兴趣，在比赛前要多组织学生熟练动作。
2. 移圈学生要将圈放在场地中间，避免碰到相邻两组的同学。

编者提示：
1. 此案例有视频。视频编号：手忙脚乱-4。
2. 视频中教师主要采用的教学策略：使用"条件限制法"，规定移圈学生要把圈从脚下向头上穿过再移圈；表扬移圈灵活、动作迅速，配合默契的小组。

● 手忙脚乱-5

设计思路：

为了提高弱势队获胜的可能性，采用"差异竞赛法"，帮助他们树立信心而变。

预期目标：

通过缩短弱势队的竞赛距离，帮助他们尽快完成比赛，激发弱势学生练习的积极性，培养他们勇于挑战的能力，增强参与感，进一步提升小组的凝聚力。

变化方法：

在游戏方法和游戏形式不变的情况下，缩短弱势队的竞赛距离；在跳跃过程中，提醒跳圈学生用规范的动作快速完成；移圈学生配合跳圈学生将圈放在合适的位置。

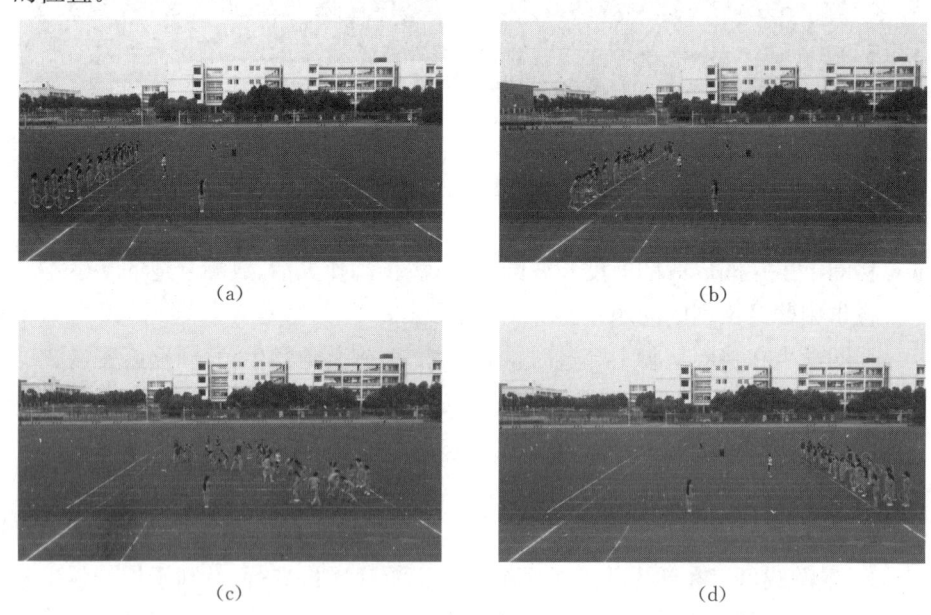

(a) (b) (c) (d)

图 4.4-5 手忙脚乱 5

评价重点：

比各小组的努力程度；是否遵守比赛规则。

教学中曾经出现的问题：

学生会因为竞争激烈而忽视跳跃动作的规范性，弱势队没有因为距离缩短而获胜。

解决的方法：

1. 强调跳跃动作规范，不允许出现跨的动作。
2. 鼓励弱势队在距离有优势的情况下努力加快完成速度。

教学建议：

1. 本游戏适用于跳跃能力有差距，但差距并不是太大的情况。
2. 安排裁判监督比赛，发现犯规动作及时指出。
3. 强势队比弱势队提前两个圈到达，强势队用 4 个圈移，弱势队用 3 个圈移，强势队用双足跳，弱势队用单足跳。

编者提示：

1. 此案例有视频。视频编号：手忙脚乱-5。
2. 视频中教师主要采用的教学策略：采用"差异竞赛法"原理，设置不同的竞赛距离，激励弱势队积极参与，让弱势队增加获胜的可能性，以此来激发双方的参与激情；教师可以参与到弱势队进行比赛。

5. 投篮比赛

● 投篮比赛-1

游戏价值：

投篮比赛游戏有利于帮助学生改善投篮动作，体会全身发力，掌握投篮技术，提升学生的手臂力量；有助于学生相互帮助，相互指导，共同提高，形成合作包容的优良品质；此游戏历史悠久，既是体育游戏教材，又能为后续的投掷类教学打好力量基础，还能作为篮球投篮教学中的重要练习方法。

游戏目标：

能为集体出力，提高投篮的准确性。

游戏准备：

篮球场和篮球若干。

游戏方法：

将学生分成人数相等的若干组，每两组一个篮球架。

裁判员发令后，各组队员站在规定的投篮线后依次投篮，投进一球得一分，累计各小组得分，分数多的组为胜。

游戏规则：

1. 每次每人只能投一球。

2. 投篮时脚不得踩线。

(a) 　　　　　　　　　　　　(b)

(c) 　　　　　　　　　　　　(d)

图 4.5-1　投篮比赛 1

教学建议：

1. 评价重点：参与练习的态度，投篮的准确性。

2. 提醒学生可以用多种投篮方式投篮；可以根据学生能力的变化不断调整投篮距离。

3. 游戏之前做好手腕、手指等部位的专项准备活动。

4. 性质类似的游戏有"投准比赛"等。

编者提示：

1. 此案例有视频。视频编号：投篮比赛-1。

2. 视频中教师主要采取的教学策略：采用讲解、示范、组织学生进行多种投篮方式的练习的方法。

● 投篮比赛-2

设计思路：

为避免学生捡球时碰撞或者被砸伤，保障游戏安全有序而变。

预期目标：

通过减少篮球的使用个数，保障学生有序练习，同时安排专人捡球，防止学生被球砸到。

变化方法：

在练习方式不变的情况下，将每人 1 个球变成每组 1 个球，同时组内轮流安排 1 人捡球，捡到的球要送到队友手上，避免碰撞和砸伤。

(a)　　　　　　　　　　　　　　(b)

(c)　　　　　　　　　　　　　　(d)

图 4.5-2　投篮比赛 2

评价重点：

捡球注意安全，将球递到同伴手中，严禁扔球；比组内合作有序。

教学中曾经出现的问题：

捡球的学生为了求快，还是会出现碰撞的现象；捡球后学生直接抱球跑到队友面前；捡球后学生会远距离将球扔给同伴。

解决问题的方法：

1. 强调以安全作为评价标准，捡球中凡是出现碰撞现象的，需及时提醒并要求改正，同时在投篮比赛中扣 2 分。

2. 强调篮球运动中抱球跑属于走步，移动到队友面前时需要运球。

3. 在比赛中出现远距离传球给同伴的扣 2 分，强调运球到队友面前将球递给队友。

教学建议：

1. 此游戏适用于初中一年级，适宜在游戏教学初期使用。

2. 两组共用 1 个篮筐时，组与组之间需要交替进行投篮，避免彼此间影响。

3. 场地允许的情况下可以 1 组 1 个篮筐，也可以利用墙壁进行定点定距离的投准练习。

编者提示：

1. 此案例有视频。视频编号：投篮比赛-2。

2. 视频中教师主要采用的教学策略：减少篮球的使用数量，避免被篮球砸伤或踩踏篮球；安排捡球员捡球，减少学生活动的人数，避免出现碰撞。

● 投篮比赛-3

设计思路：
为满足学生投篮的学习需求，提高投篮动作的规范性而变。

预期目标：
通过统一使用双手胸前投篮的方式，巩固双手胸前投篮技术，锻炼学生手臂力量。

变化方法：
在游戏形式、过程不变的情况下，规定使用双手胸前投篮的方式进行比赛，计时1分钟。

图 4.5-3 投篮比赛3

评价重点：
投篮手型和动作正确，双手均衡用力，投篮准确；投篮次数多。

教学中曾经出现的问题：
学生未按照双手胸前投篮的动作规定投篮；投篮时踩线；投篮时力量不够。

解决问题的方法：

1. 未按照规定投篮方式投篮的，投中不得分，并原地做 3 次徒手的规定投篮动作。

2. 投篮时踩线不得分。

3. 指导学生利用腿部力量将球投出。

教学建议：

1. 本游戏适合初中一年级使用，适宜在游戏教学中期使用。

2. 严格执行规则，确保采用双手胸前投篮才能得分。

3. 可以变化为缩短距离到篮下，采用单手肩上投篮的方式。

编者提示：

1. 此案例有视频。视频编号：投篮比赛-3。

2. 视频中教师主要采用的教学策略：鼓励学生在规定时间内，通过积极有序地组织，尽可能使学生多投篮，从而增加进球个数。

●投篮比赛-4

设计思路：

为了提高学生的练习兴趣，活跃练习气氛，不规定投篮方式和投篮距离，增强游戏的趣味性，帮助学生达到积极练习的情感目标。

预期目标：

通过采用不同距离和不同的投篮方式进行比赛，使学生根据自身的兴趣选择适合自己的方式进行练习，满足不同学生的练习兴趣。

变化方法：

在比赛形式不变的情况下，不规定投篮距离，采用任意的投篮方式进行投篮，三分线内投中得 1 分，三分线外投中得 2 分。

评价重点：

投篮方式的多样性，对自身能力的合理认识，选择合适的投篮距离。

教学中曾经出现的问题：

组内队员选取的位置不一，导致投篮顺序混乱，多个球同时投向篮圈；学生无法认识到自身的真实水平，选择的投篮位置太远。

解决问题的方法：

1. 每组队员规定好投篮的先后顺序，队员可以选择不同的距离投篮，但需要按照顺序投篮，避免投出去的球相互影响。

2. 建议学生选择投篮位置时由近到远逐渐增加距离。

(a) (b)

(c) (d)

图 4.5-4　投篮比赛 4

教学建议：

1. 此游戏适用于初中一年级，宜在游戏教学初期使用。

2. 教师示范多种投篮方式，便于学生了解多种投篮动作，通过练习，选择适合自己的投篮方式。

编者提示：

1. 此案例有视频。视频编号：投篮比赛-4。

2. 视频中教师主要采用的教学策略：为了提高学生参与比赛的积极性，取消了对投篮距离的限定，给学生自主选择的机会，运用了多种投球方式进行游戏比赛。

●投篮比赛-5

设计思路：

进行异性间的比赛，为帮助女生获胜而变。

预期目标：

通过降低女生得分的难度，帮助女生获得成功体验，提升男女比赛的积极性。

变化方法：

比赛方式不变，同一篮筐的 2 组人员进行变动，重新调整为男生 1 组和女生

1组。男生投中得1分,女生打中篮圈得1分,女生投中得2分。

图 4.5-5　投篮比赛 5

评价重点：

动作协调,投篮积极性。

教学中曾经出现的问题：

男生觉得不公平,不能理解老师的用意；女生获胜后会骄傲自满。

解决问题的方法：

1. 做好男生的思想疏导工作,引导男生正确看待胜负,让男生知道自己的力量要强于女生,技能水平高于女生,要勇于接受挑战。

2. 引导女生正确看待胜负,做到胜不骄,认识到自身的力量比较薄弱,需要进一步加强锻炼,尽力缩小和男生的差距。

教学建议：

1. 本游戏适合初中一年级学生使用,适宜在游戏教学后期使用。

2. 指导女生进行投篮；各场地男女生相互计分,确保比赛公平公正。

3. 可以变化为得分方式不变,女生缩短距离到篮下。还可以规定男生投篮动作,女生任意选择动作投篮,提高女生得分概率。

编者提示：

1. 此案例有视频。视频编号:投篮比赛-5。

2. 视频中教师主要采用的教学策略:采用"差异评比法",为男女生设置不同的得分标准,激励女生的参与积极性。

6. 实心球打靶赛

● 实心球打靶赛-1

游戏价值：

实心球打靶赛游戏有利于发展学生上肢、腰腹力量与身体动作的协调能力；培养团队意识与合作能力；既是体育游戏教材，也是后续学习投掷类教材的辅助练习内容与教法手段。

游戏目标：

积极参与，提高打靶的准确性。

游戏准备：

在平坦场地上画两个同心圆，半径间距为3～5米，在内圆上，摆放和人数相同的矿泉水瓶（里面装部分黄沙），瓶和人一一对应；实心球若干。

游戏方法：

将学生分成人数相等的两个小组，分别站在外圆上。

裁判员发令后，站在外圆上的学生利用实心球，通过各种投掷方式投向对应的矿泉水瓶，击倒一个得1分，最后累计各小组总分，得分多者获胜。

(a)　　　　　　　　　　(b)

(c)　　　　　　　　　　(d)

图 4.6-1　实心球打靶赛 1

游戏规则：

1. 投掷时脚不得踩线。

2. 投掷方式不限。

3. 以第一次实心球的落点为准，如果是抛滚中或者是反弹中碰到矿泉水瓶，一律不算。

教学建议：

1. 评价重点：积极参与练习；投掷的准确性。

2. 在进行本游戏之前，先进行多种投掷练习的教学；引导学生根据自己投掷能力来选择投掷方式；同心圆间距可以根据学生实际投掷能力来调整；如果人数较多可以用多个同心圆进行游戏。

3. 做好投掷的专项准备活动；提醒学生有球滚过来时要用前脚掌抵住。

4. 性质类似的游戏有"看谁投得准"等。

编者提示：

1. 此案例有视频。视频编号：实心球打靶赛-1。

2. 视频中教师主要采取的教学策略：进行游戏之前，采用讲解、示范、组织学生练习多种形式投掷动作；学生体验多种形式投掷动作后，选择合适的投掷方式打靶，确保命中率；为了区分两组的器材，教师用了不同颜色的矿泉水瓶（红色和绿色）。

● 实心球打靶赛-2

设计思路：
为避免学生捡球时的拥挤，保障游戏过程安全有序进行而变。

预期目标：
通过调整捡球顺序，避免实心球滚动过远，提高游戏的安全性，培养学生遵守游戏规则的意识。

变化方法：
在游戏方法、过程不变的情况下，男女生分先后捡球，避免发生碰撞、踩到实心球；在圆圈中心放垫子挡住实心球，防止球滚动过远撞到对面学生的脚，减少安全隐患。

评价重点：
听信号捡球的秩序；采用合适的投掷方法打靶。

教学中曾经出现的问题：
不按规定顺序捡球；为了打靶，不投球，滚球。

(a) (b)

(c) (d)

图 4.6-2　实心球打靶赛 2

解决问题的方法：

1. 提醒男生发扬绅士风度，让女生先捡球。

2. 规定滚球击倒矿泉水瓶不能得分。

教学建议：

1. 此游戏适用于初中二、三年级学生，适宜在游戏教学初期使用。

2. 组织学生投球后有序捡球，女生先捡，然后男生捡。

3. 上肢力量不强的学生可经常练习，提高投掷能力。还可以采用不同投掷方法打靶。

编者提示：

1. 此案例有视频。视频编码：实心球打靶赛-2。

2. 视频中教师主要采用的教学策略：使用"条件限制法"，用垫子放在圆心挡住球，保障球不滚到对面去碰到对面学生；采用女生先捡球，男生后捡球的方法，避免拥挤，保障安全。

● 实心球打靶赛-3

设计思路：

为满足学生投掷的学习需求，提高投掷动作的规范性而变。

预期目标：

通过规定投掷方法，增加投掷的难度，增强学生腰腹、上肢力量与协调用力的能力，增强学生遵守比赛规则的意识。

变化方法：

在游戏形式、过程不变的情况下，规定学生必须采用"双手头上向前投掷实心球"的方法打靶，锻炼学生投掷能力。

(a) (b)

(c) (d)

图 4.6-3　实心球打靶赛 3

评价重点：

用规定动作投球的准确性，遵守游戏规则的情况。

教学中曾经出现的问题：

学生仍然用自己喜欢的方式投球；动作不规范；投球时踩线。

解决问题的方法：

1. 不按规定投球方式投球或踩线打中不计分，而且要做 3 次徒手模仿动作练习后，再参加下次比赛。

2. 明确动作要求，规定踩线打中靶不得分。

教学建议：

1. 本游戏适合初中二、三年级学生，适宜在游戏教学中期使用。

2. 严格执行规则，确保采用双手头上向前投掷实心球打中靶才能得分。

3. 捡球时采用"就近原则"，也可以帮同伴代捡。

4. 矿泉水瓶里还可以装水代替黄沙。

编者提示：

1. 此案例有视频。视频编号：实心球打靶赛-3。

2. 视频中教师主要采用的教学策略：根据运动技能形成规律，采用先徒手模仿，再持球练习，然后比赛的方式；起始信号使用准确、响亮，帮助学生有效执行规则。

● 实心球打靶赛-4

设计思路：

为了提高学生的练习兴趣，活跃练习气氛，帮助学生达到积极练习的情感目标而变。

预期目标：

通过改变投掷方式，增加练习的趣味性，激励学生积极参与练习，培养学生积极尝试、挑战自我的精神。

变化方法：

在游戏形式、过程不变的情况下，采用背对目标、胯下投掷等方式打靶。

(a)　　(b)

(c)　　(d)

图 4.6-4　实心球打靶赛 4

评价重点：

练习的氛围，投掷的准确性。

教学中曾经出现的问题：

背对目标时学生紧张，把握不准投掷方向，影响命中率；胯下投掷动作变成滚球。

解决问题的方法：

1. 练习时提示学生对准投掷目标再转身。
2. 比赛前先练习，规定实心球要抛起，滚球的学生打中靶也不得分。

教学建议：

1. 本游戏适合初中二、三年级学生，适宜在游戏教学后期使用。
2. 在严格执行规则的情况下，不论采用何种方式，只要打中靶就能得分。
3. 增加分组，提高练习密度，培养学生自主组织游戏的能力。

编者提示：

1. 此案例有视频。视频编号：实心球打靶赛-4。
2. 视频中教师主要采用的教学策略：为了提高学生参与游戏的积极性，运用了多种持球方法与投球方式进行游戏比赛。

● 实心球打靶赛-5

设计思路：

采用"差异竞赛法"，为弱势生提供获胜的可能性，以此激励他们更加积极主动地参与到游戏中去，促进他们进一步发展。

预期目标：

通过缩短弱势生投掷线与矿泉水瓶的距离，提高他们的命中率，激发弱势生练习的积极性，培养他们勇于挑战的能力，增强坚持不懈的信心。

变化方法：

在游戏方法和游戏形式不变的情况下，缩短弱势生投掷线与投掷目标的距离。

评价重点：

投球的命中率，比进步幅度。

教学中曾经出现的问题：

弱势生不好意思向前一步；强势生（命中率高的学生）中的部分学生，为了得分，也向前一步缩短了投掷距离。

(a)　　　　　　　　　　　　　(b)

(c)　　　　　　　　　　　　　(d)

图 4.6-5　实心球打靶赛 5

解决问题的方法：

1. 教师根据练习情况明确判断"强（弱）势生"的标准，鼓励弱势生上前一步，争取获胜。

2. 激励强势生勇于接受挑战，争取获得好成绩。

教学建议：

1. 本游戏适合初二年级学生，适宜在游戏教学后期使用。

2. 教师单独指导弱势生投掷动作，或请做得好的学生对其进行帮助；可以通过让弱势生用重量轻的实心球，增强弱势队的人数或靶的数量，以及得分翻倍等方法，提高弱势生获胜的可能性。

3. 安排裁判员交叉计分，确保做到公平公正。

4. 加强组织教育和安全教育，养成一切行动听指挥的习惯。

编者提示：

1. 此案例有视频。视频编号：实心球打靶赛-5。

2. 视频中教师主要采用的教学策略：运用"差异竞赛法"，设置不同起点的投掷线，激励弱势生的参与积极性。

7. 二龙戏珠

● 二龙戏珠-1

游戏价值:

二龙戏珠游戏有利于发展学生下肢、腰腹力量与身体动作的协调能力;培养团队意识与合作能力。此游戏既是体育游戏教材内容,也是后续学习跳跃类游戏的辅助练习内容与教法手段。

游戏目标:

能主动和同伴合作,共同提高跳跃能力。

游戏准备:

在场地上画两条相距 10~15 米的平行线,一条为起点线,一条为终点线。将学生分成人数相等的若干队,两人为一组,每队一个篮(足、排)球。

游戏方法:

每队第一组(前面两人)用相邻的单手共持一球,站在起点线后,做好准备。裁判员发令后,各队持球的两人同时用单足跳的方法前进,过终点线后,换手持

(a)   (b)

(c)   (d)

图 4.7-1　二龙戏珠 1

球,换另外一只脚跳跃返回,把球交给第二组后站至排尾。第二组继续游戏,直至最后一组完成,把球交给排头,排头两人把球举起,先举手的队为胜。

游戏规则:

1. 先举手的队为胜,如遇相同情况,球脱手次数少的队名次列前。

2. 各人只能用单手托球,如球脱手,一人原地不动,另一人捡球,回落球点继续游戏。

3. 到达终点后,必须按规定交换位置。

教学建议:

1. 评价重点:与同伴合作意识,单足跳的稳定性和协调性。

2. 游戏之前可先让学生进行两人一组手拉手单足跳跃的练习,再进行实物练习;提醒学生两人共同持球的方式可以进行变化。

3. 游戏前进行腕、膝、踝等部位的准备活动。

4. 性质类似的游戏有"夹球跳接力赛"等。

编者提示:

1. 此案例有视频。视频编号:二龙戏珠-1。

2. 视频中教师主要采取的教学策略:讲解、示范、组织学生练习,熟悉游戏规则;安排两名学生当裁判,督促学生遵守游戏规则。

●二龙戏珠-2

设计思路:

为帮助学生更快地熟悉游戏路线与游戏方法,保障游戏过程安全而变。

预期目标:

降低游戏难度,帮助学生尽快熟悉行进路线、动作方法与游戏规则,增强团队凝聚力,培养学生自觉遵守游戏规则的意识。

变化方法:

游戏形式、过程不变。将单足跳动作变化为快走的动作,帮助学生熟悉游戏路线;规定必须路线正确,减少安全隐患。

评价重点:

游戏路线正确;遵守规则,持球动作规范,球不脱手。

教学中曾经出现的问题:

为追求速度,走的路线不直,持球不稳;前一组未到起点线,下一组提前出发。

(a)   (b)

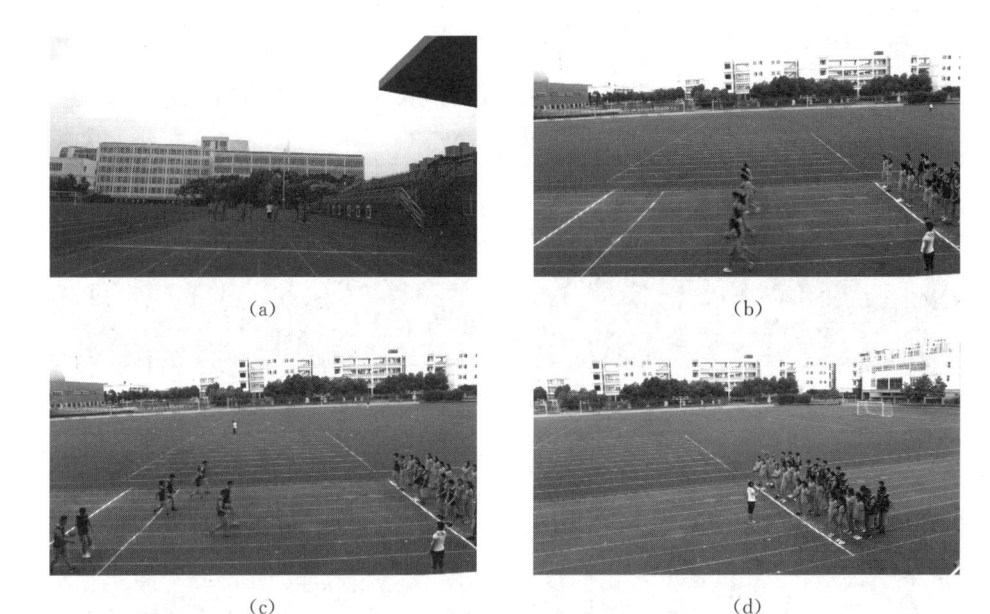

(c)   (d)

图 4.7-2 二龙戏珠 2

解决的方法：

1. 练习时，教师及时提醒与示范快走的路线和持球方法。
2. 严格执行规则，在游戏中出现犯规时，裁判员要及时纠正。

教学建议：

1. 此游戏适用于初中阶段，适宜在游戏教学初期使用。
2. 组织学生先练习，熟悉游戏规则。还可以采用不同投掷方法打靶。

编者提示：

1. 此案例有视频。视频编号：二龙戏珠-2。
2. 视频中，教师主要采取的教学策略：利用运动技能的形成规律，由"走"代替"跑"建立游戏全过程的表象，采用"由慢到快、降低速度"的诱导性练习方式，保障学生安全地完成游戏。

●二龙戏珠-3

设计思路：

为满足学生跳跃的学习需求，提高跳跃能力而变。

预期目标：

通过练习提高学生双足跳的稳定性和协调性，提高在跳跃过程中保持身体平衡的能力，培养游戏过程中主动与同伴配合的意识。

变化方法：

游戏形式、过程不变。规定学生用双足跳方法前进，锻炼学生的跳跃能力。

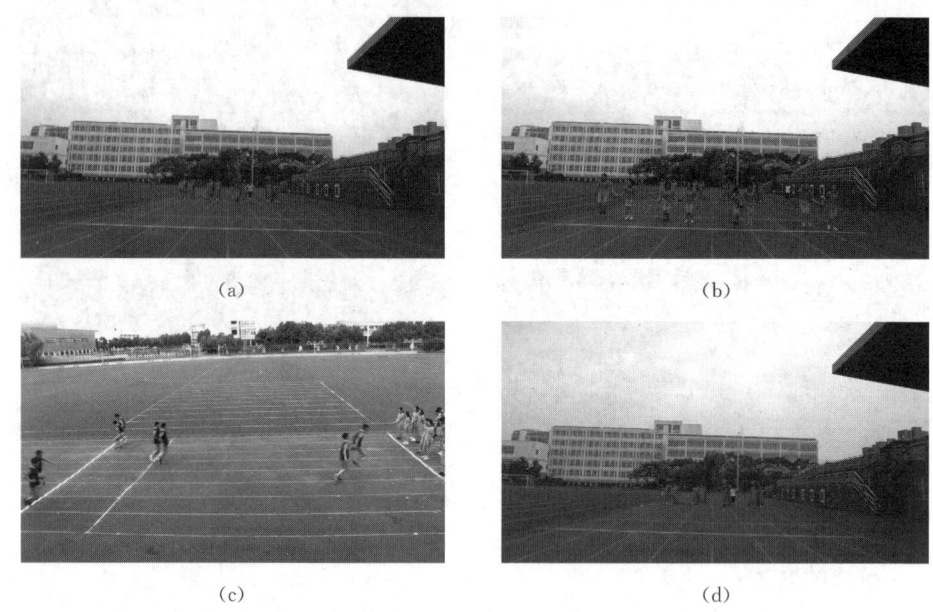

(a)　　　　　　　　　　(b)

(c)　　　　　　　　　　(d)

图 4.7-3　二龙戏珠 3

评价重点：

双足跳动作，球的稳定性，两人配合程度。

教学中曾经出现的问题：

求胜心切，出现跨的动作；配合不好，球脱手；跳进路线不直。

解决的方法：

1. 学生出现跨的动作时，教师进行跳、跨动作对比示范，明确要求后，再组织学生进行比赛。

2. 让学生先进行动作体验，再告知怎样与同伴配合好，控稳球，不脱手。

教学建议：

1. 此游戏适用于初中阶段，宜于在游戏教学中期使用。

2. 组织学生单个练习双足跳，再两人配合练习，然后进行比赛。

3. 下肢力量不强的学生可经常练习，以提高跳跃能力。

编者提示：

1. 此案例有视频。视频编号：二龙戏珠-3。

2. 视频中教师主要采用的教学策略：先单个练习双足跳，再两人配合练习，然后进行比赛；强调与同伴的配合，培养团结协作精神。

二龙戏珠-4

设计思路：

为了提高学生的练习兴趣，活跃练习气氛，通过改变跳跃前进形式，增强游戏的趣味性，帮助学生达到积极练习的情感目标。

预期目标：

通过背靠背夹球侧身跑跳，提高学生练习兴趣，积极参与练习，获得成功的体验。

变化方法：

游戏形式、过程不变。采用背靠背夹球侧身跑跳，紧密配合完成。

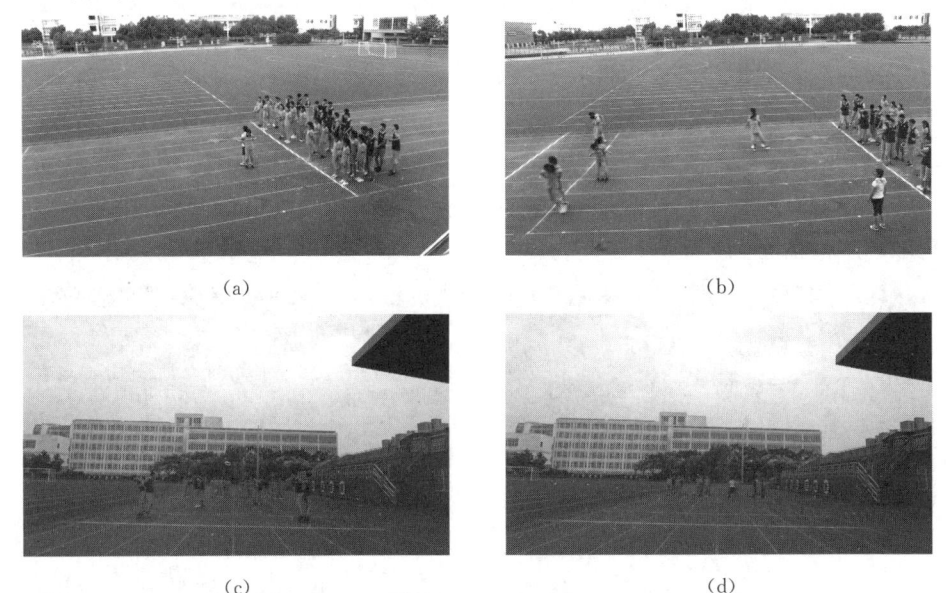

(a)　　　　　　　　　　(b)

(c)　　　　　　　　　　(d)

图 4.7-4　二龙戏珠 4

评价重点：

直线前进，快而稳定；用时短。

教学中曾经出现的问题：

前进路线不直；球脱落。

解决问题的方法：

1. 两人脚紧贴跑道线前进。
2. 要求球夹在腰部以上位置。

教学建议：

1. 此游戏适用于初中阶段，宜在游戏教学后期使用。
2. 组织学生先尝试背靠背夹球走，再跑，再跑跳。
3. 下肢力量不强的学生可经常练习，以提高跳跃能力。

编者提示：

1. 此案例有视频。视频编号：二龙戏珠-4。
2. 视频中教师主要采用的教学策略：使用由走到跑，再到跑跳的诱导性练习，提高学生练习的兴趣和积极性，让学生获得成功的体验。

●二龙戏珠-5

设计思路：

为弱势生提供获胜的可能性，以此激励他们更加积极主动地参与到游戏中去，促进他们进一步发展。

预期目标：

通过缩短弱势生竞赛距离，激发弱势生练习的积极性，培养他们挑战自我、勇敢超越的信心。

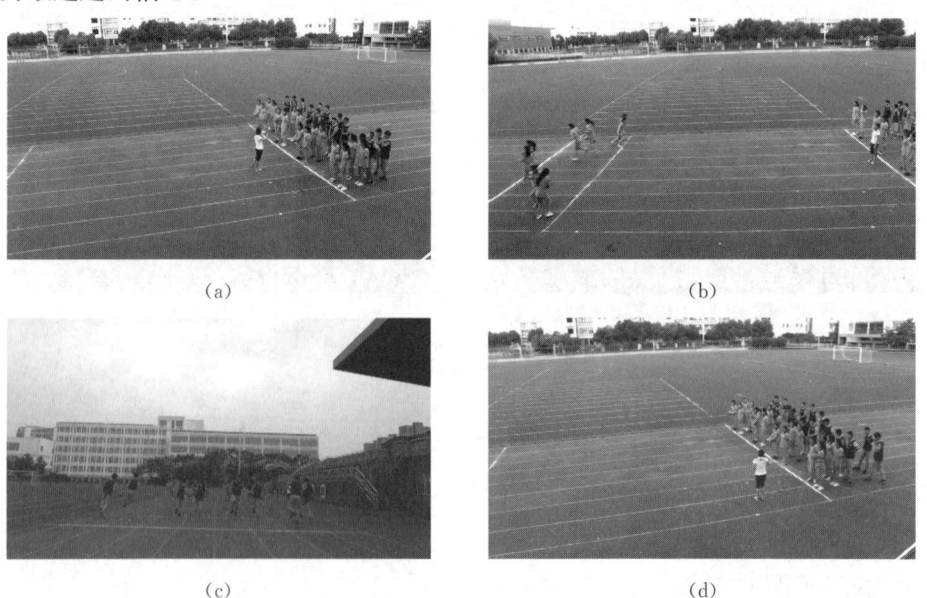

(a) (b) (c) (d)

图 4.7-5　二龙戏珠 5

变化方法：

游戏方法、形式不变。缩短弱势生跳跃行进的距离。

评价重点：

弱势队所有人都努力参与游戏，为同伴"加油"助威的声音响亮；强势队在弱势队有一定距离优势的情况下，积极主动参与，胜不骄、败不馁。

教学中曾经出现的问题：

1. 弱势队在减少距离不够的情况下，有可能再次失败，从而更加失去信心。
2. 个别强势队学生不理解，输了不服气，会闹情绪。

解决的方法：

1. 如果弱势队输了，再调整距离；要让弱势队明白本队与他人的差距。
2. 对强势队进行心理疏导，鼓励他们接受挑战，告诉他们这种差异竞赛法能帮助他们提高能力，更显示出本队有团结合作的精神。

教学建议：

1. 此游戏适用于初中阶段，宜在游戏教学后期使用。
2. 及时进行教育引导，帮助学生养成"胜不骄、败不馁""让对方有获胜的可能，也是帮助他人的一种方式""只要努力，就有收获"等良好思想品质。
3. 强势队采用双足跳，弱势队采用单足跳，或强势队采用单足跳，弱势队采用快走的形式进行比赛，以提高弱势队获胜概率。

编者提示：

1. 此案例有视频。视频编号：二龙戏珠-5。
2. 视频中教师主要采用的教学策略：采用"差异竞赛法"原理，设置不同竞赛距离，激励弱势队积极参与，让弱势队增加获胜的可能性，以此来激发双方的参与激情。

8. 端线篮球

● 端线篮球-1

游戏价值：

端线篮球有利于发展学生力量、速度、弹跳力、灵敏度等身体素质；培养学生的集体主义精神和团结合作能力。此游戏既是体育游戏教材内容，也是后续学习篮球教材游戏的辅助练习内容与教学手段。

游戏目标：

能运用篮球基本技战术，能果断机智与队友合作。

游戏准备：

在篮球场各画一条和端线平行的线，与端线形成的区域为禁区；篮球若干。

游戏方法：

把学生分成人数相等的 2～4 队（两个队用一个篮球场），一队为进攻队，一队为防守队。各队派一人站在对方禁区内作为接球员，其余分散在场内。

游戏开始，在中圈跳球，双方努力组织进攻或防守。进攻队通过传接球和运球，力求将球传给对方禁区内的接球员。防守队积极组织防守，断球成功之后，转守为攻。接球员接到一个球，该队就得 1 分。在规定的比赛时间内，以得分多的队为胜。

(a) (b)

(c) (d)

图 4.8-1 端线篮球 1

游戏规则：

1. 运球和传球必须遵守篮球规则。

2. 球出界，由对方在出界点发界外球，在界外发球时不得直接传球给接球员。

3. 接球员出界接球或接球出界，不得分，由对方发界外球。一队得分后，应由另一队在端线外发界外球继续比赛，发界外球时接球员不得拦截或干扰。

教学建议：

1. 评价重点：与同伴合作行为，篮球运球和传球技术的综合运用。

2. 教育学生发挥集体力量，紧密配合，遵守规则，尊重裁判，尊重对方；带领学生一起复习篮球运球和传球的主要规则；可根据学生人数和场地器材条件，扩大或缩小比赛场地，或分多片场地同时进行。

3. 进攻与防守都不得推、拉、打、绊对方队员。

4. 性质类似的游戏有"角篮球"等。

编者提示：

1. 此案例有视频。视频编号：端线篮球-1。

2. 视频中教师主要采取的教学策略：讲解、示范、组织学生练习，使学生熟悉游戏规则；每组选一名学生做裁判、计分。

● 端线篮球-2

设计思路：

放慢游戏节奏，为避免学生跑动时身体发生碰撞，保障游戏安全而变。

预期目标：

通过严格执行比赛规则，培养学生遵守规则的意识；走动中运球，确保游戏安全。

变化方法：

游戏形式、过程不变。要求学生在走动中运球，不出现跑的动作。

(a)　　　　　　　　　　　(b)

(c)　　　　　　　　　　　(d)

图 4.8-2　端线篮球 2

评价重点：

遵守规则，控制传球节奏，传球准确。

教学中曾经出现的问题：

传球不积极；在禁区内发球。

解决的方法：

1. 组织学生练习，尽快熟悉规则。

2. 明确一队得分后，应由另一队在端线外发界外球，练习时裁判提醒。

教学建议：

1. 此游戏适用于初中阶段，宜在游戏教学初期使用。

2. 组织学生熟悉规则，练习后再比赛。比赛过程中出现犯规现象，裁判要及时判罚。

编者提示：

1. 此案例有视频。视频编号：端线篮球-2。

2. 视频中教师主要采用的教学策略：使用"条件限制法"原理，规定只能走动中运球，不可以跑，避免碰撞，保障游戏安全。

● 端线篮球-3

设计思路：

为满足学生篮球学习的需求，提高篮球传球、运球技术而变。

预期目标：

通过规定传球次数，提高学生传接篮球的技术。

变化方法：

游戏形式、过程不变。规定每队传球5次才能进攻得分。

评价重点：

传接球技术，队员的配合。

教学中曾经出现的问题：

难度加大，得分率降低；裁判判罚失误。

解决的方法：

1. 组织学生复习传接球技术，练习传接球配合。

2. 练习前加强对裁判员的培训。

教学建议：

1. 本游戏适合初中学生使用，适宜在游戏教学中期使用。

(a)   (b)

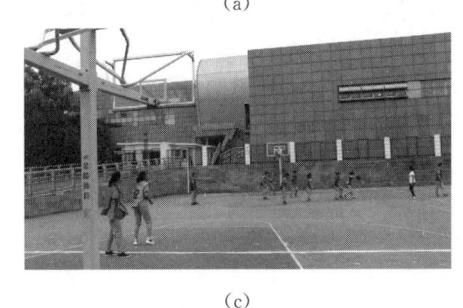

(c)   (d)

图 4.8-3 端线篮球 3

2. 严格执行规则，确保传接球 5 次才能进攻得分。

3. 指导学生配合完成 5 次传接球任务。

4. 也可以变化成进攻时每个队员都必须传接球后才能进攻得分。

编者提示：

1. 此案例有视频。视频编号：端线篮球-3。

2. 视频中教师主要采用的教学策略：组织学生练习，熟悉规则，同时培训裁判员；通过提高学生参与度，增加学生传接球练习次数，提高传球的准确性。

● 端线篮球-4

设计思路：

为了提高学生练习兴趣，活跃游戏气氛，让每个学生有触球机会，帮助学生达成情感目标而变。

预期目标：

通过增加学生触球机会，提高练习兴趣，培养团结协作、挑战自我的精神。

变化方法：

游戏形式、过程不变。规定每人接触球后才能进攻得分。

评价重点：

争抢球积极，传球迅速、准确。

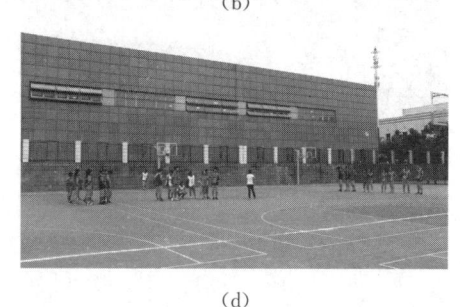

(a) (b)

(c) (d)

图 4.8-4 端线篮球 4

教学中曾经出现的问题：

防守队员在后场不主动去前场接球；传球失误增多。

解决的方法：

1. 组织学生练习，明确 5 次传球要求，教师给予指导。
2. 要求学生对准传球目标后再传；篮球要抛起。

教学建议：

1. 本游戏适合初中学生，宜在游戏教学后期使用。
2. 严格执行规则，每人都接触球后才能进攻得分。
3. 比赛前教授学生如何封堵传球，干扰对方传球的准确性。

编者提示：

1. 此案例有视频。视频编号：端线篮球-4。
2. 视频中教师主要采用的教学策略：为了提高学生参与游戏的积极性，规定每人触球后才能进攻得分；启发学生如何封堵传球，培养学生的战术意识。

● 端线篮球-5

设计思路：

采用"差异竞赛法"，减少强势队的参与人数，为帮助弱势队提供获胜可能性和增强比赛信心而变。

预期目标：

通过减少强势队参与人数，增加弱势队获胜机会，帮助弱势队的学生提高参与积极性，体会获得成功的喜悦。

变化方法：

游戏方法、形式不变。强势队少一名学生参与游戏。

(a)　　　(b)

(c)　　　(d)

图 4.8-5　端线篮球 5

评价重点：

强势队争抢积极，弱势队勇于挑战，比赛主动积极。

教学中曾经出现的问题：

强势队因为少一人失去信心；弱势队有可能还会输掉比赛。

解决的方法：

1. 引导强势队学生明确练习的目的，胜负不是最重要的，提高篮球基本技战术，能果断机智与队友合作才是关键。

2. 鼓励弱势队学生增强信心，努力提高自己的技战术。

教学建议：

1. 本游戏适合初中学生使用，宜在游戏教学后期或两队实力悬殊时使用。

2. 裁判员认真负责，将问题及时反馈给老师。

3. 教师根据比赛情况可参与到弱势队中去。

4. 规定强势队传球次数多于弱势队才能进攻，强势队有 1~2 人只能走动运球，以提高弱势队的获胜概率。

编者提示：

1. 此案例有视频。视频编号：端线篮球-5。

2. 视频中教师主要采用的教学策略：采用"差异竞赛法"原理，强势队少一人参与比赛，为弱势队提供获胜可能性和增强获胜信心；教师根据比赛情况参与到弱势队，鼓舞他们的士气。

9. 转动的时钟

● 转动的时钟-1

游戏价值：

转动的时钟游戏有利于发展学生上肢、腰腹力量与身体动作的平衡移动能力；提高反应速度与机智灵活、果断行动等行为能力，以及竞争意识。

游戏目标：

不怕苦不怕累，提高上肢和腰腹力量以及平衡移动能力。

游戏准备：

将若干小垫子对折，平放于地上。

(a)　　　　　　　　　　　　　(b)

(c)　　　　　　　　　　　　　(d)

图 4.9-1　转动的时钟 1

游戏方法：

游戏者两人将脚放于垫子中间，躯干伸直成俯卧撑或仰卧撑状态。

裁判员发出"顺时针"或"逆时针"指令后，游戏者以脚为圆心，躯干为指针，两手沿"顺时针"或"逆时针"方向侧向移动，相互追赶对方。在规定的时间内赶上对方者为胜。

游戏规则：

1. 移动中躯干必须伸直，除手以外的身体其他部位触地，算对方获胜。

2. 追赶一方的身体任何部位触及对方，即为追上。

3. 任何一方移动的方向与裁判员的指令相反，被对方追上，算对方获胜。

教学建议：

1. 评价重点：吃苦耐劳精神，俯卧撑平衡移动能力。

2. 学生组合时要考虑到身高因素；若干人同时游戏时，相邻的同学要保持一定的间隔距离，同时顺时针或逆时针方向移动，组与组之间可比移动的圈数。

3. 检查场地是否平整，是否有杂物，防止手被划破，游戏前特别要做好手腕部位的准备活动。

4. 性质类似的游戏有"爬行接力赛"等。

编者提示：

1. 此案例有视频。视频编号：转动的时钟-1。

2. 视频中教师主要采取的教学策略：采用讲解、示范、组织学生练习法，让学生了解游戏规则；表扬身体姿势标准、反应速度快的学生。

●转动的时钟-2

设计思路：

为避免学生手掌与地面的摩擦，保护学生手掌，保障游戏过程安全而变。

预期目标：

通过改变撑垫方式，提高游戏的安全性。

变化方法：

在游戏组织形式不变的情况下，改变撑垫方式为双手支撑于垫上，双脚移动，减少安全隐患。

评价重点：

身体姿势，反应速度和身体平衡移动能力。

教学中曾经出现的问题：

身体不直，塌腰或屈腿；反应慢，移动不灵活。

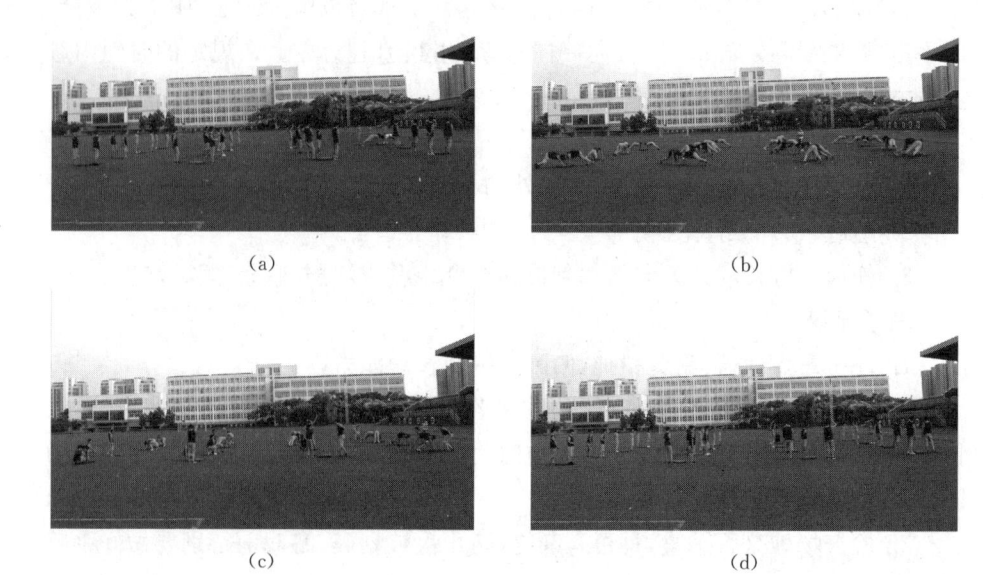

(a)　　　　　　　　　　　　(b)

(c)　　　　　　　　　　　　(d)

图 4.9-2　转动的时钟 2

解决的方法：

1. 教师和做得好的学生示范，其他学生认真看，练习过程中语言提醒。
2. 学生注意力集中，听哨音立即行动。

教学建议：

1. 此游戏适用于初二年级学生，宜在游戏教学初期使用。
2. 组织学生先看示范，尝试练习，再进行游戏竞赛。
3. 上肢和腰腹力量不强的学生可经常练习，锻炼上肢和腰腹力量。

编者提示：

1. 此案例有视频。视频编号：转动的时钟-2。
2. 视频中教师主要采用的教学策略：改变脚撑垫、手移动为手撑垫、脚移动，保障游戏安全；利用运动技能形成规律的原理，学生先看动作示范，再自己尝试练习，建立游戏全过程的表象，然后竞赛，保障游戏顺利进行。

●转动的时钟-3

设计思路：

为锻炼学生上肢及腰腹力量，提高俯卧支撑平衡移动的能力而变。

预期目标：

通过增加支撑移动的难度，提高学生的上肢及腰腹力量与平衡移动的能力。

变化方法：

在游戏形式、过程不变的情况下，两脚侧面上下叠在一起，单脚与垫子接触，在规定的时间内赶上对方者为胜。

图 4.9-3　转动的时钟 3

评价重点：

动作规范，追赶上对方者获胜。

教学中曾经出现的问题：

手臂力量差的学生支撑时间短，移动困难；两人在转动过程中脚交叉。

解决的方法：

1. 手臂力量差的学生力求动作规范，放慢速度。

2. 转动时脚在垫子上画圆移动，避免两人脚交叉。

教学建议：

1. 本游戏适合初二年级学生，宜在游戏教学中期使用。

2. 严格执行规则，确保身体姿势标准、动作规范。用时短者获胜。

编者提示：

1. 此案例有视频。视频编号：转动的时钟-3。

2. 视频中教师主要采用的教学策略：使用"条件限制法"原理，规定双脚重叠单脚支撑，提高动作难度；起始信号使用准确、响亮，帮助学生有效执行规则。

●转动的时钟-4

设计思路：

为了提高学生的练习兴趣，活跃练习气氛，帮助学生达到积极练习的情感目标而变。

预期目标：

通过改变移动方式，提高练习的积极性，增加练习的趣味性，培养学生积极尝试、挑战自我的精神。

变化方法：

在游戏组织形式不变的情况下，教师指定时钟时间，参加游戏的两名学生配合快速移动用身体摆好时钟时针和分针。

(a)

(b)

(c)

(d)

图 4.9-4　转动的时钟 4

评价重点：

动作规范，时钟所指准确，速度快。

教学中曾经出现的问题：

两人配合不好，移动时相撞；学生身体所指时钟位置不准确。

解决的方法：

1. 提示学生根据教师指定时间，按照就近原则，快速判断（商量好）谁做时针、谁做分针，配合默契。

2. 根据教师所报时间(12时制)位置方向，准确移动到位。

教学建议：

1. 本游戏适合初中学生，宜在游戏教学后期使用。

2. 教师和少数学生先做示范，其他学生尝试练习，无论顺时针、逆时针移动，只要移动到位就算获胜。

3. 增加难度，指定时间从3、6、9、12四个特殊位置向更复杂的位置变化，培养学生准确判断、互相配合和快速平衡移动的能力。

编者提示：

1. 此案例有视频。视频编号：转动的时钟-4。

2. 视频中教师主要采用的教学策略：为了提高学生参与游戏的积极性，指定了简单的时间位置，待学生适应后增加难度，指定更复杂的时间位置。

●转动的时钟-5

设计思路：

采用"差异竞赛法"，为弱势生提供获胜的可能性，以此激励他们更加积极主动地参与到游戏中去，促进他们进一步发展。

预期目标：

通过降低支撑能力较弱的学生练习的难度，帮助他们有机会获得胜利，激发弱势生练习的积极性，培养他们坚持不懈、夺取胜利的信心。

变化方法：

在游戏方法和游戏形式不变的情况下，允许弱势生膝关节落地。

评价重点：

弱势生的获胜率，比进步幅度。

教学中曾经出现的问题：

弱势生仍然追不上对方；强势生中的部分学生为了获胜，身体姿势不标准。

解决的方法：

1. 教师根据练习情况明确判断强(弱)势生的标准，鼓励弱势生获胜。

2. 激励强势生勇于接受挑战，规范身体姿势，对方难度降低也要争取获胜。

教学建议：

1. 本游戏适合初中学生使用，宜在游戏教学后期使用。

2. 根据观察并向学生了解哪些学生为弱势生。

3. 鼓励弱势生勇于挑战,争取获胜。

4. 强势生单脚撑垫,或允许弱势生跪撑移动,以提高弱势生获胜概率。

(a)　　　　　　　　　　　(b)

(c)　　　　　　　　　　　(d)

图 4.9-5　转动的时钟 5

编者提示：

1. 此案例有视频。视频编号:转动的时钟-5。

2. 视频中教师主要采用的教学策略:采用"差异竞赛法"原理,降低弱势生练习难度,增加他们获胜的机会;激励强势生勇于接受挑战,在对方难度降低的情况下积极争取获胜。

10. 简易三步球

● 简易三步球-1

游戏价值：

简易三步球游戏有利于发展学生的灵敏素质,提高学生的跑动能力;培养学生观察事物、处理问题的能力,同时能培养团队意识和合作能力。此游戏既是体育游戏教材内容,也可以作为篮球、手球教学内容的辅助练习游戏。

游戏目标：

能相互配合，提高移动中传球和投准的能力。

游戏准备：

在篮球场上标上边线、底线、中线、中圈和禁区；软式排球（可用纸球、手球等替代）若干。

游戏方法：

将学生分成人数相等的2队，各队队员站在各自篮球场半场内，在两边端线中间位置各有一个高2.5米、宽3米的球门。开球队员手持软式排球站在中圈，脚跨中线。

当裁判鸣哨后，开球队员将球掷回后场，比赛开始。球在本方队员中相互传递，而对方队员则寻找机会抢断，直到将球攻入对方球门得分。然后，由输球一方在底线发球，游戏继续，直到比赛结束。统计各方进球数，多者为胜。

(a) (b)
(c) (d)

图 4.10-1　简易三步球1

游戏规则：

1. 接球者传给本方队员球时，只能跑或走3步，4步以上算犯规，由对方在边线发球。

2. 球出边线、底线的规则等同于篮球比赛规则，由对方发球，投球攻门时，脚不能踩到禁区弧线。

3. 守门员只能在禁区内活动，不能出禁区线。

383

教学建议：

1. 评价重点：与同伴的合作意识和能力，快速移动和躲闪能力。

2. 在本游戏之前先传授传接球的基本技术；根据学生人数安排场地，每组人数5～6人，多片场地同时进行。

3. 检查场地是否平整，强调进攻和防守过程中不能发生碰撞。

4. 性质类似的游戏有"手球对抗赛"等。

编者提示：

1. 此案例有视频。视频编号：简易三步球-1。

2. 视频中教师主要采取的教学策略：讲解、示范、组织学生进行练习；利用跳高架和皮筋制作出了简易的球门。

● 简易三步球-2

设计思路：

为避免学生出现犯规动作，对犯规动作做出处罚，保障练习安全而变。

预期目标：

通过严格落实比赛规则，运用严厉的处罚帮助学生遵守规则，避免犯规，确保练习安全。

变化方法：

游戏形式、过程不变。要求每次持球走动或跑动时配合步数喊出"1、2、3"后再传球；严格执行比赛规则，对犯规的队员给予罚下场停赛30秒至1分钟之内的处罚。

评价重点：

动作无侵犯性，能够控制好自己的身体；勇于承认自己犯规并接受处罚。

教学中曾经出现的问题：

传球时未配合三步喊出"1、2、3"，或者步数超过三步；为了避免犯规，学生防守的积极性有所下降。

解决问题的方法：

1. 比赛前组织学生练习，尽早熟悉规则；比赛中出现未配合三步喊出"1、2、3"或超过三步的情况则更换球权，由对方发球。

2. 示范讲解在避开身体接触时，重点防守对方的传球路线，既保证不犯规，又能达到积极有效地防守的目的。

(a)　　　　　　　　　　　　　(b)

(c)　　　　　　　　　　　　　(d)

图 4.10-2　简易三步球 2

教学建议：

1. 适合学习过篮球教学内容的初中二、三年级学生使用。
2. 比赛前先教授如何进行防守。
3. 各场地安排学生裁判进行执裁，比赛前对学生裁判进行培训。

编者提示：

1. 此案例有视频。视频编号：简易三步球-2。
2. 视频中教师主要采用的教学策略：学生裁判严格执裁，减少了犯规动作的出现。三步配合喊出"1、2、3"，帮助学生明确跑动步数，避免因走步而出现碰撞。

●简易三步球-3

设计思路：
为扩大学生参与度，达成提高学生传接球能力的技能目标而变。

预期目标：
通过增加传接球次数，提高学生传接球能力。

变化方法：
游戏形式、过程不变，规定每队至少传接球 6 次以后才能进行进攻。

评价重点：

传球质量高；接球队员移动积极。

图 4.10-3　简易三步球 3

教学中曾经出现的问题：

学生传球未达到 6 次就开始射门；传球时不能快速有效地找到接球队员。

解决问题的方法：

1. 传球时，队友间喊出传球的次数，裁判员进行监督，未达到 6 次以上传球而进行射门的，得分无效，交换发球权。

2. 教师讲解如何利用跑动摆脱防守队员，如何选取合理的接球位置，帮助学生快速有效地接球。

教学建议：

1. 此游戏适用于掌握了防守技术、移动能力较强的初中二、三年级学生使用。

2. 在比赛前教师要讲解示范无球队员如何利用积极的移动去接球。

3. 指导守门员防守时要降低重心，集中注意力，利用掌推、拳击、脚踢等方式处理各种射门。

4. 也可以变化成进攻时每位队员都必须传接球后才能进攻，保障每个学生都能参与比赛。

编者提示：

1. 此案例有视频。视频编号：简易三步球-3。

2. 视频中教师主要采用的教学策略：通过扩大学生参与度，增加学生传球接球练习的次数，帮助学生提高传、接球的能力。

● 简易三步球-4

设计思路：
为提高游戏的趣味性，降低射门的难度，帮助学生达成情感目标而变。

预期目标：
通过将射门改为传球给本队接球员，改变得分的方式，降低得分的难度，促进学生更加积极地防守与进攻。

变化方法：
传接球方式不变，双方进攻方向进行变换，守门员变成接球员，在限制区内接到本队队员的传球则得1分。

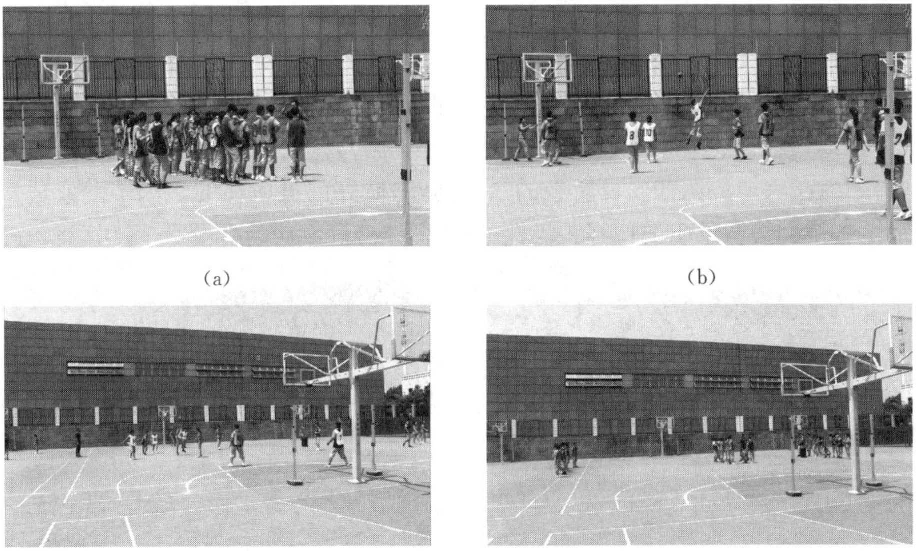

(a)

(b)

(c)

(d)

图 4.10-4　简易三步球 4

评价重点：
防守的积极性及防守策略的使用，团队的配合。

教学中曾经出现的问题：
学生间的传球次数明显减少，长传球明显增加，降低了学生的参与度；个别队伍防守策略不当，导致对方得分太容易。

解决问题的方法：

1. 根据实际情况，要求传接球 3 次以上才能将球传给接球员。
2. 教师重点指导防守能力较弱的队伍，也可以加入较弱的队伍中帮助防守。

教学建议：

1. 适合初中二、三年级学生在游戏教学后期选用。
2. 接球员的限制区域要重新划定，要小于射门时的限制区域。
3. 比赛前要教会学生如何封堵对方的传球，干扰对方传球的准确性。

编者提示：

1. 此案例有视频。视频编号：简易三步球-4。
2. 视频中教师主要采用的教学策略：为了提高学生参与游戏的趣味性，采用了接球员接球得分的方式。

● 简易三步球-5

设计思路：

采用"差异竞赛法"，为帮助弱势队降低得分难度和增强参与游戏的信心而变化。

预期目标：

通过扩大弱势队守门员所在的禁区，强势队守门员所在的禁区不变或适当缩小，提高弱势队学生的比赛积极性，让他们体会到成功的喜悦。

(a) (b) (c) (d)

图 4.10-5　简易三步球 5

变化方法：

在游戏方法和游戏形式不变的情况下，将弱势队守门员所在的禁区扩大1.5～2米，强势队禁区不变或适当缩小。

评价重点：

遵守规则；弱势队积极奋力拼搏；强势队不抱怨，勇于挑战。

教学中曾经出现的问题：

强势队不能接受变化方法，消极对待比赛；弱势队在本队禁区扩大的情况下还是有可能会输掉比赛。

解决问题的方法：

1. 做好学生的心理疏导工作，明确练习的目的，告知学生胜负不是最重要的，努力提高自我，显示团队实力才是最重要的。

2. 如果弱势队输了，要引导弱势队正视和对方的差距，可以布置任务让弱势队课后去练习，约定下次再进行比赛；如果弱势队赢了，则需要引导学生胜不骄，争取今后在同等的条件下战胜对手。

教学建议：

1. 适合队伍之间存在明显差距时使用。

2. 裁判员需要仔细观察学生进攻时是否进入了禁区。

3. 也可以通过增加弱势队人员或者减少强势队人员的方法进行差异性比赛。还可以规定强势队传球次数多于弱势队传球次数才可进攻得分，以提高弱势队的获胜概率。

编者提示：

1. 此案例有视频。视频编号：简易三步球-5。

2. 视频中教师主要采用的教学策略：采用"差异竞赛法"原理，设置不同的禁区范围，激励弱势队的参与积极性。

11. 手心手背

● 手心手背-1

游戏价值：

手心手背游戏有利于发展学生快速、准确的判断能力；培养学生勇于挑战、不怕输的竞争意识。

游戏目标：

不怕失败，判断准确，动作敏捷。

游戏准备：

一片空地。

游戏方法：

甲、乙两人一组，面向而立，甲双手手心向上，乙双手手心向下摆放在甲的手上。

游戏开始，甲忽快忽慢地向上托乙的手，等乙不注意时，突然翻掌用双手打乙的手背，打到得分；打不到乙方的手背，两人交换角色，乙打甲的手背，游戏继续。在规定的时间内，得分多者为胜。

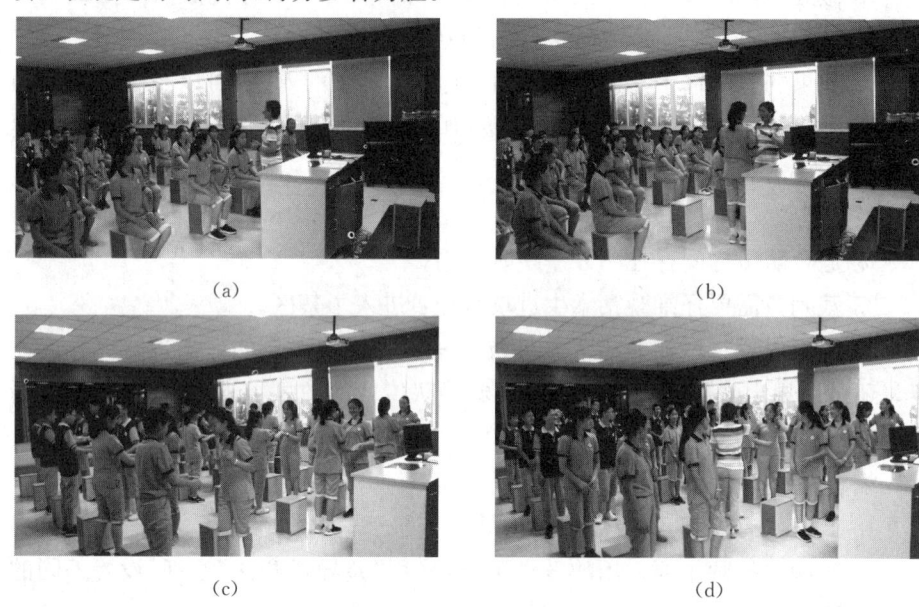

图 4.11-1　手心手背 1

游戏规则：

1. 一只手触到对方任意一只手的手背就可得分，一只手打到得一分，最后得分多者获胜。

2. 被打手背的一方，在对方翻掌前，手指必须触到对方的手心。

教学建议：

1. 评价重点：具有不怕输精神，快速、准确的判断能力。

2. 教师参与学生的活动，特别注意与体育弱势生的互动，适当的时候要有意被打到，让学生获胜。

3. 提醒学生在打手背中不能用力太大。

4. 性质类似的游戏有"抓手指"等。

编者提示：

1. 此案例有视频。视频编号：手心手背-1。

2. 视频中教师主要采取的教学策略：讲解、示范、组织学生练习，熟悉游戏规则；教师参与学生活动，与体育弱势生互动，让弱势生有获胜机会。

●手心手背-2

设计思路：

为避免学生游戏过程中出现碰撞，保障游戏过程安全而变。

预期目标：

通过改变双手为单手游戏，组织学生错肩站立，避免碰撞，提高游戏的安全性，培养学生遵守游戏规则的意识。

变化方法：

游戏形式、方法不变。组织学生单手游戏，错肩站立，避免碰撞，减少安全隐患。

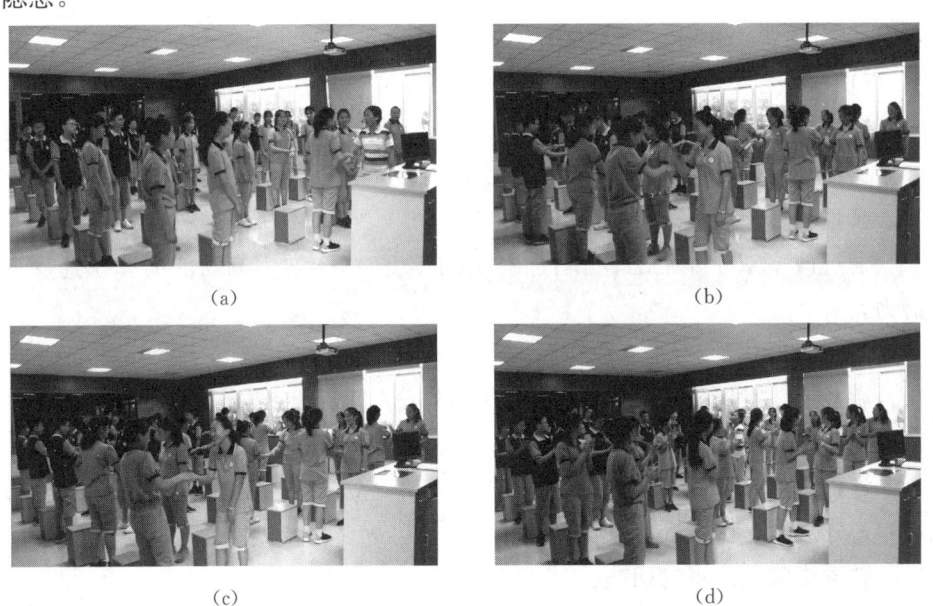

图4.11-2 手心手背2

评价重点：

反应速度，判断准确性。

教学中曾经出现的问题：

对方翻掌前，被打者手指离开对方的手心；打对方手背时，用力过大。

解决的方法：

1. 明确游戏规则：对方没有翻掌前，手指离开对方的手心，打到对方手背不计分。

2. 提醒学生互相关爱，轻轻打到对方手背即得分。

教学建议：

1. 此游戏适用于初中阶段，宜在游戏教学初期使用。

2. 强调错肩站立，对游戏进行及时评价。

3. 评选每组得分最高的学生，进行小组比赛。

编者提示：

1. 此案例有视频。视频编号：手心手背-2。

2. 视频中教师主要采用的教学策略：为避免学生在游戏过程中发生碰撞，采用错肩站立进行游戏，并以此作为评判比赛胜负的标准，有效地提升了游戏教学的安全性；评出每组得分最高的学生，进行小组比赛。

●手心手背-3

设计思路：

为提高学生在紧张状态下准确判断、快速反应的对抗能力而变。

预期目标：

通过改变双手掌心方向，增加对抗的难度，增强学生判断能力和快速反应能力。

变化方法：

游戏形式、过程不变。规定学生双手掌心方向相反，任意一只手打到对方手背即得分，交换角色继续游戏。

评价重点：

遵守规则，判断准确，动作敏捷。

教学中曾经出现的问题：

不习惯掌心方向相反的对抗方法，得分率降低，学生失去信心。

解决的方法：

师生共同示范，有意识让学生得分，帮助学生树立积极练习、争取获胜的信心。

(a) (b)

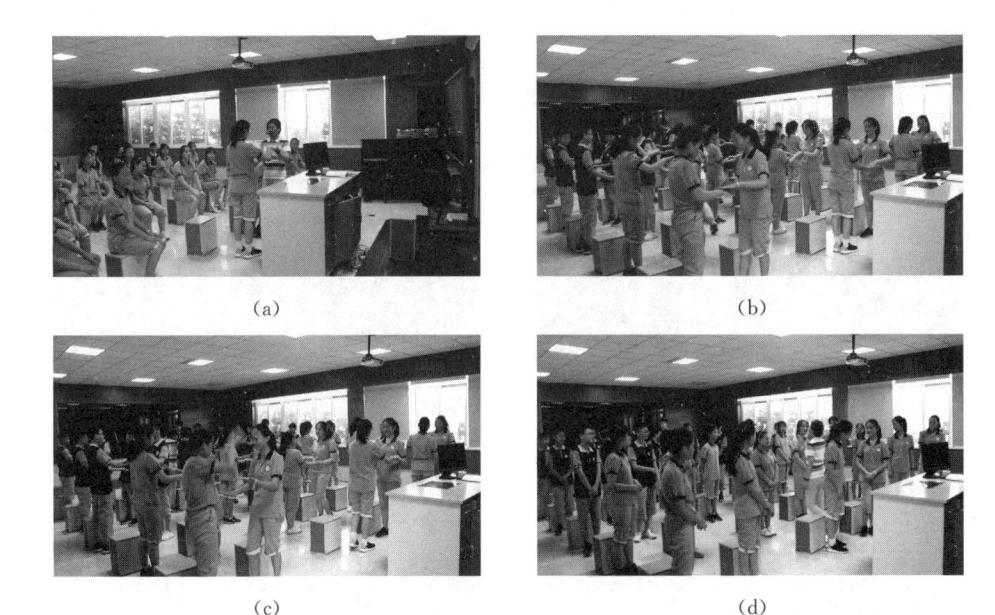

(c) (d)

图 4.11-3　手心手背 3

教学建议：

1. 本游戏适合初中学生，宜在游戏教学中期使用。

2. 严格执行规则，确保采用掌心方向相反的对抗方法才能得分。

3. 鼓励学生在难度增加的情况下积极对抗，挑战自我。

编者提示：

1. 此案例有视频。视频编号：手心手背-3。

2. 视频中教师主要采用的教学策略：使用"条件限制法"原理，规定采用掌心方向相反的对抗方法才能得分；师生共同示范时，有意让学生得分，帮助学生树立积极对抗的获胜信心。

●手心手背-4

设计思路：

为了提高学生的练习兴趣，活跃练习气氛，帮助学生达到积极对抗的情感目标而变。

预期目标：

通过改变打手背为抓手指，增加练习的趣味性，激励学生积极参与练习，培养学生积极比赛的精神。

变化方法：

游戏形式、过程不变。采用抓手指的对抗方法进行游戏。

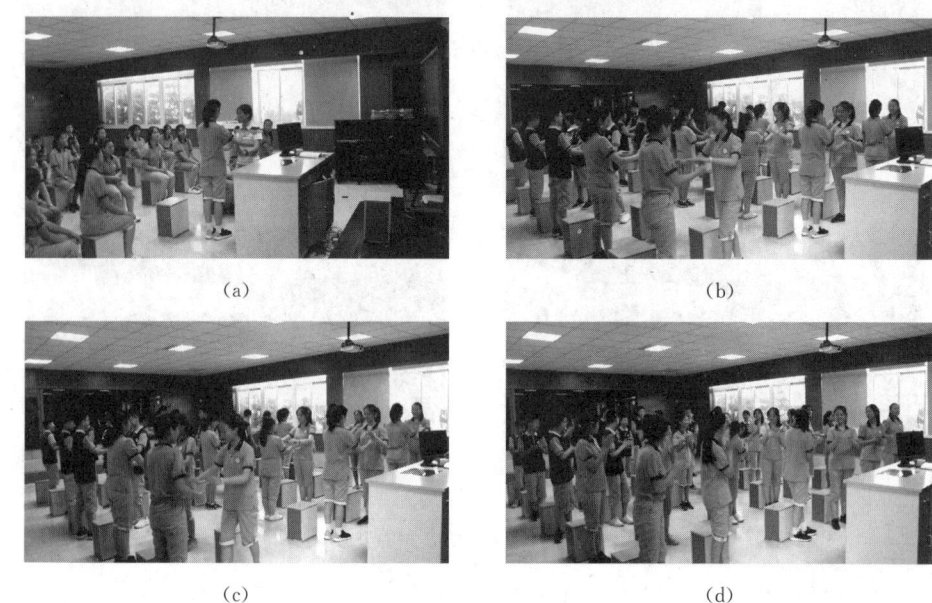

(a) (b) (c) (d)

图 4.11-4　手心手背 4

评价重点：

练习氛围，反应迅速。

教学中曾经出现的问题：

甲在躲避乙抓手时手臂收到身体两侧；反应慢的学生依然兴趣不高。

解决的方法：

1. 提醒学生在避让时手只能上下移动。

2. 鼓励得分低的学生积极参与，得分高的学生可以和同伴交流经验，帮助同伴获胜。

教学建议：

1. 本游戏适合初中学生，宜在游戏教学后期使用。

2. 严格执行规则，手臂缩到体侧的学生失去一次机会。

3. 评出小组冠军和班级冠军。

编者提示：

1. 此案例有视频。视频编号：手心手背-4。

2. 视频中教师主要采用的教学策略：为了提高学生参与游戏的积极性，运用抓手指的方式进行游戏比赛；不遵守规则的学生失去一次抓手指机会。

● 手心手背-5

设计思路:

为了激励弱势生更加积极主动地参与到游戏中去,促进他们进一步发展而变。

预期目标:

通过增加弱势生得分机会,提高命中率低的学生的得分概率,激发弱势生练习的积极性,培养他们勇于挑战的能力,增强坚持不懈的信心。

变化方法:

游戏方法、形式不变。给弱势生多一次拍打对方手背的机会。

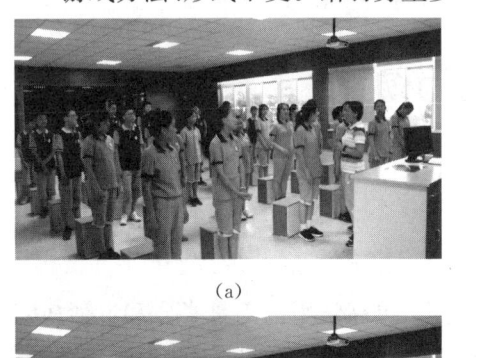

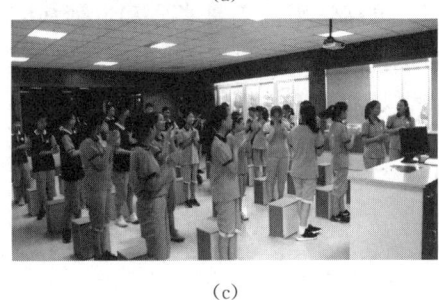

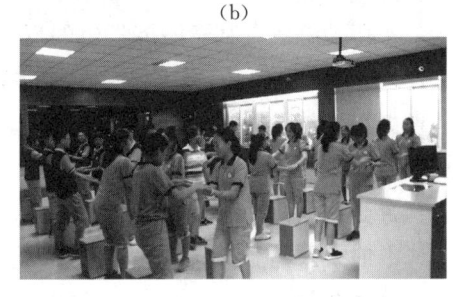

(a) (b)
(c) (d)

图 4.11-5 手心手背 5

评价重点:

弱势生进步幅度。

教学中曾经出现的问题:

弱势生进步不明显;脚离开原地移动。

解决的方法:

1. 教师根据得分情况判断"强(弱)势生",找一名弱势生共同示范,有意让其获胜(得分)。

2. 提醒学生两腿分开,避让时手臂上下移动、脚不离地。

教学建议：

1. 本游戏适合初中学生，宜在游戏教学后期使用。
2. 规范动作，避让时向上提踵，向下屈膝下蹲。
3. 统计弱势生得分进步情况，及时鼓励。
4. 还可以变强势生拍到对方得 1 分，弱势生拍到对方得 2 分，以提高弱势生获胜概率。

编者提示：

1. 此案例有视频。视频编号：手心手背-5。
2. 视频中教师主要采用的教学策略：采用"差异竞赛法"原理，给弱势生多一次拍打对方手背机会，激励弱势生积极对抗得分；师生共同示范，有意识让弱势生得分，激励他们积极主动参与游戏，促进他们进一步发展。

12. 比巧劲

●比巧劲-1

游戏价值：

比巧劲游戏有利于锻炼学生的反应能力，提高学生的力量素质和灵活应对比赛的能力，培养学生不怕失败、不断摸索的精神。比巧劲的游戏由来已久，既是青少年日常活动中经常使用的游戏，也是能对控制重心要求较高的运动项目起到辅助作用的游戏。

游戏目标：

不怕失败，能选择合适的方法战胜对手。

游戏准备：

空地一块。

游戏方法：

甲、乙两人一组，双脚平行，两人保持一臂左右的间距，相对站立。

裁判员发令后，甲、乙两人用手掌推对方或躲避对方的推，使对方身体失去平衡而移动。一方手触地或一脚移动，对方得分。在规定的时间内，得分多者为胜。

游戏规则：

1. 站位后，脚不得移动。
2. 只能用手掌推对方的手掌，不能用拳打或手拉动作，违者对方得分。

第三部分 各水平段经典体育教学游戏教材简介及教法运用技巧

(a)　　　　　　　　　　　　(b)

(c)　　　　　　　　　　　　(d)

图 4.12-1　比巧劲 1

教学建议：

1. 评价重点：客观对待胜负；躲闪和发力的时机。

2. 教师积极参与学生的活动，特别注意与弱势生的互动，适当的时候要有意被推移动，让对方获胜；注意引导学生动脑筋，虚虚实实地利用假动作获胜。

3. 注意周边练习环境，防止和物品碰撞。

4. 性质类似的游戏有"短绳角力对抗赛"等。

编者提示：

1. 此案例有视频。视频编号：比巧劲-1。

2. 视频中教师主要采取的教学策略：选择体型相当的学生作为对手，确保比赛的公平性；讲解、示范、组织学生进行练习。

● 比巧劲-2

设计思路：

为帮助学生熟悉练习方法，体会发力动作，避免发生迎面碰撞，保障游戏过程安全有序而变。

预期目标：

通过利用单手比巧劲的方式，帮助学生掌握发力和躲闪的动作，培养学生的快速反应能力。

397

变化方法：

游戏动作、规则不变。组织学生正面交错站立，由双手比变成单手比。

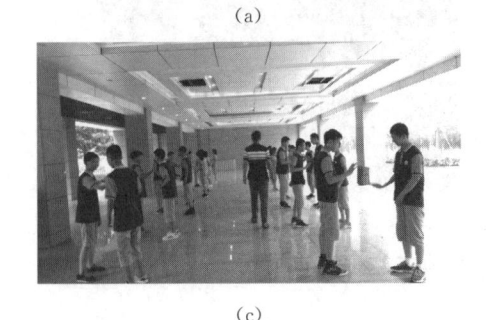

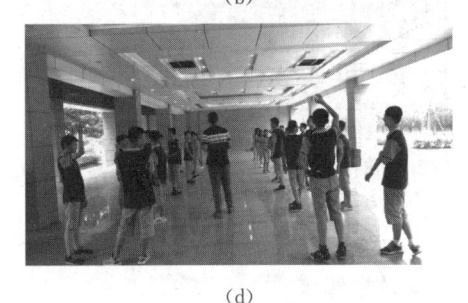

(a) (b) (c) (d)

图 4.12-2　比巧劲 2

评价重点：

犯规 1 次扣 1 分；得分多者名次列前；表扬积极尝试、不怕失败的学生。

教学中曾经出现的问题：

学生单手使不上力。

解决问题的方法：

组织学生多练习，要求学生积极发力，消极参与者判失 2 分。

教学建议：

1. 游戏适于初中二、三年级且有一定的力量基础的学生选用。

2. 组与组之间需保持一定间距，避免碰撞。

3. 可以变化成单手接触，另一只手握住发力手的手腕，双臂发力。

编者提示：

1. 此案例有视频。视频编号：比巧劲-2。

2. 教师主要采用的教学策略：使用交错站位法进行比赛，避免学生失去重心出现碰撞，保障游戏安全。

● 比巧劲-3

设计思路：
为了提升比巧劲的练习难度，帮助学生提高控制自身重心的能力而变。

预期目标：
通过让学生采用双脚并拢站立的姿势，增加控制重心的难度，帮助学生在比赛中更容易得分，同时促进学生更努力地控制自己的重心，进一步提升反应能力，培养学生分析问题、处理问题的能力。

变化方法：
游戏形式、过程不变。将双脚分开站立变成双脚并拢站立。

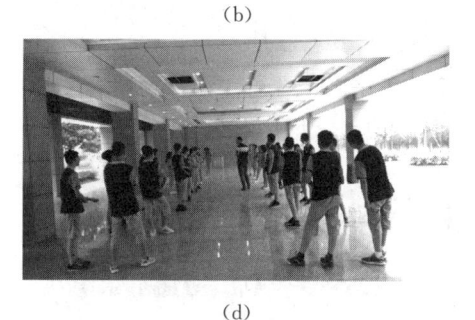

(a)　(b)
(c)　(d)

图 4.12-3　比巧劲 3

评价重点：
得分多者名次列前；表扬努力控制重心、假动作较多的学生。

教学中曾经出现的问题：
学生由于重心不稳，更容易失分。

解决问题的方法：
让学生体会屈膝降低重心的感觉，强调腿和脚主动发力，双脚站稳。

教学建议：
1. 本游戏适用于初中二、三年级学生。

2. 比赛前组织学生练习,比赛过程中要求学生喊出自己的得分,便于学生进行对照。

3. 此游戏对学生的腿部力量有一定的要求,可以变化为单脚站立比巧劲。

编者提示:

1. 此案例有视频。视频编号:比巧劲-3。

2. 视频中教师主要采用的教学策略:增加控制身体的难度,帮助学生掌握降低重心、腿脚发力的动作要领。

● 比巧劲-4

设计思路:

为了促进学生积极练习,拓展练习的多样性,提升练习的趣味性而变。

预期目标:

通过增加小组练习人数,增强练习的趣味性,促进学生相互配合,寻找合适的发力时机。

变化方法:

游戏得分方式不变。由2人间的练习变成4人间的练习,面对面的2人为1队进行2对2的比赛。

(a)　　　　　　　　　　　　(b)

(c)　　　　　　　　　　　　(d)

图 4.12-4　比巧劲 4

评价重点：

专注比赛，善于寻找时机，配合默契；遵守规则，得分多者获胜。

教学中曾经出现的问题：

队友间缺乏沟通和配合，导致练习效果不理想；学生站立的重心较高。

解决问题的方法：

1. 给学生一定时间进行沟通，明确比赛过程中的目标和分工，努力配合。

2. 提醒学生屈膝，腿部有弹性，随时能够发力并站稳。

教学建议：

1. 此游戏适合初中二、三年级学生。

2. 在4人练习时要考虑两队间队员的身高、体重等因素，尽量使比赛公平。

3. 此游戏对学生的沟通能力有一定要求，可以变化为单手比，左手对左手，右手对右手，左手对右手。

编者提示：

1. 此案例有视频。视频编号：比巧劲-4。

2. 视频中教师主要采用的教学策略：增加比巧劲的参与人数，提高了学生参与比赛时的专注度；将个人间的比赛转化成了团队间的合作比赛。

●比巧劲-5

设计思路：

为了降低弱势生的练习难度，为其提供战胜强者的机会，帮助他们获得成功的体验而变。

预期目标：

通过在比赛中给弱势生一定的缓冲空间，降低对他们重心控制的要求，帮助他们树立信心，积极寻找机会战胜强者，从而获得成功的体验。

变化方法：

游戏形式不变。降低对弱势生的要求，给予一个圆圈或方框（直径、边长为50厘米左右）的缓冲距离，手脚可在此区域移动或触地。

评价重点：

弱势生比缓冲区的利用情况，比进步幅度；强势生比练习的积极性，得分的多少。

教学中曾经出现的问题：

学生无法利用好缓冲区；缓冲区域的大小不适合学生练习。

(a)   (b)

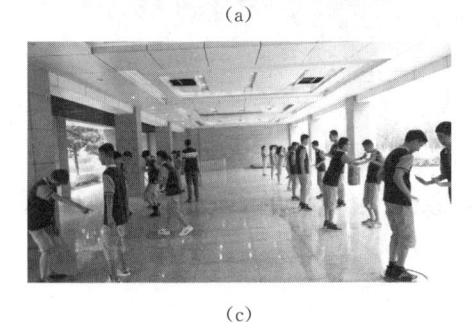

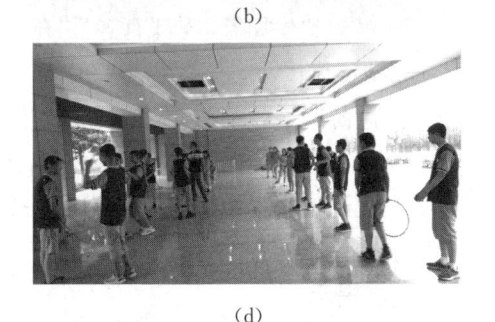

(c)   (d)

图 4.12-5　比巧劲 5

解决问题的方法：

1. 组织学生在缓冲区移动练习，确定自己的最佳站位。

2. 根据实际情况对缓冲区域的大小进行调整，确保有利于弱势生的发挥。

教学建议：

1. 此游戏适合初中二、三年级学生。

2. 比赛中要加强学生的思想教育，让学生明确比赛规则区别对待的意义，能够正确认识胜负。

3. 分组时可安排关系较好的同伴为一组，可变化为强者推动对方得 1 分，弱者推动对方得 2 分。还可以让强势生并脚站立，弱势生双脚开立，以提高弱势生获胜概率。

编者提示：

1. 此案例有视频。视频编号：比巧劲-5。

2. 视频中教师主要采用的教学策略：采用"差异竞赛法"原理，降低对弱势生的要求，给予适当的移动空间，激发弱势生的参与积极性。

参考文献

[1] 中华人民共和国教育部. 义务教育体育与健康课程标准[M]. 北京:北京师范大学出版社,2022.

[2] 潘绍伟,于可红. 学校体育学[M]. 北京:高等教育出版社,2015.

[3] 张洪潭. 技术健身教学论[M]. 上海:华东师范大学出版社,2000.

[4] 顾渊彦. 体育课程的约束力与灵活性[M]. 北京:人民体育出版社,2002.

[5] 人民教育出版社体育室. 小学体育理论与方法[M]. 北京:人民教育出版社,1996.

[6] 施良方,崔允漷. 教学理论:课堂教学的原理、策略与研究[M]. 上海:华东师范大学出版社,1999.

[7] 潘绍伟. 我心目中理想的学校体育——潘绍伟学校体育演讲录[M]. 南京:河海大学出版社,2019.

[8] 李如密. 教学艺术论[M]. 济南:山东教育出版社,1995.

[9] 安德利亚斯·科赛尔,盖哈德·海克尔. 玩的艺术——德国中小学体育课的练习及游戏[M]. 北京:北京体育大学出版社,1999.

[10] 北京市教育局中小学教材编审处. 小学体育教学参考资料[M]. 北京:北京出版社,1959.

[11] 全日制学校中小学通用教材体育编写组. 小学体育教材[M]. 北京:人民教育出版社,1981.

[12] 关槐秀. 体育游戏[M]. 北京:人民体育出版社,1982.

[13] 彭杰. 江苏省小学体育教学参考书(下册)[M]. 南京:江苏少年儿童出版社,1995.

[14] 彭杰. 江苏省中学体育教学参考书(上册)[M]. 南京:江苏少年儿童出版社,1995.

[15] 中华人民共和国国家教育委员会. 九年义务教育全日制小学体育教学大纲[M]. 北京:人民教育出版社,1995.

[16] 中华人民共和国教育部. 九年义务教育全日制小学体育与健康教学大纲[M]. 北京:人民教育出版社,2000.

[17] 中华人民共和国教育部. 全日制义务教育、普通高级中学体育(1~6年级)、体育与健康(7~12年级)课程标准:实验稿[M]. 北京:北京师范大学出版社,2001.

[18] 人民教育出版社体育室. 小学体育理论与方法[M]. 北京:人民教育出版社,1993.

[19] 曹卫民,体育游戏教学方略[M]. 南京:河海大学出版社,2017.

[20] 李明强,中外体育游戏精粹[M]. 北京:人民体育出版社,1999.

致谢

在本书研究实验、现场拍摄与文稿撰写的过程中,淮安陆元元,扬州姚娟、王晓雯、李发玉、刘玉莲、陈修修、张伟、周海军、严立洋,盐城冯指明、何天翔、吉祥、陈伟、刘影,镇江居国新,南京张宝强、周晓伟、李子青等优秀教师积极参与,承担了部分工作,为丰富本书内容与操作技巧贡献出了教学智慧,在此编写组表示由衷的感谢!